Adalbert Niemeyer-Lüllwitz · **Arbeitsbuch Naturgarten**

Adalbert Niemeyer-Lüllwitz

Arbeitsbuch **Naturgarten**

Otto Maier Ravensburg

Der Autor: Adalbert Niemeyer-Lüllwitz, Dipl. Ing. (FH) für Gartenbau und Gymnasiallehrer (Biologie). Ausbildung an Fachhochschule und Universität Osnabrück. Mitarbeiter des Naturschutzzentrums Nordrhein-Westfalen in Recklinghausen. Dort zuständig für Gärten, Ausstellungen, Informationsmaterial. Bekannt durch umfangreiche Vortragstätigkeit, Gartenpraktika („Naturnahe Gärten in der Stadt") und Mitwirkung an naturnahen Lehrgärten. Autor zahlreicher Zeitungs- und Zeitschriftenbeiträge, Buchautor.

CIP-Titelaufnahme der Deutschen Bibliothek

Niemeyer-Lüllwitz, Adalbert:
Arbeitsbuch Naturgarten/Adalbert Niemeyer-Lüllwitz. –
Ravensburg : Maier, 1989
ISBN 3-473-46001-X

Bildnachweis
Die Zeichnungen fertigte Claudia Hosslin, Zürich, nach Vorlagen des Verfassers.
Gerhardt, A., Düsseldorf: Abb. Seite 265, 269 unten.
Gerhardt, A., Müller, B., Düsseldorf: Abb. Seite 273.
Hein, G., Marl: Abb. Seite 16, 76, 240, 249.
Lüllwitz, S., Bielefeld: Abb. Seite 21, 32, 101, 220, 260.
Redemann, G., Düsseldorf: Abb. Seite 269 oben.
Reinhard, H., Heiligenkreuzsteinach-Eiterbach: Foto Umschlagrückseite.
Alle übrigen Fotos stammen vom Verfasser.

Umschlaggestaltung: Ekkehard Drechsel
Umschlagfoto (vorne): Adalbert Niemeyer-Lüllwitz
Satz: Type & Data Fotosatz, Wangen
Gesamtherstellung: Appl, Wemding
Printed in Germany

92 91 90 89 4 3 2 1

ISBN 3-473-46001-X

Inhalt

Vorwort

> „Im Garten muß die Natur der Meister sein, und der Besitzer ist der Lehrling."
> (Louis G. Ley Roy)

Naturgärten genießen inzwischen ein recht hohes Ansehen. Noch nie zuvor gab es dazu so viele positive Beiträge in Presse, Funk und Fernsehen. Kaum ein anderes Thema im Bereich der Umweltpolitik erfreut sich einer so großen Übereinstimmung über alle Parteigrenzen hinweg. Sowohl auf Seiten der Vereine und Verbände, als auch vor Ort in den Haus- und Kleingärten vollzieht sich ein stetiger Bewußtseinswandel. Eine Entwicklung, die durch eine unübersehbare Fülle von Informationsangeboten unterstützt wird.

In dieser Situation ein weiteres Naturgarten-Buch zu schreiben mag also fragwürdig erscheinen. Wenn wir uns aber in unseren Gärten umschauen, so stellen wir fest, daß zwischen dem gewachsenen Bewußtsein und der alltäglichen Gartenpraxis doch noch ein großer Widerspruch besteht. Bei der Gartengestaltung und -pflege folgen viele Menschen immer noch alten Gewohnheiten und einer überzogenen Ordnungsliebe. Das durch die Wiederaufbauzeit der 60er Jahre geprägte typische Gartenbild ist offenbar noch lange nicht in Gefahr. Immer noch werden Millionenbeträge für die Insekten- und Wildkrautbekämpfung ausgegeben.

Vielleicht kann die in diesem Buch vertretene Auffassung von „Naturgarten" dazu beitragen, noch verbreitete Skepsis und falsche Vorstellungen abzubauen und die Bereitschaft zum Umdenken zu verstärken. Denn anhand vieler Beispiele wird deutlich, daß Naturgärten nicht nur Lebensräume für Tiere und Pflanzen sind. Vor allem handelt es sich um ausgesprochen attraktive Gärten, die wir ausgesprochen vielfältig nutzen können und im Sinne dieser Nutzungswünsche gestalten.

Mit den praktischen Anregungen und Anleitungen, die den Schwerpunkt des Buches bilden, soll dann der besonders schwierige Weg vom Umdenken zum Handeln erleichtert werden. Sicher findet der Leser dabei nicht auf alle seine Fragen und Probleme befriedigende Antworten – dazu haben wir es hier einfach mit einem viel zu komplexen Lebensraum zu tun. Erfolgreiches „Gärtnern mit der Natur“ setzt zunächst viel Einfühlungsvermögen in natürliche Zusammenhänge voraus, muß sich immer auf umfangreiche Kenntnisse über Pflanzen, Lebensbereiche und ökologische Beziehungen stützen. Durch ständiges „Von-der-Natur-lernen“ in Landschaft und Garten gewinnt man Verständnis für die hochkomplexen Vorgänge in der Natur.

Die Anregungen in diesem Buch dürfen deshalb nicht als „Patentrezepte“ mißverstanden werden, und niemand sollte die Anleitungen und Gestaltungsbeispiele ohne genaue Prüfung der örtlichen Gegebenheiten auf seinen Garten übertragen!

Viele Anregungen stützen sich auf eigene gärtnerische Erfahrung, aber auch die berufliche und private Tätigkeit im Naturschutz. Eine Auswertung der sehr umfangreichen Literatur ist ebenso eingeflossen. Besonders wertvoll waren die zahlreichen Gespräche und Diskussionen, die ich in den letzten Jahren führen konnte. Auf diese Weise sind Arbeitsergebnisse und Erfahrungen vieler Gruppen und Personen eingegangen. Hinweisen möchte ich auf die besonders wertvolle Unterstützung durch Mitarbeiter des Arbeitskreises VHS-Biogarten in Düsseldorf. Für die vielen anregenden und hilfreichen Gespräche möchte ich mich insbesondere bei Gisela Redemann, Anne Gerhardt und Martina Hoff bedanken, ganz besonders auch bei meiner Frau Sigrid, ohne deren Hilfe und Verständnis dieses Buch kaum möglich geworden wäre. Auch dem Ravensburger Buchverlag gilt selbstverständlich mein Dank, insbesondere meinem Lektor, Herrn Erhard Held, für die Initiative zu diesem Buch, die hervorragende Zusammenarbeit und Unterstützung.

Allen Lesern wünsche ich viel Freude beim Leben und Arbeiten in einem Naturgarten und hoffe, daß meine Anregungen dabei eine kleine Hilfe sind.

Bielefeld und Recklinghausen im Frühjahr 1989

Adalbert Niemeyer-Lüllwitz

Naturgärten: Lebensräume für Natur und Mensch

„Es liegt seinem Wesen nach in der Bestimmung des Menschen, nur in der natürlichen Gemeinschaft mit Tieren und Pflanzen, Wind und Wasser, Himmel und Erde wahrhaft Mensch sein zu können.“
(Klaus Michael Meyer-Abich)

◁ Naturfreundliche Gärten sind weder „Unkrautwildnis“, noch „Naturschutzgebiet“, sondern Raum für vielfältige menschliche Aktivitäten. Gärtnerische Gestaltung und Pflege im Einklang mit der Natur bestimmen ihr Bild.

Wenn Vertreter von Gartenbau und Naturschutz in der Bundesrepublik über das Thema „Natur im Garten“ diskutieren, gibt es häufig Verständigungsprobleme. Die einen betonen die traditionelle Funktion der Gärten als vom Menschen gestaltete und genutzte Freiräume, die als Teil des Siedlungsraumes auch gegen die heimische Natur der Umgebung erhalten und gepflegt werden müßten. Hintergrund dieser Position ist natürlich auch das berechtigte wirtschaftliche Interesse am Absatz von Gartenpflanzen und der Anlage von Gärten. Demgegenüber möchten Naturschützer angesichts einer zunehmend bedrohlichen Umweltsituation Gärten als ökologische Ausgleichsflächen und Überlebensräume für bedrohte Tiere und Pflanzen nutzen. Wer den Schutz unserer Umwelt ernst nehme, der müsse, so die Naturschutzverbände, mit dem Naturschutz in seinem Garten beginnen!

Gärten sind mit unserer Geschichte eng verknüpft; sie waren immer Raum für gärtnerische Gestaltung und Nutzung und sollten vor allem zur Verbesserung menschlicher Lebensbedingungen beitragen. Auf der anderen Seite werden diese Lebensbedingungen zunehmend durch umweltgefährdende Eingriffe verschlechtert. Müssen wir also nicht angesichts eines bedrohlichen Artensterbens alle noch vorhandenen Freiflächen, also auch die Gärten, für Naturschutzzwecke nutzen? Will der Naturschutz mit einer solchen Forderung überhaupt die Gartennutzung durch Menschen in Frage stellen? Eröffnet nicht gerade die Konzeption des naturnahen, naturfreundlichen Gartens ausgesprochen vielfältige Nutzungsmöglichkeiten? Kann also das Gärtnern mit dem praktischen Natur- und Umweltschutz verbunden werden?

Gestaltete „Gegen-Natur“?

Die ersten Gärten in unserer Geschichte waren sicher keine „Naturgärten“, eher wohl ein Stück gestaltete „Gegen-Natur“. Als Menschen seßhaft wurden und im harten Kampf gegen die „wilde“ Natur des Urwalds die ersten Gärten anlegten, stand der Anbau von Nutzpflanzen im Vordergrund. Die ersten Kulturpflanzen wurden mit einfachen Zäunen geschützt bzw. „umhegt“. Das Wort „Garten“ läßt sich vom indogermanischen „ghortos“ oder dem lateinischen „hortus“ ableiten, was soviel wie „umhegter“ oder „eingefaßter“ Platz bedeutet. Am ehesten erinnern heute noch die alten Bauerngärten an diese ersten von Menschen angelegten Gärten.

Im Verlauf der geschichtlichen Entwicklung kam es zu immer neuen Formen der Gartengestaltung und Nutzung. Die Barockgärten z. B. mit ihren streng geometrischen Formen dokumentierten den absoluten Herrschaftsanspruch der in den Schlössern lebenden Adeligen. Der Landschaftsgarten des 19. Jahrhunderts griff Ideen aus der Zeit der „Aufklärung“ auf und wurde in Anlehnung an Naturvorbilder gestaltet, während die mit der industriellen Revolution aufkommenden Schrebergärten wieder stärker zum Ursprung der Gartenkultur zurückführten: Anbau von Nutzpflanzen für die eigene Ernährung stand angesichts großer sozialer Probleme im Vordergrund, aber „Garten“ wurde in den Ballungszentren mit ihren unerträglichen Lebensbedingungen auch als Erholungs- und Ausgleichsraum entdeckt.

Der Wandel von Gartengestaltung und Gartennutzung spiegelt also auch Geschichte wider, einschließlich der jeweiligen gesellschaftlichen Gegensätze, denn niemals gab es den Einheitsgarten. Für die Masse der Bevölkerung hatte der Garten immer einen Beitrag zur Verbesserung der Lebenssituation zu leisten – er war primär immer ein Nutzgarten.

Doch gerade diese soziale Funktion ging in der Zeit des Wirtschaftsbooms nach 1949 zunehmend verloren. In den Bauerngärten, Schrebergärten und Hausgärten wurden die alten Kulturpflanzen teilweise durch monotone Rasen und Fichten verdrängt. Viele Gärten wurden wie ein Wohnzimmer ordentlich und sauber hergerichtet, mit kostbaren Pflanzen und englischem Rasen. „Leergefegte, nacktrasierte Plattformen der Pedanterie, aus denen jedes Gänseblümchen mit Gift hinausgeekelt wird“, so das Resümee von Dieter Wieland in seiner vielbeachteten Ausstellung „Grün kaputt“. Eine neue Art von Gartenordnung hat sich ausgebreitet, ein überzogener Sauberkeits- und Ordnungssinn Gärten erfaßt.

> „Perfektionismus im Ausbau, akkurate Pflege, Ordnungssinn, Intoleranz und manipuliertes Schönheitsempfinden verhindern Aneignung von Freiraum nachhaltiger, als das ein ganzer Wald von Verbotsschildern jemals leisten kann.“
> (Dieter Kienast)

Wer bringt Menschen dazu, freiwillig Gärten anzulegen, die von ihnen kaum genutzt werden können? Gibt es zwischen dieser Entwicklung vieler Gärten und der Tatsache, daß zur gleichen Zeit Naturzerstörung und Artensterben einen absoluten Höhepunkt in der bisherigen Menschheitsgeschichte erreicht haben, einen Zusammenhang? Ist die Vertreibung der heimischen Natur aus unseren Gärten nicht auch Ausdruck dafür, daß sich unser Wahrnehmungsvermögen für natürliche Zusammenhänge, für Schönheit und Wert der Natur, mit der Entwicklung der modernen Industriegesellschaft zurückentwickelt hat?

Erfreulicherweise hat sich seit Anfang der 70er Jahre auch eine Art „Gegenbewegung" herausgebildet. Mit dem Anwachsen des allgemeinen Umweltbewußtseins versuchen immer mehr Menschen, die aus der Umgebung verdrängte Natur in den Garten zu holen, sich eine kleine Naturoase vor der Haustür zu schaffen.

Hilfe für die bedrohte Natur?

Die „Roten Listen" der ausgestorbenen oder gefährdeten Tier- und Pflanzenarten sind ein erschreckendes „Barometer" für den Zustand unserer Umwelt. Über 35 % aller Pflanzenarten und etwa 50 % aller Tierarten unseres Landes sind danach vom Aussterben bedroht oder in ihrem Bestand gefährdet!

In der Zeit von Christi Geburt bis 1900 verdrängte der Mensch etwa 200 Arten von der Erde, in den folgenden 70 Jahren waren es schon 2 000, in weiteren 50 Jahren bis zum Jahre 2020 kann die unvorstellbare Zahl von 500 000 Arten hinzukommen, wenn nicht endlich konsequent die Lebensräume der Tier- und Pflanzenwelt geschützt werden.

Rote Liste

Seit vielen Jahren beobachten und untersuchen Wissenschaftler die Entwicklung unserer Tier- und Pflanzenwelt. Sie haben dabei umfangreiches Datenmaterial über das Aussterben und die Gefährdung von Organismenarten gesammelt. Das zunehmende Artensterben veranlaßte Naturschutzorganisationen und -behörden Anfang der 70er Jahre zur Herausgabe von „Roten Listen", in denen bedrohte Arten und inzwischen auch Biotope aufgelistet und der Grad ihrer Gefährdung beurteilt werden. Rote Listen dienen der Information der Öffentlichkeit, sind aber vor allem Grundlage für Naturschutzmaßnahmen (Abwehr von Eingriffen, Ausweisung von Naturschutzgebieten, Entwicklung von Naturschutzprogrammen).

◁ „Warum stellen Menschen freiwillig Gärten her, die sie selbst nicht nutzen können?" (Gudrun Baudisch-Theodor).
Sie sind optisch zu mager, für den Aufenthalt zu ungemütlich, für Kinder und Jugendliche zu langweilig. Sowohl menschliche Aktivitäten als auch heimischer Natur geben sie keinen „Lebensraum". Ein weiterer repressiver Ort gegen Pflanze, Tier und Mensch?

▷ Stück für Stück stirbt die Natur: ein Feuchtbiotop, Lebensraum für viele bedrohte Pflanzen und Tiere, vor und nach einer Straßenbaumaßnahme.

▽ Die naturnahe Kulturlandschaft mit Hecken, Bächen und Teichen ist vielerorts einer monotonen „Agrarsteppe" gewichen, in der nur noch wenige Tier- und Pflanzenarten Lebensmöglichkeiten finden.

„... was immer den Tieren geschieht, bald wird es auch dem Menschen geschehen. Der Mensch hat das Gewebe des Lebens nicht geknüpft. Er ist kaum mehr als ein Faden darin. Was immer er dem Gewebe antut, er tut es sich an.“
(aus der Rede des Häuptlings Seattle, 1884).

Können in dieser Situation auch Gärten als eine Art „Arche Noah“ zur Rettung bedrohter Arten beitragen? Immerhin stünde dafür in der Bundesrepublik eine ansehnliche Fläche zur Verfügung: über 15 Mio. Gärten mit einer Durchschnittsfläche von 550 m^2, also fast 2 % der Landesfläche. Gärten beanspruchen damit etwa doppelt soviel Fläche wie alle Naturschutzgebiete.

Doch der Vergleich deutet wohl eher darauf hin, daß der lange Zeit vor allem auf Schutzzonen ausgerichtete Naturschutz in unserem Land als gescheitert angesehen werden muß. Zu viele Eingriffe haben in dieser Zeit die Lebensbedingungen der Tier- und Pflanzenwelt verschlechtert.
Der Landschaftsverbrauch durch Bebauung ist von jährlich 36000 ha in den 60er Jahren auf inzwischen etwa 60000 ha im Jahr gestiegen! Noch immer werden täglich etwa 150 ha freie Landschaft durch Bau von Straßen oder Wohn- und Gewerbeansiedlungen verbraucht. Die landwirtschaftlich genutzte Kulturlandschaft, fast 55 % unseres Landes, hat sich besonders krass verändert. Hecken und Feldgehölze wurden gerodet, Teiche und Tümpel zugeschüttet. Mehrere 10000 km naturnaher Bäche und Flüsse wurden kanalisiert, viele tausend Hektar Grünland in Ackerflächen umgewandelt. Von den ursprünglich über 10000 km^2 Hochmoorflächen der Bundesrepublik blieben nach Entwässerung, Abtorfung und Umwandlung in landwirtschaftliche Nutzflächen nur wenige km^2 übrig. Mit der Intensivierung der Landwirtschaft und der Entstehung monotoner Agrarsteppen kam es zugleich zu einem vermehrten Einsatz von Umweltgiften: Von 1973 bis 1984 stieg z. B. die Menge der eingesetzten Pestizide von 24400 t auf 32000 t an! Diese Umweltgifte gefährden zunehmend unser Trinkwasser. Durch Verbrennung fossiler Energieträger werden zudem immer noch in großen Mengen Luftschadstoffe freigesetzt. Und mit dem dadurch verursachten Sterben der Wälder droht der Zusammenbruch des gesamten Wasserhaushalts unserer Kultur- und Produktionslandschaft.

Naturgarten und Naturschutz

Selbst wenn wir aus allen bundesdeutschen Gärten Naturoasen machen würden, könnten damit die Schäden in der freien Landschaft in keiner Weise ausgeglichen werden. Die zur Verfügung stehende Fläche ist für wirkungsvolle „Ausgleichsmaßnahmen“ viel zu klein; als Teil des Siedlungsraumes sind Gärten viel zu sehr isoliert und viel zu großen Belastungen ausgesetzt, als daß sich stabile Populationen der an ganz bestimmte Lebensräume angepaßten bedrohten Arten entwik-

Biotop

In der Ökologie, der Lehre von den Beziehungen im Naturhaushalt, meint man mit „Biotop“ den unbelebten Lebensraum einer Gemeinschaft aus Pflanzen und Tieren (der Biozönose). Die Summe der typischen Umweltfaktoren (Wasser, Boden, Gestein, Luft, Licht, Wärme) für einen bestimmten Ort oder ein Gebiet bildet also den Biotop. Im Sprachgebrauch werden heute bei der Verwendung des Begriffs „Biotop“ auch belebte Faktoren des Lebensraums, also auch die Beziehungen in der Lebensgemeinschaft, einbezogen. Ökologen sprechen dann vom Ökosystem. Sowohl bei einem ganzen Garten, als auch bei Hecke, Teich, Rasen oder Wiese handelt es sich also um Biotope. Selbst der Reisighaufen in der Gartenecke ist ein kleiner Biotop und beherbergt eine für ihn typische Lebensgemeinschaft von Tieren und Pflanzen.

keln und auf Dauer halten könnten. Auch mit dem „Biotop“ am Haus können wir die zahllosen zerstörten Teiche der freien Landschaft nicht ersetzen. Schon die meist notwendige Abdichtung durch eine Folie verhindert, daß sich ein dauerhafter Lebensraum entwickeln kann.

Auch wenn sich die eine oder andere gefährdete Art in einem Naturgarten einfinden kann, so muß doch deutlich darauf hingewiesen werden, daß nur der konsequente Biotopschutz in der freien Landschaft bzw. die Wiederherstellung von Lebensräumen als wirksamer Artenschutz gelten können. Wir dürfen mit dem Naturgarten nicht die Illusion schüren, man könne auf diese Weise wirkungsvoll der bedrohten Natur helfen. Eine solche Argumentation würde dem Rückzug in eine „Naturidylle Garten“ Vorschub leisten und zu einem Verkennen der Wirklichkeit führen – kann also nicht im Interesse des Naturschutzes sein.

Die Bedeutung eines Naturgartens für den Naturschutz liegt eher auf einem anderen Gebiet: Er weckt Interesse für die heimische Tier- und Pflanzenwelt, hilft verlorengegangene Beziehungen zur Natur wiederzugewinnen, fördert das Erkennen ökologischer Zusammenhänge und das Einüben eines pfleglichen Umgangs mit Natur und leistet damit einen Beitrag zum Umwelt- und Naturbewußtsein jedes einzelnen. „Selten bietet eine Naturschutzmaßnahme so vielen Leuten so viele Möglichkeiten, überall und ganz persönlich für die Natur aktiv zu werden und erst noch Umwelterziehung an sich selber, an der eigenen Familie, bei Freunden und Bekannten zu betreiben“ (Hans C. Salzmann).

„Nur weil die Gewohnheit abstumpft, wenn Bäume fallen und Baukräne aufwachsen, wenn Gärten asphaltiert werden, ertragen wir das alles so gleichmütig“.
(Alexander Mitscherlich)

Ein Beitrag zur Naturerziehung

„Kein Abenteuerspielplatz, keine Spielstraße, keine Wochenend- und Ferienlandschaft kann jene Summe von stimulierender Vielfalt geben, hat jenen Aufforderungscharakter an die erste ästhetische Welteroberung des Kindes wie ein kleines Stück zusammenhängend gewachsener Natur, nicht weit von der Haustür."
(G. G. Jaedicke)

Vielfältige, lebendige, naturfreundliche Gärten ermöglichen das Erleben und Beobachten von Tieren und Pflanzen in ihrer natürlichen Umgebung; sie bieten dabei viel Raum für spielerisches Lernen. Eine Kindheit ohne solche Spiel- und Erlebnismöglichkeiten wäre sicher undenkbar. Gerade unseren Kindern sollten wir möglichst viele Möglichkeiten zur unmittelbaren Naturbegegnung bieten. Nur so können wir erreichen, daß Kinder die Natur als lebens- und schützenswert betrachten. Eine positive Beziehung zur Natur und das Kennenlernen von Tieren und Pflanzen sind die wichtigste Voraussetzung dafür, daß schon von Kind an ein pfleglicher Umgang mit der Natur eingeübt wird.

Naturnahe Gartengestaltung eröffnet eine ungeahnte Fülle von Möglichkeiten für die „erste ästhetische Welteroberung" unserer Kinder, wie es die zahlreichen Gestaltungsbeispiele und Aktionsvorschläge in diesem Buch zeigen (s. Seite 261). Mit den Erlebnis- und Lernmöglichkeiten eines naturnah gestalteten Gartens können aber nicht nur Kinder und Jugendliche, sondern auch wir Erwachsene ein weitgehend verlorengegangenes Verständnis für Naturzusammenhänge zurückgewinnen. Vielleicht kann der Garten dazu beitragen,

◁ Eine Kindheit ohne Naturerlebnisse? Undenkbar! Besonders Kinder brauchen Natur, spielen und lernen in Kontakt zur Natur, suchen Natur. Finden sie Natur in der Nähe der Wohnung, in unseren Gärten – in Ihrem Garten?

das Verhältnis zwischen Mensch und Natur Schritt für Schritt zu stabilisieren, so wie es der Naturphilosoph Klaus Michael Meyer-Abich in seinem Buch „Wege zum Frieden mit der Natur“ formulierte:

„Ich halte den Garten für die Keimzelle einer Erneuerung unserer Kultur. In einem Garten hat ja auch einmal alles angefangen. Hier gilt es heute erneut vom Baum der Erkenntnis zu essen, der dann zum Baum des Lebens wird. Die im Garten erneuerte Naturwahrnehmung kann in einer neuen Ästhetik des Alltags Gestalt gewinnen und für das Industriesystem den Weg zur Umkehr zum Leben weisen.“

Wenn es stimmt, daß mit der Verarmung der Natur auch das menschliche Wahrnehmungsvermögen verarmt und viele naturbelastende Handlungen darauf zurückzuführen sind, könnten „Naturoasen“ am Haus tatsächlich eine Chance sein, hier gegenzusteuern. Dazu brauchen wir Gärten, in denen Tiere und Pflanzen beheimatet sind, aber auch der Mensch als Naturnutzer handelnd tätig wird. Nicht das „Naturschutzgebiet“ am Haus, sondern der Garten für Natur und Mensch muß unser Ziel sein, wenn damit auch zum Naturschutz beigetragen werden soll.

Gärten sind Erholungsgebiete vor der Haustür. Ruhe und Entspannung in einer bunten Blumenwelt.

Gärten gegen Menschen?

Auf die Entwicklung einer Naturgartenbewegung haben Anfang der 80er Jahre Veröffentlichungen von Urs Schwarz oder Norbert Jorek sicher einen großen Einfluß gehabt. Auf deren Erfolg mag ein Teil des positiven Images naturnaher Gärten zurückzuführen sein. Und doch muß die damals beschriebene Naturgartenkonzeption aus heutiger Sicht in Frage gestellt werden. Denn anstelle der auf Ordnung, Sauberkeit und Fremdartigkeit ausgerichteten konventionellen Form der Gartengestaltung wird hier unter dem Etikett „Natur" ebenfalls eine, wenn auch grundsätzlich andere Form des Gestaltungsdiktats praktiziert: Dem Ziel, möglichst viele „natürliche" Lebensräume mit möglichst vielen seltenen und gefährdeten Pflanzen und Tieren zu schaffen, wird die Benutzbarkeit des Gartens durch den Menschen völlig untergeordnet. Mit viel Aufwand werden künstliche Biotope angelegt und durch Pflegeeingriffe erhalten, oft ohne Berücksichtigung von Standorteignung (denn Standorte lassen sich ja entsprechend verändern), Gartengröße und Nutzungswünschen der Hausbewohner. Das Gärtnern beschränkt sich weitgehend auf die in diesen Gärten besonders wichtige Pflege der Biotope. Im übrigen werden Menschen im Garten überwiegend nur als Beobachter geduldet, sind von weiteren Nutzungsmöglichkeiten ausgeschlossen.

Dogmatische Beschränkung auf ausschließlich heimische Pflanzen führt in diesen Naturgärten dazu, daß viele unserer alten Kulturpflanzen ausgeschlossen bleiben, darunter auch zahlreiche Gehölze und Stauden, die für die heimische Tierwelt als Nahrungspflanzen von großer Bedeutung sind und in unseren Gärten seit langem als „heimisch" gelten.

Bei einer solchen Naturgartenkonzeption handelt es sich nach Auffassung von Dieter Kienast um einen „klassischen Fall traditioneller und vermeintlich überwundener Naturschutzarbeit", welche sich auf Nebensächlichkeiten konzentriert und dabei häufig vergißt, „daß auch der Mensch eines sozialen und materiellen Umfeldes bedarf". Es handle sich also um einen untauglichen Versuch, mit untauglichen Mitteln Probleme unserer Zivilisation zu lösen.

Besonders Naturschützer dürfen das menschliche Bedürfnis nach arttypischen Entfaltungsräumen nicht in Frage stellen. Gerade in den belasteten Siedlungsräumen besteht ein großer Bedarf an Angeboten zur geistigen und körperlichen Regeneration. Wer dazu im Garten arbeitet und Erholung sucht, geht keinem „krankhaften Tätigkeitsdrang" (Urs Schwarz) nach, sondern verhält sich absolut „artgemäß"!

„Wildpflanzen im Garten bleiben immer Gäste – ihre Erhaltung kann schließlich nur gelingen, wenn auch außerhalb der Gärten die Verwüstung aufhört und der Denaturierung unserer Welt Einhalt geboten wird" (Jürgen Dahl).

Der Mangel an „artgerechten“ Erholungsmöglichkeiten in der Stadt zwingt sogar immer wieder zur Flucht in die noch grünen Naherholungsgebiete der Umgebung. Straßenverkehr und Umweltbelastung nehmen zu, letzte Rückzugsräume für Tiere und Pflanzen werden einer weiteren Gefährdung ausgesetzt.

Gärten werden unseren Erholungs- und Freizeitbedürfnissen allerdings nur gerecht, wenn wir sie als „Wohnraum im Freien“ vielfältig nutzen können. Ein arbeitsfreier Garten kann dabei nicht Ziel der Planung sein, auch wenn durch naturnahe Gestaltung und Ansiedlung stabiler Pflanzengemeinschaften Gärten ausgesprochen pflegeleicht angelegt werden können: Das Leben und Arbeiten im Garten ist mit einer Vielzahl von Erfolgserlebnissen und einer alltäglichen Freude an eigenständiger (selbstbestimmter) Tätigkeit verbunden, kann somit zur Stabilisierung von Selbstbewußtsein und Psyche beitragen. „Arbeit im Garten gibt immer das befriedigende Gefühl, noch etwas zu schaffen, etwas Sichtbares, Anfaßbares, Verwertbares zu produzieren“ (Jame und Roland Günter). „Die Anlegung eines Gartens gehört ohne Zweifel zu den angenehmsten Beschäftigungen, die der glückliche Mensch sich wählen kann“ (Christian Cay Lorenz Hirschfeld, 1777).

Gärten haben dabei eine große soziale Bedeutung. Sie sind z. B. für sozial schwache Gruppen eine Möglichkeit kostengünstiger Freizeitgestaltung und Nahrungsmittelproduktion. Rentner können hier noch im hohen Alter produktiv und kreativ tätig sein, sind nicht zum „Nichtstun“ verurteilt.

Auch der Naturgarten muß also genutzt werden können, d. h. auf die Bedürfnisse der Hausbewohner zugeschnitten sein. Wer dafür nur eine relativ kleine Fläche zur Verfügung hat, muß sich zwischen der vielleicht wünschenswerten Biotopvielfalt oder einer intensiven Nutzung mit Möglichkeiten für Freizeitgestaltung und Kinderspiel entscheiden. Auch bei der Entscheidung für eine vielfältige Nutzung lassen sich je nach Situation viele naturnahe Elemente einbeziehen, wie es mit den Beispielen in diesem Buch dokumentiert wird.

Natur und Garten – kein Gegensatz!

Ohne „Natur“ kann kein Garten funktionieren! Wer Gartentiere wie die Honigbiene oder den Regenwurm einmal bei der Arbeit beobachtet hat, der weiß, wie wichtig es ist, „mit der Natur“ zu gärtnern. Selbst der mit Mineraldüngern oder Pestiziden naturfern arbeitende Gärtner hätte ohne die Hilfe der Natur keinen Erfolg!

▷ Natur und Garten sind kein Widerspruch. Die reiche Obsternte im Herbst verdanken wir in erster Linie zahllosen Helfern der Garten-Lebensgemeinschaft.

◁ Ohne die Vielzahl räuberisch lebender Tiere im Garten kann sich kein biologisches Gleichgewicht einstellen, sind aufwendige Pflanzenschutzmaßnahmen erforderlich (hier eine Zebraspinne).

◁ Ohne die Tätigkeit blütenbesuchender Insekten kann kein Gärtner Obst und Gemüse ernten. Allein die Honigbiene sichert durch ihre Bestäubungsarbeit einen großen Teil der Obsternte. Wie andere Insekten ist sie aber auch auf Wildpflanzen („Unkraut") als Nahrungsquelle angewiesen. Löwenzahn und andere Kräuter brauchen also als „Nutzpflanzen" auch im Garten einen Platz!

Aber er kann das natürliche Gleichgewicht in seinem Garten mit solchen Maßnahmen auch empfindlich stören. Im „Naturgarten“ versuchen wir statt dessen alle gärtnerischen Maßnahmen soweit wie möglich im Einklang mit den Naturgesetzen durchzuführen. Die folgenden Grundsätze machen deutlich, daß mit einem Naturgarten keinesfalls Nutzungsansprüche des Menschen aufgegeben werden.

Was heißt „Naturgarten“?

1. Im Naturgarten steht der Boden im Mittelpunkt aller Überlegungen – als Lebensraum einer vielfältigen Flora und Fauna und als Grundlage des Pflanzenwachstums. Vor allem kommt es darauf an, die unverzichtbare Tätigkeit der Bodenlebewesen durch Vermeidung störender Eingriffe, eine naturgemäße Bodenpflege und Düngung zu fördern.

2. Mit der Bepflanzung verfolgen wir das Ziel, in Übereinstimmung mit Standortverhältnissen und Nutzung möglichst dauerhafte Pflanzengemeinschaften anzusiedeln. Soweit der Standort es zuläßt, berücksichtigen wir dabei möglichst viele heimische Wildgehölze und -stauden, da sie als Lebensgrundlage für die Tierwelt von besonderer Bedeutung sind. Auch spontan auftretende Wildkräuter („Unkräuter“) werden, wo möglich, geduldet oder angesiedelt. Aber ebenso gehören alle Pflanzen dazu, die vom Menschen seit jeher als Kulturpflanzen gezogen und genutzt werden: Obstgehölze, Gemüsepflanzen, Küchenkräuter, Sommerblumen oder Beetstauden sind ebenso wie die Wildpflanzen unverzichtbare Bestandteile eines Naturgartens.

3. Abwechslung und Vielfalt sind Grundprinzipien der Gestaltung. Je nach Gartensituation, Flächengröße, Nutzungsinteressen und Standorteignung werden möglichst viele, unterschiedliche Lebensbereiche und Kleinstandorte angelegt, als Voraussetzung für eine vielfältige Besiedlung mit Pflanzen und Tieren.

4. Vielfältiges Leben im Naturgarten sorgt für eine hohe biologische Stabilität, der wichtigsten Grundlage für ein gesundes Wachstum unserer anspruchsvollen Kulturpflanzen. Wenn zusätzlich alle Maßnahmen des biologischen Pflanzenschutzes ausgeschöpft werden – wie optimale Standortbedingungen, Fruchtwechsel und Mischkultur, Förderung von Helfern in der Tierwelt und im Notfall Einsatz biologischer Pflanzenschutzmittel – kann man auch im Nutzgarten ohne Einsatz von Pestiziden erfolgreich gärtnern.

5. Naturgärten sollen sich weder zum „Naturschutzgebiet“, noch zur „Unkrautwildnis“ entwickeln, in denen Menschen allenfalls als Beobachter geduldet werden. Naturgärten bleiben immer Gärten, d. h. gärtnerische Gestaltung und Pflege im Einklang mit dem Naturhaushalt bestimmen ihr Bild. Soweit möglich werden natürliche Standortbedingungen bei Gestaltung und Bepflanzung ausgenutzt, aber auch im Einzelfall verändert, um Nutzungswünsche zu realisieren bzw. Voraussetzungen für die Ansiedlung gewünschter Pflanzengemeinschaften zu schaffen. Im Vergleich zum „konventionell“ und monoton gestalteten und gepflegten „Koniferengarten“ lassen sich solche Naturgärten vielfältig und intensiver nutzen. Auf engem Raum können je nach Gartensituation die folgenden Nutzungen und Funktionen realisiert werden:

- Außen-Wohnraum für Erholung, Freizeitgestaltung und Kinderspiel,
- Möglichkeit für kreatives Arbeiten und Gestalten in naturnaher Umgebung,
- Lebensraum für die heimische Tier- und Pflanzenwelt,
- Kontakt zur heimischen Natur mit Möglichkeiten zu vielfältigen Naturerlebnissen,
- Lern- und Erfahrungsraum für Kinder in Kontakt zur Umwelt und damit Beitrag zur Naturerziehung,
- Anbau von qualitativ hochwertigem Obst und Gemüse und Nutzung von Kräutern und Wildobst für die menschliche Ernährung,
- optische Belebung eintöniger Wohnsiedlungen,
- wichtiger Bestandteil der „Grünen Lunge“ unserer Städte (Beitrag zum Schutz unserer natürlichen Lebensgrundlagen).

Diese Grundsätze dürfen nicht als Schema für „den“ Naturgarten mißverstanden werden. Alle Entscheidungen über Gestaltung und Bepflanzung müssen auf die Standortverhältnisse, Lage und Größe des Gartens, vorhandene Vegetation, vor allem aber auf die Nutzungswünsche der Menschen abgestimmt werden. In diesem Sinne sind die Gestaltungs- und Bepflanzungsbeispiele dieses Buches als Anregung zu verstehen; sie dürfen keinesfalls pauschal auf jede Gartensituation übertragen werden. Nicht die vollständige Ansammlung aller nur denkbaren Biotope im Garten ist das Ziel, sondern die Schaffung eines Freiraumes für den künftigen Benutzer.

Boden, Bodenpflege, Düngung

Boden: Grundlage allen Lebens

Sein Wert wird von vielen Menschen offenbar nicht allzu hoch eingeschätzt – oder wie sonst läßt sich der Umgang mit „Boden“ in unserem Land erklären? Tagtäglich kann man beobachten, daß diese nur hauchdünne, in Jahrtausenden gewachsene Verwitterungsschicht der Erdrinde in kurzer Zeit durch Bagger und Planierraupen zerstört wird. Trotz Umweltkrise ist die Tendenz zum „Bodenverbrauch“ weiter steigend. Täglich verschwinden in der Bundesrepublik über 100 ha Boden unter Asphalt und Beton. Auch der Bauherr, der seinen Traum vom „Haus im Grünen“ verwirklicht, beteiligt sich daran; selbst die letzten Freiflächen am Haus werden oft mit Waschbeton und Pflaster versiegelt. Und auf den noch nicht versiegelten Flächen unserer Landschaft gehen tonnenweise giftige Schadstoffe aus Fabrikschornsteinen und Kraftfahrzeugen nieder, zum Schaden der Böden, die im Bereich der Gärten oft noch durch Pestizide und Mineraldünger zusätzlich belastet werden.

Mit dem Boden wird hier ein komplexes und empfindliches ökologisches System gefährdet bzw. zerstört, das sich im Zusammenwirken von Verwitterungsprozessen und der Tätigkeit von Bodenlebewesen nur über sehr lange Zeiträume bilden konnte. Menschen gefährden hier letztendlich ihre eigene Lebensgrundlage, denn Böden sind als Basis des Pflanzenwachstums auf dem Festland auch die Grundlage allen tierischen und menschlichen Lebens.

◁ Naturgemäße Bodenlockerung mit einem Einzinker („Sauzahn“): Die schützende und lebende Mulchschicht wird nicht begraben, das Bodenleben geschont.

Dieses sollte jeder bedenken, der mit „Boden“ auf seinem Grundstück, in seinem Garten umgeht. Bevor er den Spaten in die Hand nimmt, sollte er wissen, daß auch der Boden ein Lebensraum für eine ausgesprochen vielfältige Tier- und

Pflanzenwelt ist, sofern wir ihn naturgemäß behandeln. Ebenso wichtig ist es, sich vor einer gärtnerischen Nutzung mit dem Zustand des eigenen Gartenbodens zu beschäftigten. Denn im Gegensatz zu den in unserem Land relativ einheitlichen und kalkulierbaren Klimaverhältnissen haben wir es mit ausgesprochen verschiedenartigen Standort- und Bodenverhältnissen zu tun. Alle Gestaltungs-, Bepflanzungs- und Pflegemaßnahmen im Garten müssen in besonderem Maße auf den Boden abgestimmt werden.

Bodenbestandteile und Bodenarten

In nüchternen Zahlen ausgedrückt, besteht ein durchschnittlicher Gartenboden zu 25 % aus Luft, 23 % aus Wasser, 45 % aus mineralischer und 7 % aus organischer Substanz.

Die mineralischen Teile sind Ergebnis der Verwitterung des Untergrundgesteins oder Teil einer Ablagerung. Je nach Herkunft können sie stofflich bzw. chemisch sehr unterschiedlich zusammengesetzt und strukturiert sein. Ihre Struktur gibt den Ausschlag für die Bodenart, mit der es ein Gärtner zu tun hat. Bodenarten werden bestimmt durch die vorherrschende Korngröße der mineralischen Teile. Unterschieden wird hier nach kleinsten Tonteilchen (kleiner als 0,0002 mm), Schluff (0,0002 bis 0,063 mm), Sand (0,063 bis 2,0 mm) oder noch größeren Teilchen (Kies, Steine). Reine Ton- oder Sandböden kommen in der Natur recht selten vor. In der Regel haben wir es mit einem Boden zu tun, in dem bestimmte Teilchen dominieren. Sind die drei Korngrößen Sand, Schluff und Ton in jeweils gleichen Mengen vorhanden, sprechen wir von einem Lehmboden, dominiert gegenüber den anderen Teilchen der Sand, kann es sich z. B. um einen lehmigen Sandboden handeln.

Viele Eigenschaften eines Bodens werden von der Bodenart bestimmt. Die Angaben der Übersicht auf Seite 27 machen deutlich, daß Böden mit einer ausgeglichenen Körnung wie z. B. Lehme aufgrund ausgeglichener Eigenschaften für eine gärtnerische Nutzung am günstigsten zu bewerten sind. Aber auch ein sandiger Boden kann in bestimmten Situationen, z. B. bei der Anlage einer Blumenwiese oder eines „Trockenbiotops", von Vorteil sein. In jedem Fall ist es sinnvoll, vor einer Gartenplanung die Bodenart zu beurteilen, z.B. mit Hilfe einer einfachen „Fingerprobe". Der Boden wird dabei nach gleichmäßiger Durchfeuchtung zwischen den Fingern geknetet und zerrieben. Bei einem Sandboden werden einzelne Teilchen als Körner spürbar und auch sichtbar. Trotz aller Knetversuche wird sich die Probe nicht verkle-

„Der Mensch ist nicht weniger ein dem Boden verhafteter Organismus als der Regenwurm."
(John Seymour)

Wichtige Bodeneigenschaften und Verbesserungsmaßnahmen

Bodenart	Vorteile	Nachteile	Verbesserungs-maßnahmen
Boden mit hohem Tonanteil („schwerer", „fetter" Boden)	gutes Wasseraufnahme- und Wasserspeichervermögen gute Nährstoffversorgung und Speicherung	schlechte Durchlüftung und Erwärmbarkeit Gefahr von Staunässe und Verschlämmung schlechte Pflanzenverfügbarkeit des Bodenwassers schwere Bearbeitung	Sandbeigaben Gründüngung mit Tiefwurzlern Boden regelmäßig lockern, mulchen, eventuell umgraben
Boden mit hohem Sandanteil („leichter", „magerer" Boden)	gute Durchlüftung und Durchwurzelbarkeit im Frühling rasche Erwärmung gute Wasserleitfähigkeit leichte Bearbeitung	geringes Wasserspeichervermögen leichte Nährstoffauswaschung geringer Nährstoffvorrat	regelmäßige Humusversorgung (Kompost, Mulchen, Gründüngung) Strukturverbesserung mit Ton- und Gesteinsmehlen Boden gegen Austrocknung konsequent abdecken (Mulchen, Laubschicht, Gründüngung)

ben lassen, während aus einem Tonboden aufgrund hoher Bindigkeit durchaus Wurfgeschosse geformt werden können. Einzelne Tonteilchen sind beim Zerreiben zwischen den Fingern praktisch nicht spürbar. Schluff dagegen fühlt sich samtartig- pulvrig an und im Gegensatz zu Ton nicht bindig, bleibt aber zwischen den Fingerrillen noch haften.

Fruchtbare Böden: Humusböden

Neben der Bodenart ist es sicher ebenso wichtig, etwas über die Fruchtbarkeit eines Bodens zu erfahren. Als besonders fruchtbar gelten schwarze, humose Böden mit hohem Tonanteil. Außer der Bodenart spielt also der für die schwarze Färbung verantwortliche Humus eine zentrale Rolle. Etwa 85 % der organischen Substanz eines Bodens bestehen aus Humus, der übrige Anteil aus Pflanzenwurzeln und Bodenlebewesen. Letzere sind als Zersetzer organischer Abfälle für die Produktion von Humus verantwortlich. Im Humus sind Nährstoffe in organischen Verbindungen festgelegt, können aber von Bakterien „aufgeschlossen“ und damit den Pflanzen zur Verfügung gestellt werden. Humusstoffe sind zudem in der Lage, das 3- bis 4fache ihres Eigengewichtes an Wasser zu speichern. Ein hoher Humusvorrat im Boden garantiert also Dauerfruchtbarkeit und kontinuierliches Wachstum unserer Gartenpflanzen.

Durch jahrhundertelange organische Bodenpflege und Düngung und die daran angepaßte Tätigkeit der Bodenlebewesen können Böden mit über 80 cm starken, nährstoffreichen Humusdecken entstehen, Böden, die auch als „Hortisole“ (typische Gartenböden) bezeichnet werden. Wer also in einem Gebiet mit langjähriger Gartenbaunutzung lebt, kann sich beim Gärtnern meist auf einen ausgesprochen fruchtbaren, idealen Gartenboden stützen. „Hortisole“ können besonders vielseitig für den Anbau einer großen Vielfalt von Pflanzenarten genutzt werden.

Ein fruchtbarer Boden muß jedoch nicht immer von Vorteil sein. Auch auf eher „unfruchtbaren“ sandigen oder steinigen Böden gedeihen zahlreiche attraktive, zum Teil sehr seltene Pflanzenarten und leben viele speziell angepaßte Tiere. Für die Anlage von Steingärten, Trockenmauern, Magerwiesen oder Heidegärten benötigt man einen besonders mageren Boden, der in den meisten Gärten nur künstlich mit Hilfe von Gestein und Sand geschaffen werden kann. Ist er von Natur aus oberflächlich vorhanden oder wird er bei Aushubarbeiten gewonnen, so sollte man sich glücklich schätzen und diese Chance für die Anlage entsprechender Lebensbereiche nutzen. Gerade „unfruchtbare“ Gärten bzw. Gartenbereiche können bei standortangepaßter Gestaltung und Bepflanzung besonders reizvoll sein!

Kein Gartenleben ohne Bodenleben

„Man kann daran zweifeln, daß es viele andere Tierarten gibt, die in der Geschichte der Erde eine so bedeutende Rolle gespielt haben wie diese einfachen Kreaturen.“ Die 1881 von Charles Darwin so beschriebene Rolle der Regenwürmer in der Erdgeschichte dürfte das gesamte Wirken aller bisher lebenden Könige und Kaiser sicher in den Schatten stellen! Durch ihre grabende „Untergrundarbeit“, vor allem durch Beteiligung an der Zersetzung organischer Materialien, sind Regenwürmer entscheidend an der Bodenbildung beteiligt. In ihrem Verdauungstrakt zerkleinern Regenwürmer Pflanzenreste und durchmischen sie mit mineralischen Bestandteilen zu den hochwertigen „Ton-Humus-Komplexen“ (Krümel).

Bodenversiegelung zerstört den „Lebensraum Boden" und belastet unseren Wasserhaushalt. Im Garten sollten wir solche Bodenbelastungen möglichst vermeiden.

Regenwürmer und andere mit den Augen erkennbare Bodentiere wie Asseln, Käferlarven oder Springschwänze sind noch relativ bekannt. Welcher Gärtner aber weiß, daß allein in einer Handvoll Gartenerde neben vielleicht einem Regenwurm noch mehrere Milliarden (!) weiterer Tiere und Pflanzen leben können! Dabei handelt es sich überwiegend um für das menschliche Auge unsichtbare Mikroorganismen wie Bakterien und Pilze.

Größere Bodentiere zerbeißen und zerkleinern abgestorbene Pflanzenteile, vermischen sie mit dem Mineralboden und tragen damit zur Bildung des wertvollen Humus bei. Mikroorganismen sorgen für die Umwandlung zu Mineralstoffen (z. B. Stickstoff, Phosphor, Kalium), die von den Pflanzen als lebensnotwendige „Nährstoffe" wieder mit den

Kein Gartenleben ohne Bodenleben

Ohne Bodenleben könnte der Stoffkreislauf in der Natur nicht funktionieren, wäre kein Pflanzenwachstum möglich, würden wir im Müll ersticken. Abgestorbenes organisches Material wird von Bodentieren und Mikroorganismen zersetzt und mit dem Mineralboden vermischt. Dauerhafte organische Humus-Stoffe (Träger der Bodenfruchtbarkeit) werden aufgebaut, organische Verbindungen zu mineralischen Pflanzennährstoffen reduziert (Bodenlebewesen = „Reduzenten"). Damit auch im Garten der Stoffkreislauf geschlossen bleibt, müssen die Bodenlebewesen mit Nahrung versorgt werden, z. B. durch Laub, Mulchen oder Kompost.

Wurzeln aufgenommen werden. Bodenlebewesen schließen somit den Stoffkreislauf in der Natur und sorgen für eine kontinuierliche Düngung unserer Gartenpflanzen.

Mulchen: Naturgemäße Bodenpflege

Wer einmal mit dem Spaten einen Waldboden etwa 50 cm tief anschneidet, kann sich eine Vorstellung vom Aufbau unserer Böden und der Zersetzungsarbeit der Bodenlebewesen verschaffen. Natürlich gewachsene Böden sind aufgrund der Tätigkeit des Bodenlebens geschichtet, und in jeder Schicht leben verschiedene, an diesen Vorgängen beteiligte Organismen. Von der aufliegenden Laubstreuschicht bis zur dunklen Humusschicht, in der das organische Material seine Ausgangsstruktur verloren hat, können bei einer solchen Untersuchung alle Stufen der Rotte nachvollzogen werden. Die Übergänge sind, wie bei einem dynamischen System nicht anders zu erwarten, fließend. Dies gilt auch für die Grenze zwischen dem dunklen Humusboden und dem meist helleren Mineralboden, der noch von Pflanzenwurzeln und Regenwurmgängen durchzogen wird.

Für die Funktionsfähigkeit unserer Wälder ist ein intaktes Bodenleben von ausschlaggebender Bedeutung. In einem naturnahen Wald würde kein Förster auf die Idee kommen, alljährlich mit dem Spaten die natürliche Ordnung des Bodens durcheinander zu bringen, so wie es in den Gärten seit alters her praktiziert wird. Doch ist die hier immer noch übliche intensive Bodenbearbeitung mit dem Freihalten des Bodens von Laub und Krautwuchs und dem alljährlichen Umgraben wirklich notwendig? Welche Möglichkeiten haben wir, auf diese für das Bodenleben zweifellos störenden Eingriffe zu verzichten?

▷ Im Naturgarten steht der Boden im Mittelpunkt aller Überlegungen, als Lebensraum einer vielfältigen Flora und Fauna und Grundlage des Pflanzenwachstums.

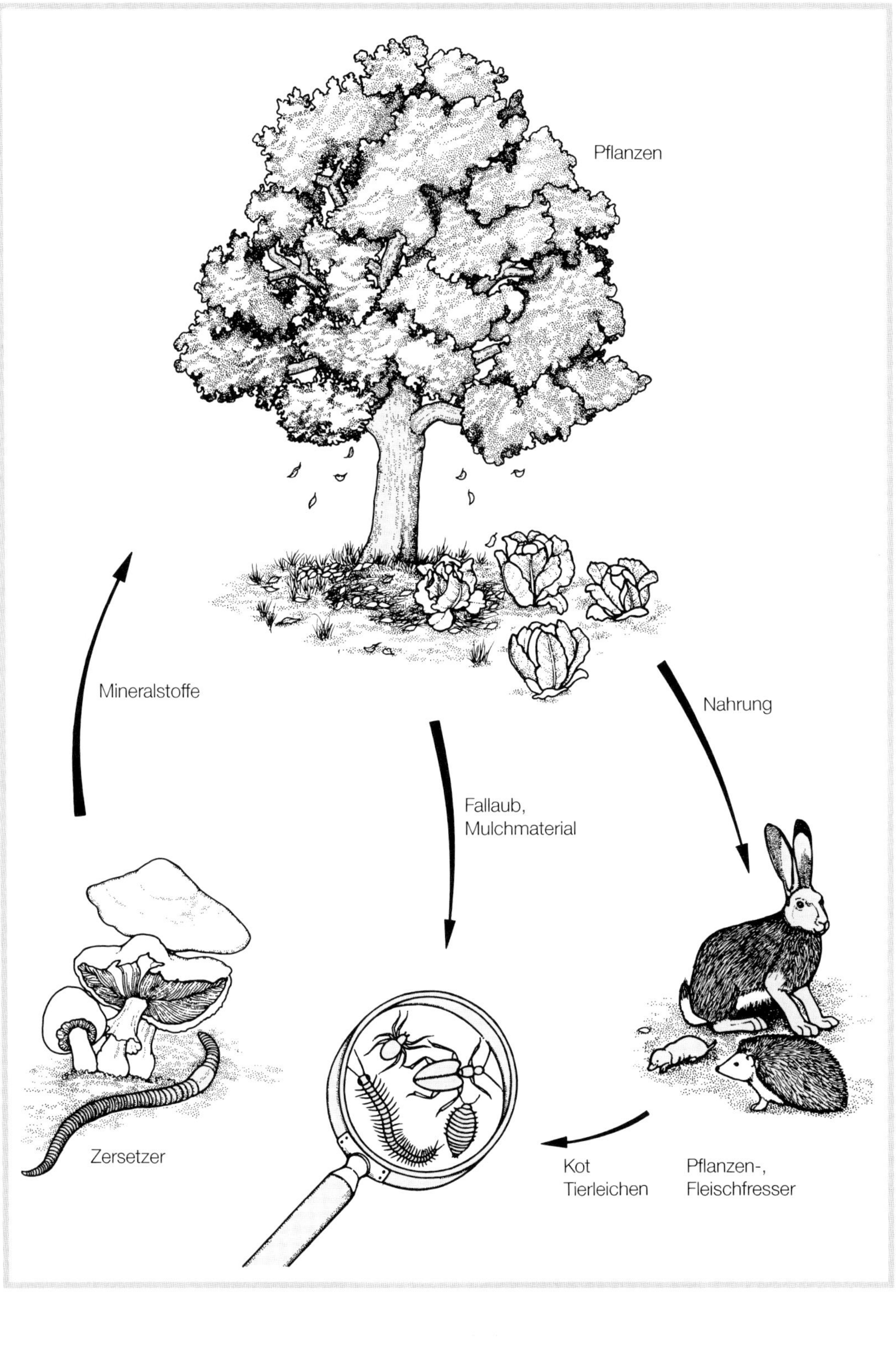
Pflanzen
Mineralstoffe
Nahrung
Fallaub,
Mulchmaterial
Zersetzer
Kot
Tierleichen
Pflanzen-,
Fleischfresser

Im Wald schützt eine Laubschicht den Boden und ernährt die Bodenlebewesen. Ein naturnaher Waldboden: Vorbild für den Garten?

Die Laubschicht schützt und belebt den Boden

Laubabwerfende Gehölze finden wir in fast jedem Garten. Unter den Bäumen und Sträuchern wird der Boden beschattet, so daß allenfalls Frühblüher und schattenverträgliche Stauden gedeihen, unliebsame Wildkräuter sich jedoch kaum ausbreiten können. Diese werden zudem durch das herabfallende Laub unterdrückt. Viele der mit Zwiebeln, Wurzelsprossen oder Knollen überwinternden Frühblüher (Schneeglöckchen, Leberblümchen, Buschwindröschen) sind hingegen auf eine schützende Laubschicht angewiesen, genauso wie die zahllosen Bodenlebewesen.

Auch für größere Tiere ist Laub am Boden unverzichtbar: Igel zum Beispiel decken hier ihren Hauptnahrungsbedarf und finden einen geschützten Überwinterungsplatz. Aus welchem Grund sollten wir also alljährlich das Laub unter unseren Sträuchern zusammenharken und wegschaffen? Aus ökologischer Sicht ist die Beseitigung ohne Zweifel schädlich. Aus gärtnerischer Sicht ist sie unsinnig, denn der Pflegeaufwand wird beträchtlich erhöht und das Wachstum der Gehölze beeinträchtigt. Aber Laub sieht nicht „schön“ aus, stimmt nicht mit unseren Ordnungsvorstellungen überein – oder?

In jedem Fall entspricht die Laubschicht am Boden der Ordnung der Natur. Wer Laub am Boden beläßt, leistet einen wichtigen Beitrag zum Umweltschutz: Wichtige Rohstoffe bleiben dem Stoffkreislauf der Natur erhalten. Sicher muß Herbstlaub von Gehwegen oder Rasenflächen entfernt werden. Aber für das Beseitigen der unter Sträuchern anfallenden Laubschicht gibt es keinen vernünftigen Grund! Wer trotzdem ästhetische Probleme sieht, sollte sich einmal fragen, warum der intensiv gepflegte, nackte Gartenboden immer noch zum Bild eines „schönen“ Gartens dazugehört. Kommt mit einem solchen Empfinden nicht eher ein überzogener Sinn für Ordnung und Sauberkeit zum Ausdruck? Sollte man die eingespielten Gewohnheiten nicht auf der Basis einer anderen Einstellung zur Natur ändern?

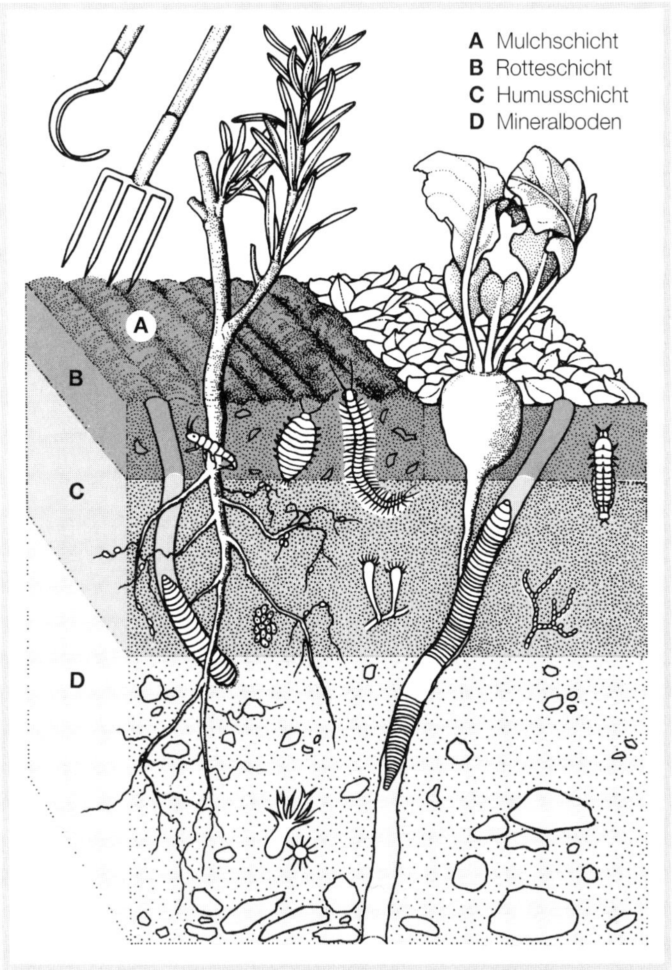

Die natürliche Schichtung des Bodens und die daran angepaßten Lebewesen werden bei der naturgemäßen Bodenbearbeitung nicht beeinträchtigt. Im unbearbeiteten Gartenboden (rechts) können sich unter der Mulchschicht eine Rotte- und Humusschicht entwickeln. Bei der Bodenlockerung mit dem Einzinker oder der Grabegabel (links) wird ein „Begraben“ der in der Rotteschicht lebenden Organismen vermieden.

Mulchen im Nutzgarten

Nach dem Vorbild der Natur decken wir auch im Nutzgarten den Boden mit einer Schicht organischen Materials ab und schützen ihn so. Mulchen im Gemüse-, Obst- und Blumengarten widerspricht ohne Zweifel den noch verbreiteten Pflegemethoden. Es setzt in besonderem Maße die Bereitschaft voraus, sich an ein neues Gartenbild zu gewöhnen. Und auch ein wenig Experimentierfreude gehört dazu. Wer damit beginnen möchte, sollte das Verfahren vielleicht zunächst auf einem „Testbeet“ probieren und dieses Beet dann mit konventionell gepflegten Flächen vergleichen. Jeder Gartenbesitzer hat so die Möglichkeit, sich von den Vorteilen einer Mulchschicht zu überzeugen und gegen eventuelle Nachteile abzuwägen:

– Bodenlebewesen werden laufend mit Nahrung versorgt. Insbesondere die für die Bodenfruchtbarkeit so wichtigen Regenwürmer werden gefördert. Über die Aktivierung des Bodenlebens sichern wir die kontinuierliche Versorgung unserer Nutzpflanzen mit Nährstoffen.

– Da die Niederschläge nicht unmittelbar auf den Boden auftreffen, bleibt die Krümelstruktur erhalten. Die Mulchschicht schützt vor zu starker Verdunstung und sorgt für gleichbleibende Bodenfeuchtigkeit. In trockenen Sommern kann im Garten dadurch viel Wasser eingespart werden.

– Temperaturextreme werden ausgeglichen. Nur im zeitigen Frühjahr, wenn im Gemüsegarten eine schnelle Bodenerwärmung gewünscht wird, sowie bei den schwer erwärmbaren Lehm- und Tonböden kann eine Mulchdecke von Nachteil sein.

– Das regelmäßige Abdecken mit organischem Material ist sicher recht aufwendig, ermöglicht aber den Verzicht auf einen Teil der üblichen Pflegemaßnahmen. Der Boden bleibt natürlich locker, und unerwünschte Kräuter werden zum großen Teil durch die Mulchdecke unterdrückt (je nach Dicke der Schicht und verwendetem Material).

– Durch die naturgemäße Art der Düngung wird die Anfälligkeit unserer Kulturpflanzen für Krankheiten und Schädlinge vermindert. Duftende Kräuter in der Mulchschicht können zur Schädlingsabwehr beitragen. Im Erdbeerbeet trägt eine Strohschicht dazu bei, daß der Grauschimmel in Grenzen gehalten wird.

– Sicher können auch manche „Schädlinge“ durch eine Mulchschicht begünstigt werden. Wegen der Möhrenfliege sollte zwischen Möhren nur möglichst trockenes Mulchmaterial sehr dünn ausgebracht werden. Je nach örtlicher Situation können Nacktschnecken angelockt werden. Besteht diese Gefahr, wird möglichst nur trockenes Mulchmaterial verwendet, im Notfall auf eine Mulchschicht verzichtet. Auch der Einsatz von Schneckenfallen ist möglich (s. Seite 219). Nicht zu unterschätzen ist die mögliche Begünstigung von Wühlmäusen, die im Extremfall ebenfalls zum Verzicht auf Mulchen zwingen kann. Vorher sollten aber immer alle Abwehrmöglichkeiten ausgeschöpft werden (s. Seite 219).

Mulchpraxis

Besonders wichtig ist der Schutz des Bodens im Winter. Damit Böden in dieser Zeit nicht allen Witterungseinflüssen ausgesetzt werden, sollte das herbstliche Umgraben nach Möglichkeit unterbleiben. Nach der Ernte wird der Boden statt dessen etwa 5 bis 8 cm dick mit Mulchmaterial abgedeckt. Ernterückstände können an Ort und Stelle sinnvoll genutzt werden. Das von Wegen oder Rasenflächen entfernte Herbstlaub ist dafür geeignet, sofern es nicht zu stark mit Schadstoffen belastet ist (s. Seite 74). Eine Winterabdeckung aus gehäckseltem Stroh hat sich besonders bewährt. Alternativ zur Mulchabdeckung kann der Boden im Winter auch durch die Einsaat von Gründüngungspflanzen geschützt werden (s. Seite 39).

Im Frühjahr wird das nicht verrottete Mulchmaterial einige Tage vor der Aussaat abgeharkt, damit sich der Boden erwärmen kann. Nach Bepflanzung der Beete bzw. dem Auflaufen der Aussaaten mulcht man mit leicht angetrocknetem Material. Die Schicht wird dünner als im Winter aufgetragen (etwa 3 bis 5 cm) und regelmäßig erneuert.

Mulchmaterial

Die Wahl des Materials wird zunächst vom Angebot bestimmt. Oft genügen die im Garten anfallenden organischen Abfälle nicht, so daß zusätzlich Material beschafft werden muß. Dabei sollte auch das jeweilige Kohlenstoff-Stickstoff-Verhältnis beachtet werden (s. Tab. Seite 36). Liegt dieses Verhältnis bei über 30:1 (C:N), benötigen die Bodenlebewesen für die Zersetzungsarbeit zusätzlich Stickstoff, den sie dem Boden entnehmen müssen. Soll Mulchmaterial mit einem ungünstigen C-N-Verhältnis wie Stroh oder Rindenmulch nicht nur vorübergehend den Boden bedecken, sondern am Boden verrotten, muß im Gemüse- und Obstanbau je nach Bodenzustand für eine angemessene organische Stickstoffdüngung, z. B. mit Hornspänen, Hornmehl, Blutmehl oder Brennesseljauche, gesorgt werden (s. Seite 67).

Kohlenstoff-Stickstoff-Verhältnis (C : N) von Mulch- und Kompostmaterial

Blutmehl	3 : 1	Laub	50 : 1
Gartenabfälle	7 : 1	Rindenhumus	60 : 1
Mischkompost (8 Monate angerottet)	10 : 1	Roggenstroh	65 : 1
		Torf	80 : 1
Rasenschnitt	12 : 1	Weizenstroh	125 : 1
Mist, stroharm	20 : 1	Papier	170 : 1
Küchenabfälle	20 : 1	Sägemehl	500 : 1
Mist, strohreich	30 : 1	Holz, Rinde	700 : 1

Bei der Verwendung der verschiedenen Materialien sollten weiterhin die folgenden Hinweise berücksichtigt werden:
– Frisches Material muß zur Vermeidung von Fäulnis und wegen der Schneckengefahr vor dem Mulchen leicht antrocknen und sollte eher dünner aufgetragen und dann öfter ergänzt werden. Besonders geeignet sind Gemüseabfälle von großblättrigen Pflanzen und Rasenschnitt. Auch Blätter von Wildkräutern sind, sofern diese noch keine Samen tragen, geeignet. Die stickstoffhaltigen Brennesseln sind z. B. ein besonders wertvolles Mulchmaterial!
– Gründüngungspflanzen lassen sich sehr gut für Mulchdekken verwenden. Fehlt es im Frühjahr an Material, können Zwischenräume mit *Phacelia* oder Spinat eingesät werden, die man dann für die erste Mulchschicht am Boden abschneidet. Nicht winterharte Gründüngungspflanzen frieren ab, schützen als dünne Schicht den Boden und können im Frühjahr nach weitgehender Verrottung leicht eingearbeitet werden.
– Gehäckseltes Stroh hat sich als Winterabdeckung des Bodens und im Erdbeeranbau besonders bewährt. Damit es nicht vom Wind verweht werden kann, sollte man es vor dem Mulchen leicht anrotten lassen. Am besten wird das Stroh nach guter Durchfeuchtung und einer Erdbeimischung einige Wochen zu einem Haufen aufgesetzt, der durch eine Abdekkung vor Austrockung geschützt wird.
– Rindenmulch besteht aus zerkleinerter, nicht verrotteter Rinde, wird bei der Holzverarbeitung gewonnen und im Handel lose oder in Säcken angeboten. Rindenmulch ist besonders für die Bodenabdeckung im Ziergarten und für Wege geeignet. Wachstumshemmende Inhaltstoffe wie Harze und Phenole sorgen für die Unterdrückung unerwünschter Kräuter, können aber auch das Wachstum unserer Kulturpflanzen

▷ Nach dem Vorbild der Natur können wir auch im Garten für eine Bodenabdeckung mit Pflanzenmaterial sorgen. Eine Mulchschicht fördert das Bodenleben, schützt den Boden vor Austrocknung und unterdrückt unerwünschte Kräuter. Das gemulchte Gemüsebeet mag den Ordnungsvorstellungen vieler Gärtner noch widersprechen, aber es entspricht voll und ganz den Ordnungsprinzipien der Natur!

beeinträchtigen. Da bei der Zersetzung außerdem am Stickstoffvorrat des Bodens gezehrt und zur Bodenversauerung beigetragen wird, ist ein Einsatz von Rindenmulch in Gemüsebeeten und unter Obstgehölzen nicht empfehlenswert. Hier kann statt dessen auf weitgehend verrottete Rindenhumusprodukte oder angerotteten Kompost zurückgegriffen werden. Eine optimale Wirkung bei der Bodenabdeckung mit Rindenmulch erzielt man, wenn eine Schicht von mindestens 5 cm aufgebracht wird. Pro Quadratmeter wird dafür eine Materialmenge von ungefähr 0,5 m^3 Rindenmulch benötigt.

– Pappe und Papier eignen sich besonders gut zum Mulchen stark verkrauteter Flächen. Selbst Wurzelunkräuter können durch längere Abdeckung mit Pappe verdrängt werden; Gemüsepflanzen oder Stauden lassen sich leicht in die angerottete Mulchdecke einsetzen. Keinesfalls darf man allerdings wegen der Schadstoffgehalte farbig bedruckte Papiere oder Pappen verwenden; dagegen sind die kohlenstoffhaltigen Schwarzweißdrucke recht gut geeignet.

– Ungeeignet zum Mulchen ist Torf, da er oberflächlich ausgebracht leicht austrocknet, aufgrund extrem niedriger pH-Werte (3 bis 4) den Boden versauert sowie praktisch keine Nährstoffe enthält (s. Seite 62).

Naturgemäße Bodenbearbeitung: Sauzahn statt Spaten?

Wer im Garten für kontinuierliche Bodenbedeckung mit Mulchmaterial sorgt, kann in der Regel auf den Einsatz des Spatens verzichten. Bodenlebewesen werden nicht mehr aus ihrer gewohnten Umgebung herausgerissen und gestört, sondern gefördert, so daß für natürliche Bodenlockerung gesorgt wird. Ist eine zusätzliche Lockerung des Bodens nötig, zum Beispiel vor der Frühjahrsbestellung oder zur Einarbeitung organischer Dünger, werden bodenschonende Geräte eingesetzt.

Zu den bekanntesten Geräten des biologischen Gemüseanbaus zählt die Grabegabel, die nach Einstich in den Boden zur Lockerung vor- und rückwärts bewegt wird. Dabei lassen sich auch Wurzelunkräuter leicht herausziehen. Zur tiefgründigen Lockerung kann aber auch der Sauzahn (Einzinker) eingesetzt werden, nur bei schweren Böden ist seine Handhabung recht mühselig. Die schwere, mit 5 verschieden langen Zinken ausgestattete Doppelgrabegabel hilft in solchen Situationen schon eher. Alle 30 bis 40 cm in den Boden gesetzt, kann damit selbst ein Lehm- oder Tonboden gelockert werden. Geht es hingegen nur um eine oberflächige Lockerung und um die Einarbeitung von Mulch- und Kompostmaterial, wird man auf bekannte Geräte wie Kultivator (Ziehhacke) oder Kreil (Feld- oder Gartenhacke) zurückgreifen.

Sicher gibt es aber immer wieder Situationen, in denen die genannten Geräte nicht ausreichen und deshalb ein Spateneinsatz notwendig und sinnvoll ist. Dies gilt zum Beispiel für extrem tonhaltige, schwere Böden, bei denen es besonders darauf ankommt, durch Lockerung für Bodenbelüftung und Erwärmung zu sorgen. Bei solchen Böden ist ein tiefes Umgraben im Herbst und die danach eintretende winterliche „Frostgare“ wohl durch nichts zu ersetzen!

Der Spateneinsatz kann auch zur gründlichen Melioration eines verdichteten, ungepflegten Bodens oder zur Einarbeitung von winterharten Gründüngungspflanzen sinnvoll sein. In solchen Fällen sollten wir mit dem Umgraben möglichst bis zum Winter warten, da in dieser Zeit das Bodenleben weitgehend ruht und viele Tiere sich in größere Tiefen zurückgezogen haben. Während der Vegetationsperiode sollte, wenn es unumgänglich ist, immer nur flach umgegraben werden, damit Bodentiere der Rotteschicht nicht in zu große Tiefen befördert werden.

Bodenschutz durch Gründüngung

Unbedeckte, „nackte“ Böden sind schutzlos allen Witterungseinflüssen ausgesetzt und verlieren dabei schnell an Fruchtbarkeit. Neben der Abdeckung mit organischem Material kann auch durch Einsaat von Gründüngungspflanzen wirkungsvoll für Bodenschutz und Humusanreicherung gesorgt werden. Gründüngung und Mulchen sind zwei Bodenpflegeverfahren, die sich sinnvoll miteinander kombinieren lassen.

Wirkungen einer Gründüngung

Viele Wirkungen einer Gründüngung sind vergleichbar mit den Vorteilen einer Mulchdecke: Der Boden wird vor Austrocknung, Erosion und Nährstoffauswaschung geschützt, die Tätigkeit der Bodenlebewesen durch die Neubildung organischer Substanzen gefördert und eine laufende Humusversorgung erreicht.

Gründüngung hat aber auch Wirkungen, die von einer Mulchschicht niemals ausgehen können. So sorgt das bei vielen Pflanzen ausgesprochen tief reichende Wurzelwerk (z. B. bis 2 m tief bei Lupinen) für eine Lockerung und Durchlüftung des Bodens. Schwere oder durch Baumaschinen verdichtete Böden, z. B. in einem Neubaugebiet, werden so aufgebrochen und aufgeschlossen. Gründüngung kann in diesen

Fällen sogar eine mechanische Tiefenlockerung ersetzen. Durch Verbesserung der Wasser-, Sauerstoff- und Mineralstoffversorgung wird so der Boden für nachfolgende Kulturen optimal vorbereitet.

Pollen und Nektar von Gründüngungspflanzen wird von zahlreichen blütenbesuchenden Insekten als Nahrungsquelle genutzt. Besonders bekannt als Bienenpflanze ist die Phacelia (*Phacelia*, „Bienenfreund"). Unbestritten ist die große Bedeutung von Bienen und anderen Blütenbesuchern für die Bestäubung unserer Kulturpflanzen. Förderung dieser nützlichen Tiere ist also immer von Vorteil für den Ernteerfolg – und Gründüngung kann dazu beitragen, sofern die Pflanzen bis zur Blüte stehen bleiben können.

Von besonderer Bedeutung ist eine Gründüngung mit Pflanzen, die der Familie der Schmetterlingsblütler (Leguminosen) angehören. Dazu gehören zum Beispiel die schön blühenden Lupinen und Wicken, Kleearten, aber auch Gemüsepflanzen wie Erbsen und Bohnen. An den Wurzeln dieser Pflanzen leben sogenannte Knöllchenbakterien. Diese infizieren das Rindengewebe der Wurzeln und lösen damit die Bildung von Gewebewucherungen, den Knöllchen, aus.

Pflanzen werden dabei keineswegs in ihrem Wachstum beeinträchtigt, sondern profitieren sogar von der Symbiose mit den Knöllchenbakterien: Diese nehmen Stickstoff aus der Luft auf und stellen ihn der Pflanze als Nährstoff zur Verfügung. Große Mengen Luftstickstoff können auf diese Weise für das Pflanzenwachstum gewonnen und nach dem Absterben von Bakterien und Pflanzen in die Humusstoffe des Bodens eingebunden werden. Im Laufe einer Vegetationsperiode kann so von 1 ha Lupinen eine Menge von bis zu 200 kg Luftstickstoff gebunden und dem Boden zugeführt werden.

Pflanzenwahl: Qual der Wahl?

Die Wahl der Pflanzenart richtet sich vor allem nach dem Zweck einer Gründüngung. Dabei steht eine so große Auswahl zur Verfügung, daß man keineswegs immer die gleiche Art verwenden, sondern je nach Ziel, Boden, Jahreszeit und Fruchtfolge aus der Vielfalt der Arten auswählen sollte. Geht es zum Beispiel um eine schnelle Begrünung für eine relativ kurze Zeit, sind schnellwachsende Arten wie Gelbsenf oder *Phacelia* von Vorteil. Soll aber im Anschluß Kohl angebaut werden, sollte man besser auf Senf verzichten. Denn als Kreuzblütler gehören Senf wie Raps und Ölrettich zur Familie der Kohlgewächse, die eine Verseuchung des Bodens mit

Vorübergehend unbedeckter Boden kann durch Einsaat von Gründüngungspflanzen (hier Gelbsenf) geschützt und belebt werden.

Kohlhernie oder anderen Krankheitserregern begünstigen können. Sehr gut in jeder Fruchtfolge des Gemüsegartens kann hingegen *Phacelia* eingebunden werden, da sie als „Wasserblattgewächs" mit keiner Gemüseart unserer Gärten verwandt ist.

Wird hingegen aufgrund von Bodenerschöpfung das Ziel verfolgt, die Fruchtbarkeit durch ganzjährige Gründüngung zu verbessern, erhalten die stickstoffsammelnden Schmetterlingsblütler den Vorzug. Sinnvoll kann es sein, solche Einsaaten in eine mehrjährige Fruchtfolge einzubauen. Besonders geeignet für solche Zwecke sind „Gemenge" verschiedener Arten, da durch die Mischung mehrere besondere Eigenschaften miteinander verbunden werden. Geht es bei der „Sanierung" eines verdichteten Bodens vor allem um die

Gründüngungspflanzen und ihre Verwendung

Pflanzen	Verwendungs-zweck	Aussaat Zeit	g/m²	Saattiefe (cm)	Winter-hart	Stickstoff-sammler	Tief-wurzler	Besondere Boden-ansprüche	Sonstiges
Ackerbohne, Dicke Bohne	Vor- und Nachsaat	II – VII	15 – 20	6 – 10	X	X	X	–	für besonders frühe Aus-saaten
Bitterlupine, Gelbe und Blaue	ganzjährig	IV – VIII	20 – 30	3 – 4	–	X	X	leicht sauer	zur Boden-sanierung
Buchweizen	Vorsaat	V – VIII	10	2 – 4	–	–	–	sandig, kalkarm	verdrängt Quecken, Bie-nenpflanze
Erdklee	Untersaat (Beerenobst)	IV – IX	3	1 – 2	–	X	–	–	Schnitt zum Mulchen
Esparsette	Vorsaat	III – VIII	4 – 5		X	X	–	kalkhaltig	Bienenpflanze
Feldsalat	Nachsaat, Untersaat, Mischkultur	VIII – X	2 – 3	2 – 3	X	–	–	–	in Frucht-folgen einbeziehen
Gelbsenf	Vorsaat Nachsaat Mischkultur	III – IX	4 – 6	2 – 3	–	–	X	–	Kreuzblütler, rasch wachsend
Gelbklee	ganzjährig, Untersaat (Beerenobst)	III – VI	3 – 5	1 – 2	X	X	–	–	
Hafer	Vorsaat	III – VIII	16	4	–	–		–	
Inkarnatklee	ganzjährig	V – IX	3 – 4	1 – 2	X	X	–	–	frosthart bei später Aussaat
Luzerne	ganzjährig	III – VIII	2	2 – 3	X	X	X	–	2 bis 3mal schneiden
Ölrettich	Nachsaat	VIII – IX	2 – 4	2 – 3	–	–	X	Lehm- und	Kreuzblütler,

Phacelia, Bienenfreund	Vorsaat	III – VIII	2 – 4	1 – 2	–	–	–	–	Bienenpflanze, rasch wachsend
Platterbse, Futtererbse	ganzjährig, Untersaat	IV – IX	15	3 – 4	–	X	–	–	nicht vor Bohnen und Erbsen
Ringelblume	Mischkultur, ganzjährig	IV – VI	2 – 3	1 – 2	–	–	–	–	Wurzelausscheidungen gegen Nematoden
Raps Sommerraps Winterraps	Nachsaat	 IV – VIII VIII – IX	4 – 6	2 – 3	X	–	X	lehmig, feucht	Kreuzblütler, nicht vor Kohl
Spinat	Zwischensaat Mischkultur	III – IX	3 – 4	2 – 3	–	–	–	–	
Seradella	Zwischensaat	V – VIII	20	1 – 2	X	X	X	Sandboden, sauer	
Winterroggen	Nachsaat	IX – X	16	4	X	–	X	–	
Wicken Sommerwicke Winterwicke	Nachsaat	 IV – VIII VIII – IX	 18 15	 6 – 10 2 – 3	 – X	 X X	 – –	 – –	
Rothenburger Gemenge (Lupine, Sommerwicken, Platterbse)	Nachsaat, ganzjährig	IV – IX	15	2 – 3	–	X	zum Teil	–	besonders viel Blattmasse
Landsberger Gemenge (Weidelgras, Winterwicke, Inkarnatklee)	Nachsaat, ganzjährig	VIII – X	8 – 10	2 – 3	X	zum Teil	zum Teil	–	besonders viel Blattmasse

Lockerung, genießen alle Tiefwurzler wie Luzerne, Gelbsenf, Ölrettich, Ackerbohne oder Lupinen den Vorzug.

Vielfältige Möglichkeiten

Große Flächen im Gemüsegarten bleiben im Frühjahr oft brach liegen, da die vorgesehenen frostempfindlichen Kulturen wie Bohnen, Gurken, Tomaten oder Zucchini erst ab Mitte Mai angepflanzt werden können. In solchen Situationen kann durch Vorsaat von schnellwachsenden Gründüngungspflanzen für Schutz und Belebung des Bodens gesorgt werden. Für die folgende Kultur wird die Gründüngung in den vorgesehenen Reihen mindestens eine Woche vor der Bestellung abgeschnitten; die Reste können eingehackt oder flach untergegraben werden. Gründüngungspflanzen zwischen den Reihen beschatten zunächst die aufgehende Saat. Sobald sie als Konkurrenz auftreten, werden sie aber geschnitten oder abgehackt und bilden so die erste Mulchdecke im Gemüsebeet.

Schnellwachsende Arten werden auch als Zwischensaat angebaut, wenn Beete für kürzere Zeit frei werden. Solche Zwischensaaten können auch zwischen Reihen von Gemüsepflanzen oder als Untersaat unter Tomaten, Kohlpflanzen oder Beerensträuchern eingesät werden. Im Obstanbau verwendet man für dauerhafte Untersaaten vor allem Kleearten, die dabei regelmäßig geschnitten werden.

Von besonderer Bedeutung im Gemüsegarten ist die nach der letzten Ernte als Nachsaat eingebrachte Gründüngung, denn die heranwachsende Vegetationsdecke sorgt für den besonders wichtigen Schutz des Bodens im Winter. Auch die geschnittene und abgefrorene Blattmasse nicht frostharter Pflanzen schützt als Mulchdecke den Boden. Im Frühjahr ist die Schicht meist so stark angerottet, daß sich die Reste problemlos mit einem Sauzahn oder Kultivator einarbeiten lassen, wobei nicht verrottete Teile abgeharkt und kompostiert werden. In der Regel kann also auf das immer noch übliche Untergraben der Gründüngung verzichtet werden.

Bei Verwendung frostharter Arten als Nachsaat oder ganzjähriger Gründüngung kommt man aber meist nicht um ein Untergraben herum. Die Pflanzenmasse wird dabei zur Arbeitserleichterung etwa 1 Woche vorher abgeschnitten. Das Material kann auch an anderer Stelle als Mulchmaterial verwendet oder kompostiert werden; die Wurzelmasse von Gründüngungspflanzen sollte aber immer im Boden bleiben.

▷ Der Bienenfreund (*Phacelia*) ist eine wertvolle Bienen- und Gründüngungspflanze, die auch in Blumengärten einbezogen werden kann. Die Blüte auf dem Foto wird von einer Gartenhummel besucht.

▽ Kompostplatz mit verschiedenen Kompostmieten: Kein „Müllplatz", sondern „Rohstoffverwertungszentrale" des Gartens!

Kompost – der unglaubliche Haufen

Ist es nicht unglaublich, was da in einer Gartenecke im Laufe eines Jahres passiert? Da wurden die verschiedensten organischen Abfallstoffe aus Haus und Garten, Eierschalen, Papier, Kaffeesatz, Gemüsereste, Rasenschnitt und Laub bis hin zu zerkleinertem Holz gesammelt und zu einem Haufen aufgeschichtet. Und schon nach 12 Monaten ist das Ganze zu dunkler, krümeliger und wohlriechender Erde umgewandelt.

Viele Gartenbesitzer machen alljährlich diese Erfahrung und leisten damit einen wichtigten Beitrag zum Umweltschutz: Wertvolle Rohstoffe werden wiederverwertet, bleiben dem Stoffkreislauf im Garten unmittelbar erhalten und ermöglichen damit zugleich eine naturgemäße Art der Düngung.

Kompostierung ist die sinnvollste und umweltfreundlichste Form der Müllverwertung. 30 bis 40 % des in Haushalten anfallenden Mülls sind kompostierbar, doch nur ein Bruchteil davon wird derzeit in unserem Land verwertet. Wiederverwertung scheitert immer noch an fehlenden Möglichkeiten zur getrennten Mülleinsammlung und zentralen Kompostierung. Aber auch die Möglichkeiten zur dezentralen Kompostierung am Haus und im Garten sind bei weitem noch nicht ausgeschöpft. Selbst im kleinsten Garten oder Innenhof einer Wohnsiedlung läßt sich immer ein kleiner Kompostsilo unterbringen!

Das Prinzip: Verrottung wie in der Natur

Ein einfaches, im Detail aber sehr komplexes Grundprinzip der Natur macht Kompostierung möglich: Im Kreislauf der Nährstoffe wird jegliches tote organische Material durch die Zersetzungsarbeit der Bodenlebewesen zu Humus abgebaut (s. Seite 31), ein Vorgang, der auch als „Rotte“ bezeichnet wird. Für Erfolg oder Mißerfolg einer Kompostwirtschaft sind also die Lebewesen im Kompost verantwortlich: von größeren Tieren wie Asseln oder Regenwürmern bis hin zu kleinsten Mikroorganismen wie Bakterien oder Pilzen. Um ihnen optimale Lebensbedingungen zu schaffen, sollten deshalb einige Grundregeln beim Kompostieren beachtet werden.

Grundregeln der Kompostierung

Die an der Rotte beteiligten Lebewesen verbrauchen viel Sauerstoff. Besteht aufgrund unzureichender Belüftung Sauerstoffmangel, kommt es zur Fäulnis (Zersetzung ohne Sauerstoff). Der Boden darf deshalb keineswegs mit Beton oder Folie abgedichtet werden; Bodenlebewesen können dann nicht zuwandern, und stauende Nässe verursacht Fäulnis.

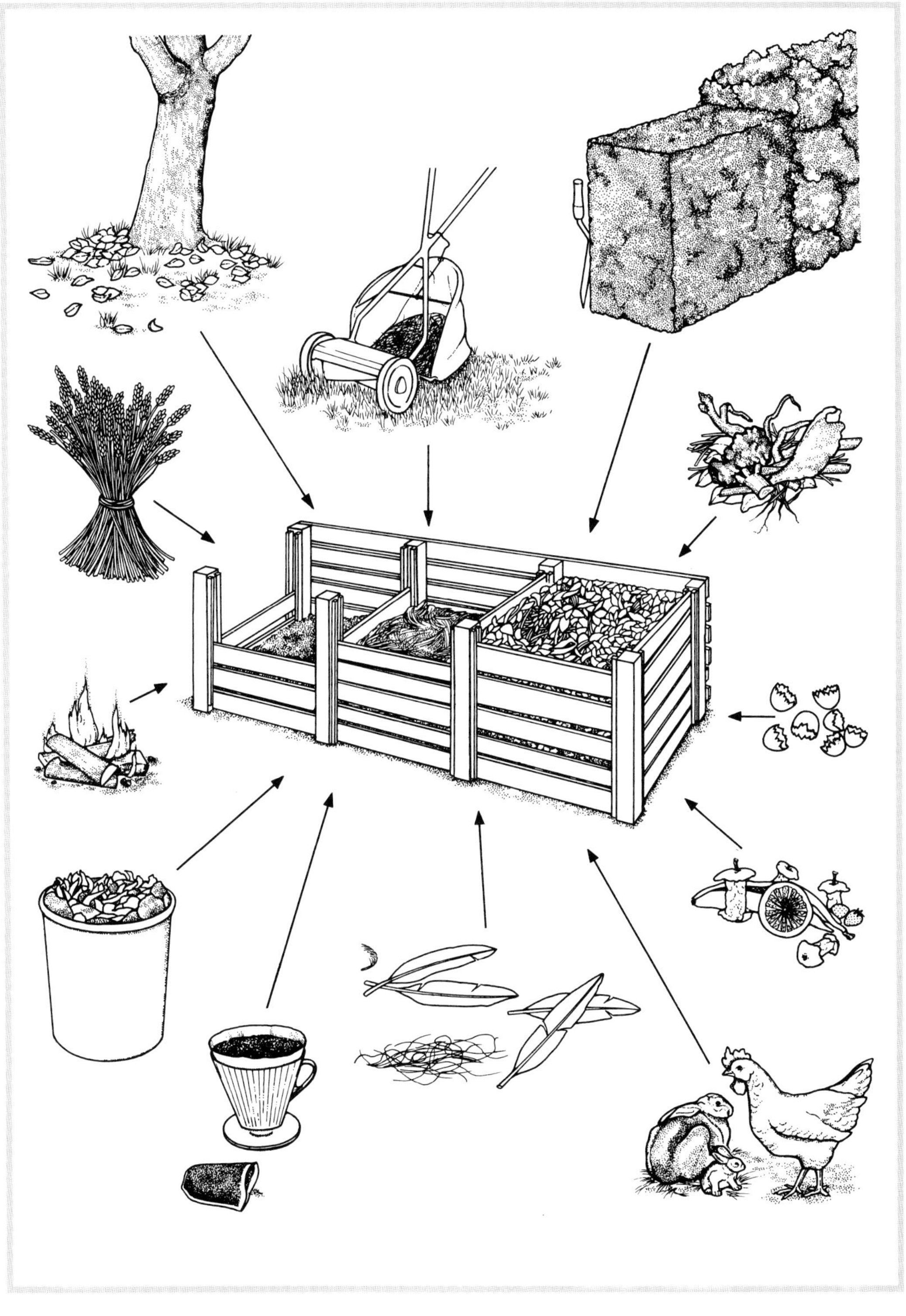

◁ Seite 47
Grundsätzlich können alle in Haushalt und Garten anfallenden organischen Stoffe verkompostiert werden. Frische Küchenabfälle werden möglichst gut abgedeckt, Baum- und Heckenschnitt zerkleinert. Fällt Laub in großen Mengen an, sollte man es besser gesondert kompostieren. Papier und Pappe eignen sich, sofern sie nicht farbig bedruckt sind. (Buntdrucke enthalten meist Schwermetalle.) Keinesfalls auf den Kompost gehören Kunststoffe, Glas, Metall, Chemikalien und Schalen von Zitrusfrüchten.

Wichtig ist auch die seitliche Luftzufuhr, die z. B. durch zweckmäßig gebaute Kompostsilos ermöglicht wird.

Rotte ohne Wasser ist nicht denkbar, denn ohne Wasser gibt es kein Leben. Der Kompost sollte deshalb gleichmäßig feucht, jedoch nicht zu naß gehalten werden. Um Austrocknung zu verhindern, ist ein windgeschützter, halbschattiger Platz unter Bäumen oder hinter einer Hecke günstig.

Der Verlauf der Rotte im Kompost hängt auch von der Art der Zusammensetzung des Materials ab. Grundsätzlich lassen sich alle organischen Abfallstoffe verkompostieren (s. Abb. Seite 47). Oft anfallende größere Mengen des gleichen Materials (z. B. Laub, Rasenschnitt) sollten aber mit anderen Materialien vermischt werden. Von Vorteil ist es, die Abfälle im Jahresverlauf zunächst getrennt nach grobem und feinem Material zu sammeln (eventuell in einem gesonderten Silo).

Mietenkompost

Steht genügend Material zur Verfügung, wird ein Kompost in einem Zuge zu einer Miete aufgesetzt (s. Abb. Seite 49). Zur Belüftung wird dabei zunächst eine etwa 20 cm starke Schicht aus zerkleinertem Baum- und Heckenschnitt aufgebracht. Das übrige Material wird dann am besten gemischt hinzugegeben. Die Beimischung von im Handel angebotenen Kompostierungshilfen ist nicht unbedingt erforderlich. Eine Beschleunigung der Rotte wird schon durch ein paar Schaufeln angerottetem Kompost als „Starthilfe“, Kräuterbeigaben (Brennessel, Beinwell) und schichtweises Bestreuen mit Steinmehl erreicht. Solche Beigaben sind besonders wichtig, wenn große Mengen schwer zersetzbarer

Mut zur Kompostierung!

Kompostierung ist einfacher, als es in vielen Büchern oder „Kompostfibeln“ beschrieben wird. Werden einige Grundregeln beachtet (s. Seite 46), lösen Kompostlebewesen einen Großteil unserer Abfallprobleme und produzieren zugleich einen wertvollen Dünger für den Garten. Wer mit Kompostierung beginnt, sollte auf einfache Holzsilos zurückgreifen, in denen organische Abfälle im Laufe eines Jahres gesammelt und unmittelbar, d. h. ohne gesonderte Aufschichtung, kompostiert werden. Auf die zahlreich angebotenen „Kompostierungshilfen“ kann man dabei durchaus verzichten. Wählen Sie für den Kompost einen geschützten Standort, achten Sie vor allem auf eine gute Durchlüftung und Mischung des Materials – und eine problemlose Verrottung dürfte gesichert sein!

Aufschichtung einer Kompostmiete. Mieten sollten 1,50 bis 2,00 m breit, etwa 1,50 m hoch und etwa 3 m lang sein. Mit dem im Laufe des Jahres gesammelten Material wird die Miete in einem Zuge aufgesetzt.

Materialien mit einem geringen Stickstoffanteil wie Holz, Stroh oder Laub (s. Seite 36) verkompostiert werden sollen. Hier kann es sinnvoll sein, kleine Mengen organischer Stickstoffdünger wie Hornmehl oder Blutmehl und Kalk beizumischen. In der Regel kann aber auf Kalkbeigaben verzichtet werden, entgegen mancher Empfehlungen und alter gärtnerischer Praxis! Bei ausgewogener Materialmischung der in Haus und Garten anfallenden organischen Abfälle stellt sich im Zuge der Verrottung fast immer ein optimaler pH-Wert ein.

Ist das Aufsetzen eines Komposts abgeschlossen, wird der Haufen mit Erde, Laub oder Stroh abgedeckt. Auch ein Kartoffelsack kann die „Wärmedämmung" verbessern und zusätzlich vor Nässe schützen. Traditionell werden Komposthaufen in der gärtnerischen Praxis mehrmals zur Beschleunigung der Rotte umgesetzt. Wird eine Miete wie beschrieben aufgesetzt, ist eine Umsetzung aber grundsätzlich nicht notwendig. Auch ohne Umsetzung kann die Verrottung nach etwa 8 bis 10 Monaten abgeschlossen sein. Einige Fachleute empfehlen jedoch noch eine erste Umsetzung nach etwa 10 bis 12 Wochen und eine weitere nach 20 bis 24 Wochen. Umsetzung ist immer, auch beim Silokompost, sinnvoll, wenn die Verrottung durch zu starke Vernässung beeinträchtigt wird.

Wachsender Kompost im Silo

Wie beschrieben kann ein Kompost auf einem freien Platz zu einer Miete aufgesetzt werden, die 1,5 bis 2 m breit und 1,5 m hoch sein sollte. Kleinere Mieten sind wenig sinnvoll, da es bei ihnen nicht zur optimalen Entwicklung der Rotte kommen kann. Das Mietenkompost-Verfahren bietet sich also nur dann an, wenn im Verlauf eines Jahres große Mengen organischer Abfälle anfallen und ein entsprechender Platz zur Verfügung steht. Beides trifft in der Regel nur für größere Gärten zu. Mit der schon recht großen Menge von 4 m^3 Abfällen kann zum Beispiel gerade ein Komposthaufen mit 1 m^2 Grundfläche aufgeschichtet werden.

Im kleinen Garten oder im Hof eines Wohnblocks bietet sich deshalb als Alternative der „wachsende" Kompost in einem Kompostsilo an. Solche Silos werden in verschiedener Form und unterschiedlichem Material im Handel angeboten. Besonders günstig sind die mit schmalen Luftschlitzen versehenen Holzsilos zu beurteilen. „Komposttonnen" aus Stahlblech sind ebenfalls geeignet: In ihnen werden durch die mögliche Heißrotte sogar Unkrautsamen abgetötet; allerdings muß hier aufgrund schlechterer Belüftung mit Fäulnisgefahr gerechnet werden. Holzsilos können auch aus ungehobeltem, nicht imprägniertem Holz selbst gebaut werden. Sie sind aber immer nur begrenzt bis etwa 10 Jahre haltbar. Wer auf Selbstbau setzt und eine Dauerlösung anstrebt, der sollte mit gelochten Ziegelsteinen einen Silo bauen, der auch als Regenwurmwanderkompost genutzt werden kann. Solche Silos können auf kleinster Fläche untergebracht werden und bieten eine optimale Möglichkeit, das laufend in Garten und Haushalt anfallende Material ohne gesonderte Sammlung sofort zu kompostieren.

Wurmwanderkompost löst Abfallprobleme

Wurmwanderkästen werden als Doppelkammersilo aus Holz und Ziegeln oder komplett aus Ziegelsteinen gebaut. Als einfache Form hat sich die etwa 60 bis 70 cm in den Boden eingelassene Holzkiste bewährt, die in der Mitte durch eine

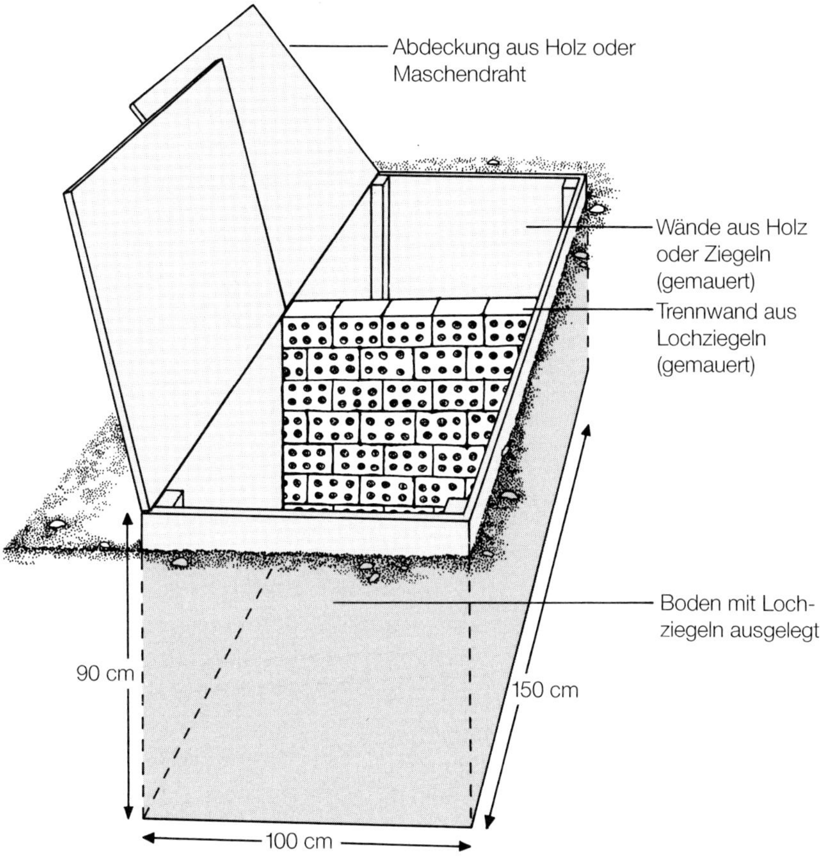

Regenwurmwanderkompost aus einer in den Boden eingelassenen Holzkiste und Lochziegeln. Ein Paradies für Kompostwürmer!

Lochziegelwand getrennt und deren Boden ebenfalls mit Lochziegeln ausgelegt wird (s. Abb. Seite 51). Die Bodenabdeckung verhindert die unerwünschte Zuwanderung von Maulwürfen und Wühlmäusen, ermöglicht aber Kleintieren den Zutritt. Regenwürmer können sich bei starkem Frost in tiefere Bodenschichten zurückziehen und Wasser kann versickern, so daß sich keine Staunässe bildet. Nach oben werden die Kammern zum Schutz vor Vögeln mit Maschendraht oder einem festen Holzdeckel abgedeckt, der zugleich vor Regen und Kälte schützt. Holzabdeckungen werden zweckmäßig als Klappdeckel montiert, damit auf einfache Weise gelüftet werden kann.

Beim Start der Wurmkompostierung, am besten in der wärmeren Jahreszeit (April bis September), wird zunächst eine

Kammer des Silos mit einer etwa 15 bis 20 cm dicken Schicht gut gemischter organischer Abfälle gefüllt. Rasenschnitt, Mist und Laub sollten dabei schon leicht angerottet sein. Als besonders beliebtes Regenwurmfutter werden Zwiebelschalen, Kaffeesatz und leicht angefaultes Obst hinzugegeben. Papier wird problemlos verarbeitet, wenn es kleingeschnitzelt untergemischt wird; allerdings gehört farbig bedrucktes Papier aufgrund der enthaltenen Schadstoffe in einen Altpapiercontainer! Die Rotte wird durch Beigaben von etwas Gartenerde, Kräutern, Gesteinsmehl und organischen Stickstoffdüngern beschleunigt. Nach entsprechender Füllung des Silos sollten einmal Regenwürmer eingesetzt werden. Von Vorteil ist es, wenn man zu Beginn eine größere Menge von etwa 1 000 Würmern einsetzt. Besonders gut geeignet sind die im Handel angebotenen Kompostwürmer (*Eisenia foetida*).

Nach und nach werden die eingesetzten Kompostwürmer nun laufend mit den anfallenden organischen Abfällen „gefüttert“, so daß sie sich rasch vermehren und für eine recht schnelle Zersetzung des Materials sorgen. Ist die erste Kammer bis oben gefüllt, wird die Kompostierung in der zweiten Kammer auf gleiche Weise fortgesetzt. Vom Geruch des frischen Materials angezogen, wandern die Würmer durch die Lochziegelwand in diese Kammer, während in der ersten Kammer schon nach 4 bis 6 Monaten der erste Kompost „geerntet“ werden kann.

Der Kompost- oder Mistwurm ist übrigens aufgrund seiner Ansprüche auf die besonderen Lebensbedingungen im Kompost angewiesen. Nur hier erreicht er aufgrund der Nahrungsbedingungen und Fermentationswärme eine hohe Vermehrungsrate, so daß angenommen wird, daß er in wärme-

Wurmkompost auf dem Balkon

Mit der „Berliner Wurmkiste“ besteht die Möglichkeit, Wurmkompost auf absolut kleinstem Raum (Balkon, Keller) herzustellen. Aus Spanplatten wird eine 40 × 40 × 20 cm große Holzkiste gebaut, die oben zum Schutz vor Fliegen mit Fliegengaze überspannt wird. Die Kiste wird schichtweise (von unten nach oben) mit sandiger Erde (2 cm), geknülltem und angefeuchtetem Zeitungspapier, Küchenabfällen, einer weiteren Schicht Papier und Erde bis zu 2/3 ihres Volumens gefüllt.
Wie beim Wurmkompost werden dann Kompostwürmer hinzugegeben.

Regenwurmwanderkompost: ein Kompostverfahren für kleine Gärten (s. auch Abb. Seite 242)

ren Klimaten heimisch ist. Eine Besiedlung unserer Böden mit Kompostwürmern findet praktisch nicht statt, so daß bei kontinuierlicher „Fütterung" eine Abwanderung der Würmer nicht befürchtet werden muß. Im geschützten und aufgrund der Rotteprozesse warmen Wurmwanderkasten arbeiten die Würmer auch im Winter weiter. Allerdings ist ein zusätzlicher Kälteschutz, z. B. durch Strohmatten, sowie eine Füllung beider Kammern in der kalten Jahreszeit von Vorteil.

Bodenpflege und Düngung mit Kompost

Für den naturgemäßen Anbau von Gemüse ist der Kompost durch nichts zu ersetzen: Kompost aktiviert das Bodenleben, verbessert die Bodenstruktur, versorgt den Boden mit Humus und Nährstoffen und erhöht die Widerstandskraft der Kulturpflanzen gegen Krankheiten und Schädlinge. Regelmäßige Kompostgaben sorgen im Boden für eine hohe Dauerfruchtbarkeit.

Je nach Kompostierungsverfahren, Materialzusammensetzung und Jahreszeit kann die Verrottung in 6 bis 12 Monaten abgeschlossen sein. Man sollte mit der Kompostausbringung in den Garten aber nicht bis zur vollständigen Zersetzung zu Komposterde warten. Denn während einer längeren Lager-

Komposterde für Balkonpflanzen

Reifekompost kann als wertvolle Anzuchterde für Balkon- und Kübelpflanzen eingesetzt werden und so die im Handel angebotenen aus Torf bestehenden „Blumenerden“ weitgehend ersetzen. Günstig ist es, Reifekompost mit Gartenerde, Rindenhumus und etwas Sand zu mischen. Die dafür benötigte feine Komposterde kann man gewinnen, indem das Ausgangsmaterial mit Hilfe eines Metallgitters (Maschenweite etwa 15 mm) gesiebt wird. Die übrig bleibenden groben Bestandteile können dann zum Mulchen oder „Impfen“ des nächsten Kompost verwendet werden.

zeit kann schon der Prozeß der Mineralisierung einsetzen. Dabei kommt es zum Abbau von Humusstoffen durch Mikroorganismen und zur Freisetzung mineralischer Nährstoffe, die bei stärkeren Niederschlägen in tiefere Bodenschichten ausgespült werden können. Feinkrümelige Komposterde ist zwar hervorragend als Saat- und Pflanzerde zu verwenden, hat aber als Bodenverbesserer und organischer Dünger im Gemüsegarten nur noch einen geringen Wert. Zur Bodenpflege sollte Kompost deshalb besser noch im halbreifen Zustand, bei dem die Strukturen des Ausgangsmaterials noch zum Teil erkennbar sind, ausgebracht werden. Grobe Bestandteile können vorher durch ein Metallgitter mit einer Maschenweite von etwa 15 bis 20 mm ausgesiebt und für Mulchdecken eingesetzt oder weiterkompostiert werden.

In Gemüsebeeten wird Kompost nach vorheriger Lockerung des Bodens möglichst dünn verteilt und leicht eingeharkt. Grober Kompost kann auch schon nach relativ kurzer Rottezeit als 2 bis 5 cm dicke Bodenabdeckung zum Mulchen verwendet werden.

Hügelbeete

Wer einen Komposthaufen mit Kürbis bepflanzt, der kann später wahre Prachtexemplare ernten. Der nährstoffreiche, lockere und warme Boden sorgt für optimale Wachstumsbedingungen und Spitzenerträge. Ähnliche Erfahrungen machen Gartenbesitzer nach Anlage eines „Hügelbeetes“.

Das Hügelbeet ähnelt vom Prinzip her einem Komposthaufen, bei dem nach einem besonderen Verfahren aufgeschichtet wird:

– Nach dem Aushub einer etwa 150 cm breiten spatentiefen Mulde in Nord-Süd-Richtung wird in der Mitte sehr grobes, hartes Pflanzenmaterial (insbesondere Holz) angehäuft. Dieser „Holzkern“ soll später für eine gute Durchlüftung des

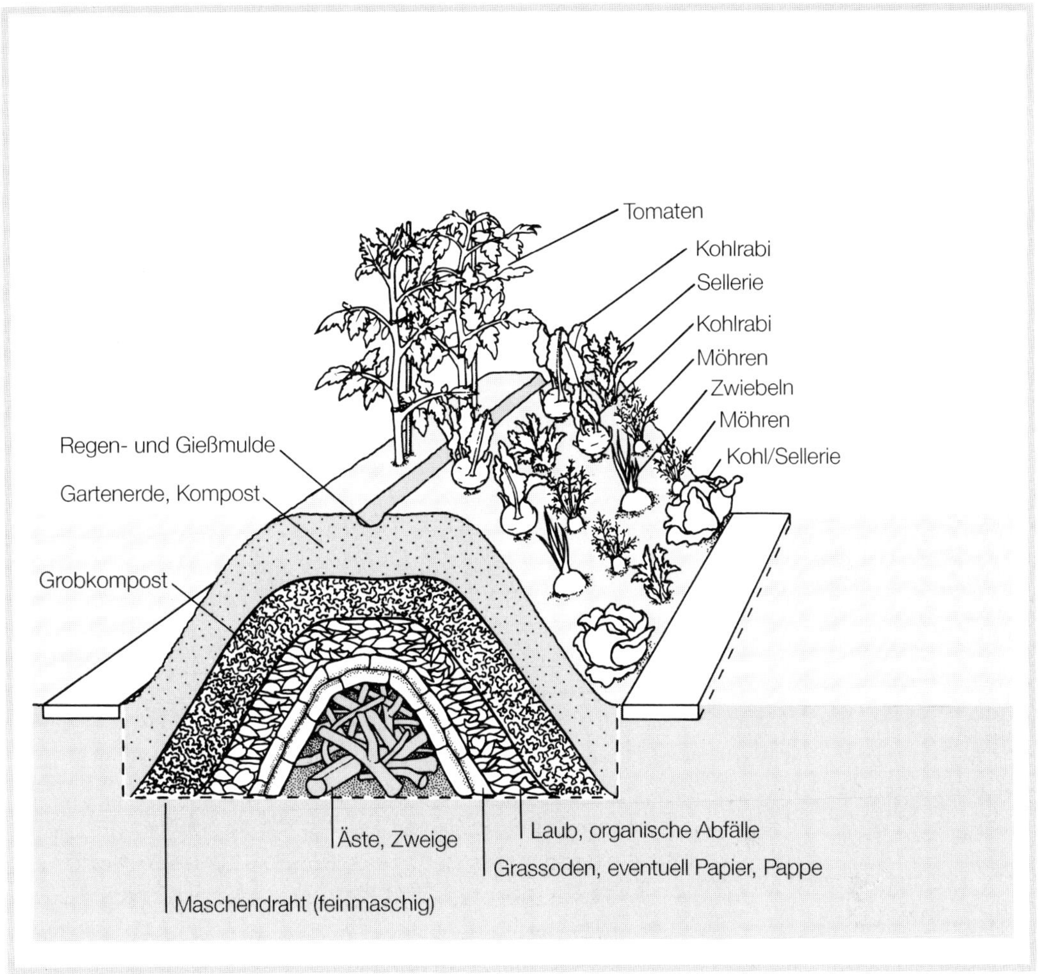

Aufbau eines Hügelbeetes und Pflanzplan für das erste Kulturjahr, in dem vor allem starkzehrende Gemüsearten berücksichtigt werden.

Hügels sorgen, damit die Verrottung des darüberliegenden Materials problemlos abläuft.

– Der Holzkern wird am besten mit umgedrehten Grassoden abgedeckt. Die luftgefüllten Zwischenräume im Kern des Beetes sollen möglichst lange erhalten bleiben. Das ist auch durch Abdeckung mit Zeitungspapier oder Pappe zu erreichen.

– Es folgt eine dicke Schicht aus Laub, Mist, Grasschnitt, Stroh, Garten- und Küchenabfällen. Danach wird der Hügel mit grobem Kompost sowie abschließend mit Gartenerde abgedeckt (s. Abb. Seite 56, 57).

Hügelbeete lösen Abfallprobleme

Hügelbeete helfen Abfallprobleme zu lösen: Besonders das sonst schwer zu verwertende holzige Material kann im Verlaufe des Jahres gesammelt und in ein Hügelbeet eingebracht werden. Über die Verrottung des organischen Materials wird eine stetige Humus- und Nährstoffversorgung gesichert. Ohne zusätzliche Düngung können hohe Erträge erwirtschaftet werden. Der Verrottungsprozeß im Hügel bringt zusätzliche Wärme. Hügelbeete können deshalb schon recht früh und besonders gut mit wärmeliebenden Gemüsearten wie Tomaten, Zucchini, Gurken bepflanzt werden.

Die vergrößerte Anbaufläche macht Hügelbeete gerade für kleine Gärten in der Stadt interessant. Nach Abschluß der Verrottung, etwa 3 bis 4 Jahre nach der Aufschichtung, bleibt eine dicke, fruchtbare Humusschicht zurück. Durch Hügelbeetkultur können also auch schlechte Gartenböden entscheidend verbessert werden.

Nachteile

Wegen der großen Oberfläche trocknet der Hügel in regenarmen Sommern leicht aus. Wichtig ist deshalb die schützende Mulchschicht sowie eine zusätzliche Bewässerung. Je nach örtlicher Situation können auch Wühlmäuse Ärger bereiten,

Anlage eines Hügelbeetes: Der Holzkern wird mit Grassoden abgedeckt, es folgt eine Schicht aus Laub, Mist oder Gartenabfällen, abschließend grober und feiner Kompost.

da sie den lockeren Hügel gerne als Unterschlupf benutzen. Die vielfach empfohlenen Abwehrpflanzen, wie z. B. Knoblauch oder Kaiserkrone, können Schäden durch solche „Plagegeister" meist nicht verhindern; Knoblauchzehen werden sogar, wie Versuche gezeigt haben, von Wühlmäusen angefressen! Als wohl einzig wirksame Abwehrmaßnahme sollte man schon bei der Anlage des Hügelbeetes Boden und Randbereich mit Kaninchendraht auslegen. Eine Hilfe bei der Wühlmausbekämpfung sind auch die im Handel erhältlichen Rohrfallen, die in die Gänge eingeschoben werden (s. Seite 219).

Nitratanreicherung?

Oft werden Hügel- und Hochbeete kritisiert, weil im dort angebauten Gemüse das in überhöhten Konzentrationen gesundheitsschädliche Nitrat, eine Stickstoffverbindung, angereichert würde. Bei sachgemäßer Anlage und Bepflanzung können solche Probleme jedoch vermieden werden:

– Nitratspeichernde Pflanzen wie Spinat, Salat, Rote Beete, Rettich und Chinakohl werden erst im zweiten Jahr angebaut (s. Seite 75).

– Der Kern des Hügelbeetes besteht vor allem aus Laub und Holz, also Materialien, die einen besonders hohen Gehalt an

Kohlenstoff aufweisen und bei deren Zersetzung Bodenorganismen deshalb viel Stickstoff verbrauchen. Auch die im aufgebrachten Kompost enthaltenen Stickstoffverbindungen werden in die tieferen Schichten transportiert, wo sie von Bakterien und anderen Bodenorganismen bei der Laub- und Holzzersetzung verwertet und in organische Humusverbindungen eingebaut werden.

Nutzung

Zur Vorbeugung von Krankheiten und „Schädlingen“ berücksichtigen wir bei der Bepflanzung Prinzipien der Mischkultur (s. Seite 196).

Da im ersten Jahr die Wärme- und Nährstofffreisetzung besonders stark ausgeprägt ist, werden zunächst anspruchsvolle Kulturen mit hohem Nährstoffbedarf wie Zucchini, Gurken, Tomaten und Kohl angebaut. Im 2. und 3. Jahr folgen Kulturen mit geringeren Ansprüchen (Buschbohnen, Erbsen, Möhren, Spinat, Rettich, Chinakohl). Nach etwa 4 bis 5 Jahren sackt das Hügelbeet langsam zusammen; in dieser Phase können noch mit viel Erfolg Erdbeeren oder Kartoffeln angebaut werden.

Hochbeete

Als Weiterentwicklung der Hügelbeetkultur gilt der Gemüseanbau auf einem Hochbeet. Da der Grundaufbau beider Kultursysteme nahezu identisch ist, kann der Gärtner beim Hochbeet von den schon genannten Vorteilen der Hügelbeetkultur profitieren. Es kommen aber noch eine ganze Reihe von Pluspunkten hinzu, so daß der größere Aufwand bei der Anlage lohnend sein kann.

Mit dem Hochbeet wird ein dauerhaftes, einfach und bequem zu bewirtschaftendes Kultursystem geschaffen. Älteren Menschen wird die Gartenarbeit erleichtert, Gehbehinderten und Rollstuhlfahrern ermöglicht. Gärten in Hanglage und Flächen mit steinigem oder felsigem Untergrund lassen sich durch Anlage von Hochbeeten besser nutzen. Unerwünschte „Besucher“ wie Wühlmäuse oder Kaninchen können auf einfache Weise durch eine Bodenabdeckung mit feinmaschigem Draht abgewehrt werden.

Bau eines Hochbeetes

Die Abb. auf Seite 59 zeigt beispielhaft, wie ein Hochbeet aus Holz gebaut werden kann. Anstelle der Bohlen können auch Schalhölzer oder Rundhölzer verwendet werden. Sofern man nicht auf druckimprägniertes Holz zurückgreifen kann, erfolgt die Imprägnierung des Holzes mit biologischen Holzschutzmitteln. Durch das Füllmaterial wird ein relativ

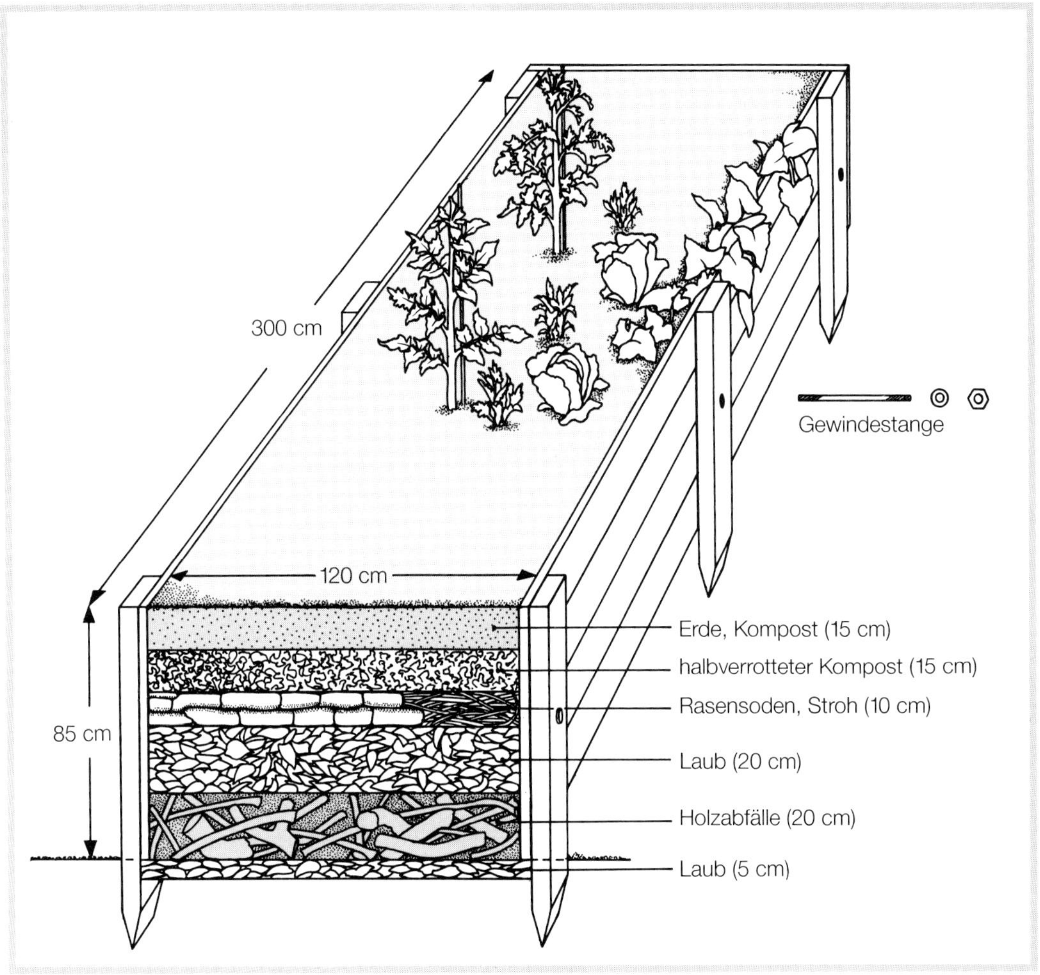

Bauplan für ein Hochbeet. Durch Verzicht auf das Eingraben in den Boden ergibt sich eine optimale Bearbeitungshöhe von 80 cm. Im Vergleich zu Flachbeeten können Hochbeete dichter bepflanzt und damit intensiver genutzt werden!

großer Druck auf die Außenwände ausgeübt. Deshalb sollten in jeweils 40 cm Höhe Gewindestangen durch die Hochkanthölzer geschoben und festgeschraubt sowie relativ dicke Bretter und Bohlen verwendet werden (4 bis 6 cm).

Nach einer von *Stamm* entwickelten Methode werden Hochbeete zur Abwehr von Wühlmäusen und Kaninchen tiefer in den Boden eingegraben. Da dabei aber von der optimalen Bewirtschaftungshöhe (80 cm) doch ein beträchtlicher Teil verlorengeht, ist statt dessen eher die ohnehin wirkungsvollere Bodenabdeckung mit feinmaschigem Draht zu empfehlen. Sinnvoll kann es aber sein, bei einem in Ost-West-Richtung gebauten Hochbeet die Südwand etwa 15 cm niedriger zu bauen, denn auf diese Weise kommt es zu einer besseren Ausnutzung der Sonneneinstrahlung.

Hochbeet im Biogarten (s. auch Seite 59).

Auch durch die Bepflanzung wird das Kleinklima auf dem Beet beeinflußt. Deshalb setzt man auf die Nordseite hochaufwachsende Kulturen (Tomaten, Kohl), auf die Südseite hingegen niedrige Gemüsearten, wobei Gurken durchaus mit ihren Ranken über den Beetrand hinausragen und herabhängen können.

Für wärmebedürftige Gemüsearten wie Tomaten, Gurken, Paprika, Zucchini oder Wurzelgemüse sind Hochbeete besonders gut geeignet. Im ersten Jahr sollte man allerdings aufgrund der starken Nährstofffreisetzung auf den Anbau von nitratspeichernden Arten wie Spinat, Salat oder Rote Beete verzichten.

Die Zersetzungsprozesse im Inneren des Beetes führen im Laufe der Zeit zu einem Absacken des Füllmaterials. Eine Weiternutzung ist nur dann möglich, wenn das Hochbeet mindestens jährlich mit Reifekompost aufgefüllt wird. Nach 5 bis 6 Jahren ist es zudem angebracht, die Füllung mit organischem Material zu erneuern.

Auf einfache Weise kann man sich übrigens laufend einen Einblick vom „Innenleben“ des Hochbeetes verschaffen, wenn an einem Ende des Beetes hinter einer mobilen Hoch-

Hochmoore sind Lebensräume für zahlreiche vom Aussterben bedrohte Arten. Trotzdem werden Moore immer noch trockengelegt, abgetorft und für Gärten eingesackt („eingesargt“).

wand eine Plexiglasscheibe eingebaut wird. Schichtung des Beetes, Zersetzungsprozesse und die Arbeit der Bodenlebewesen können jetzt beobachtet werden. Ihr Hochbeet wird so zu einer Attraktion für Freunde und Nachbarn und eröffnet ihren Kindern einzigartige Naturbeobachtungsmöglichkeiten!

Torf – im Garten vergrabene Natur

Mit jedem Ballen Torf, der in unseren Gärten zur Bodenverbesserung eingesetzt wird, geht ein weiteres Stück Natur verloren. Hoch- und Niedermoore gehören zu den besonders bedrohten Lebensräumen – zahlreiche hier lebende Tier- und Pflanzenarten finden sich auf der „Roten Liste“ der vom Aussterben bedrohten Arten. „Fleischfressende“ Pflanzen wie der Sonnentau oder Amphibien wie der Moorfrosch gehören dazu. Trotzdem werden weiterhin durch Entwässerung und Torfabbau Moore zerstört, wandern alljährlich über 8 Mio. m^3 Torf in die Gärten oder werden von Gartenbaubetrieben verarbeitet. Bis zu 10000 Jahre brauchten Moore zu ihrer Entwicklung – und in nur wenigen Jahrzehnten werden sie zerstört sein, wenn der Torfabbau nicht gestoppt wird. Der Verzicht auf Torf im Garten hilft, die Moore zu erhalten.

Torf im Gartenboden von Nachteil

Torf besteht aus unzersetzten Resten einstiger Moorpflanzen. Es handelt sich um ein biologisch totes, extrem nährstoffarmes und saures organisches Material, das keineswegs als „Dünger" zur Verbesserung der Bodenfruchtbarkeit beitragen kann. Die vielfach verwendete Bezeichnung „Düngetorf" ist also irreführend: Torf ohne Nährstoffzusätze kann allenfalls die physikalischen Eigenschaften des Bodens verbessern, wobei besonders seine Fähigkeit zur Wasserspeicherung gerühmt wird. Diese Fähigkeit verliert Torf im Laufe der Zersetzung aber sehr schnell, insbesondere in leichten, sandigen Böden. Im Vergleich zu Kompost oder Rindenhumus werden dem Boden bei der Torfzersetzung nur sehr geringe Humusmengen zugeführt und aufgrund des ungünstigen C-N-Verhältnisses Stickstoff entzogen.

Besonders problematisch ist die Versauerung des Bodens durch Torf, der mit pH-Werten zwischen 3 und 4 extrem sauer reagiert. Da die Mehrzahl unserer Kultur- und Wildpflanzen einen eher neutralen Boden bevorzugen (pH 6 bis 8), muß nach einem Torfeinsatz mit Kalk gedüngt werden, wenn Ertragsausfälle vermieden werden sollen.

Insgesamt sind die naturgemäßen Methoden der Bodenverbesserung (Mulchen, Gründüngung, Kompost), wie auch die im Handel erhältlichen „Alternativprodukte" (Rindenhumus, Strohkompost), dem Torf in der bodenverbessernden Wirkung bei weitem überlegen. Mit ihnen wird gleichermaßen eine biologische, chemische und physikalische Bodenverbesserung und Düngung erreicht. Wer also in seinem Garten die anfallenden organischen Abfallstoffe wie beschrieben verwertet sowie bei zusätzlichem Bedarf mit Gründüngung, Rindenprodukten, Mist oder Stroh den Boden verbessert, kann problemlos auf Torf verzichten. Auch die wenigen, auf saure Böden (nicht auf Torf!) angewiesene Pflanzen wie Rhododendron oder Heidearten lassen sich oft ohne zusätzlichen Torfeinsatz heranziehen, da viele Böden, z. B. leichte Sandböden, ohnehin einen niedrigen pH-Wert aufweisen. Eine Bodenuntersuchung kann das an den Tag bringen (s. Seite 71).

Torfersatzprodukte

Im Handel werden inzwischen Substrate angeboten, die sich bei einem zusätzlichen Humusbedarf im Garten als Bodenverbesserer eignen und dabei Torf ersetzen können.

Neu auf dem Markt ist ein unter der Bezeichnung „Bihutherm" angebotener Strohkompost. Das von bundesdeutschen Landwirten immer noch in großen Mengen auf den

Feldern verbrannte Getreidestroh wird bei der Produktion von Strohkompost gehäckselt, aufgebrochen, mit Pflanzenextrakten eingesprüht und verkompostiert. Ausgeliefert wird das mit Mikroorganismen und Nährstoffen fermentierte Nebenprodukt der Melasse als getrocknetes Material.

In recht großen Mengen stehen verschiedene Rindenprodukte als Bodenverbesserungsmittel für den Garten zur Verfügung. Etwa 3 Mio. m^3 Baumrinde fallen jährlich bei der Holzverarbeitung in den Sägewerken an. Von dieser Menge werden zur Zeit nur etwa 1 Mio. m^3 zu Bodenverbesserungsmitteln weiterverarbeitet. Zerkleinerte und nichtfermentierte Rinde wird als Rindenmulch zur Bodenabdeckung angeboten (s. Seite 36). Zur Herstellung von Rindenhumus wird dieses Ausgangsmaterial unter Zusatz von Stickstoff und anderen Mineralstoffen fermentiert, wobei Krankheitserreger und Samen abgetötet und wachstumshemmende Stoffe abgebaut werden.

Rindenhumus kann im Garten wie Kompost verwendet werden. Im Vergleich zu Torf zeichnet sich das Material durch einen günstigen pH-Wert (6,5 bis 7) und erheblich höhere Nährstoffgehalte aus (Stickstoffgehalt z. B. 20mal höher). Aufgrund wesentlich höherer Gehalte an dauerhaften Humusstoffen und hoher biologischer Aktivität können mit Rindenhumus Dauerfruchtbarkeit und Humusgehalt wesentlich verbessert und das Bodenleben aktiviert werden. Die im Vergleich zum Torf etwas höheren Kosten werden also mehr als ausgeglichen: Rindenhumus ist dem Torf als Bodenverbesserungsmittel in allen Belangen überlegen. Böden können mit diesem Material sowohl physikalisch und chemisch, als auch biologisch verbessert werden.

Rinde im Garten umstritten

Trotzdem ist die Verwendung von Rindenprodukten im Garten nicht unumstritten. Zum einen wird dadurch dem Stoffkreislauf unserer Wälder organisches Material entzogen. Selbstverständlich sollten Holzabfälle deshalb nach Möglichkeit im Wald bzw. Forst verbleiben. Aber zur Zeit fallen nun einmal große Mengen Baumrinde in den Sägewerken an; solange das der Fall ist, sollte die Möglichkeit genutzt werden, diese Abfälle wenigstens über den Garten dem Stoffkreislauf wieder zuzuführen.

Zum anderen haben Untersuchungen ergeben, daß Rindenprodukte im Einzelfall mit lindanhaltigen Pestiziden belastet waren. Im menschlichen Körper kann Lindan zu PCP (Pentachlorphenol) umgebaut werden, Leberzirrhose, Knochenmarkschwund und Nervenschädigungen hervorrufen. In einzelnen Bundesländern ist der Einsatz von Lindan gegen Borkenkäferbefall noch zulässig, in den meisten Forsten haben sich jedoch biotechnische Bekämpfungsmaßnahmen durchgesetzt. Schon 1984 hat die Biologische Bundesanstalt in Braunschweig verfügt, daß mit Lindan behandelte Bäume in Zukunft zu kennzeichnen sind und nicht für die Weiterverarbeitung zu Rindenprodukten genutzt werden dürfen. Es dürfte also nur eine Frage der Zeit sein, bis mit Lindanrückständen belastete Rindenprodukte vom Markt verschwunden sind. Rückstandsfreie Produkte bieten aber schon heute alle Hersteller an, die sich in der „Gütegemeinschaft Rinde für den Pflanzenbau" (Vogelsbergstraße 174, 6420 Lauterbach) zusammengeschlossen haben. Die geprüften Produkte dieser Hersteller sind am Gütezeichen „RAL" zu erkennen. Ein Hersteller- und Bezugsquellenverzeichnis wird von der Gütegemeinschaft auf Anfrage zugesandt.

Kultursubstrate und Blumenerden

Bei der Bodenverbesserung im Garten kann Torf also problemlos ersetzt werden. Nicht so leicht durchhalten läßt sich ein Torfverzicht aber bei der Pflanzenanzucht in Gewächshäusern und auf dem Fensterbrett oder bei der Bepflanzung von Balkonkästen und Blumenkübeln. Fast alle im Handel für diese Zwecke angebotenen Kultursubstrate und Blumenerden enthalten als Hauptbestandteil Torf. Viele „Blumenerden" bestehen sogar ausschließlich aus Torf, dem zusätzlich Mineraldünger beigemischt wurde.

Bei der Pflanzenanzucht gibt es auch gute Argumente für eine Beimischung von Torf, der den Wärme- und Wasserhaushalt positiv beeinflußt sowie für eine gute Luftdurchlässigkeit sorgt. Anzuchterden aus jeweils 1/3 Torf, Kompost und Feinsand (für Aussaaten) und jeweils 50 % Torf und Feinsand (für Stecklinge) haben sich seit Jahren im Erwerbs- und Hobbygartenbau bewährt, während Versuche, in diesen Bereichen völlig auf Torf zu verzichten, zumeist unbefriedigend verliefen.

Wer Pflanzen selbst heranziehen will, wird also meist auf Torf nicht völlig verzichten können. Er sollte aber keinesfalls jede beliebige „Blumenerde" für diesen Zweck verwenden, sondern die benötigten Substrate nach Beschaffung der Ausgangsprodukte besser selbst mischen. So kann er sicher sein, daß das gewünschte Mischungsverhältnis erreicht wird, der Torfgehalt niedrig bleibt und die oft den „Blumenerden" beigemischten unerwünschten Mineraldünger fernbleiben.

In Balkonkästen und Blumenkübeln können schon vorgezogene Pflanzen auch ohne Torf mit viel Erfolg gedeihen, wenn z. B. Komposterde aus dem Garten verwendet wird (mit Rindenhumus, Gartenerde und etwas Sand gemischt). Im Handel erhältliche Rindenkultursubstrate sind ebenfalls sehr gut für Balkonpflanzen geeignet. Sie bestehen aus Rindenhumus (45 bis 60 %), Ton und meist geringen Torfmengen, die aus oben angeführten Gründen beigemischt werden.

Naturbewußte Hobbygärtner brauchen meines Erachtens kein schlechtes Gewissen zu haben, wenn sie für die hier genannten Zwecke auf Torf zurückgreifen. Bliebe der Torfeinsatz bei uns auf den Bereich „Pflanzenanzucht" beschränkt, müßten nur noch Bruchteile der zur Zeit verbrauchten Mengen eingesetzt werden. Der weitaus größte Teil des in Moorgebieten abgebauten oder importierten Torfes wird immer noch in unseren Böden „vergraben".

Naturgemäße Düngung

Wollen wir im Garten regelmäßig Gemüse ernten, müssen wir die dem Boden dabei entzogenen Nährstoffe wieder ersetzen. Ohne Düngung kommt es in einem Nutzgarten meist schnell zu „Bodenmüdigkeit" mit vermindertem Wachstum unserer Kulturpflanzen, Nährstoffmangelerscheinungen und Anfälligkeit für Krankheiten. Auf bequeme Weise können fehlende Nähr- bzw. Mineralstoffe durch eine mineralische Düngung ersetzt werden.

Aufgrund der Erfolge in der Landwirtschaft hat sich diese Form der Düngung auch im privaten Gartenbau durchgesetzt. Besonderer Beliebtheit erfreuen sich dabei immer noch die Volldünger wie „Blaukorn", mit denen allerdings eine gezielte Düngung nach Bedarf kaum möglich ist. Es ist deshalb nicht verwunderlich, daß aufgrund von Bodenuntersuchungen ein Großteil unserer langjährig bewirtschafteten Gartenböden als überdüngt gelten. Vor allem mit den beiden Hauptnährstoffen Phosphor und Kali, die im Boden in schwerlöslichen Verbindungen festgelegt werden, sind viele Böden überreichlich versorgt. Vor jedem Einsatz von Düngemitteln im Nutzgarten ist es also sinnvoll, mit einer Bodenuntersuchung die Mineralstoffversorgung des Bodens feststellen zu lassen (s. Seite 71).

Nachteile mineralischer Düngung

Als besonders problematisch gilt die Mineraldüngung mit Stickstoff, der als Hauptnährstoff in jedem Volldünger enthalten ist. Mineralische Stickstoffverbindungen sind als leicht lösliche Nährstoffe für Pflanzen schnell verfügbar. Um

Schäden zu vermeiden, müßte eine solche Düngung sorgfältig und gezielt nach Bedarf erfolgen. Praktische Erfahrungen zeigen, daß dabei selbst viele Fachleute überfordert sind – wie also soll der Hobbygärtner den Einsatz solch brisanter Düngemittel beherrschen? Macht er dabei Fehler, kann er sogar die Gesundheit seiner Familie gefährden. Denn der in löslicher Form meist als Nitrat vorliegende Stickstoff wird sehr leicht von Pflanzen aufgenommen und in den Leitungsbahnen angereichert. In manchen Gemüsearten wie Rote Beete, Rettich, Salat und Spinat kann Nitrat in sehr hohen Konzentrationen angereichert werden. Hohe Nitratmengen sind gesundheitsschädlich; gefährdet sind besonders Säuglinge, bei denen Blausucht (Methämoglobinämie) und Kreislaufzusammenbrüche auftreten können.

Wird statt dessen mit Methoden der naturgemäßen Düngung gearbeitet, kann man solche Gefahren in der Regel vermeiden. Stickstoffverbindungen in organischen Düngemitteln müssen zunächst von Bodenlebewesen „aufgeschlossen" werden, damit sie für Pflanzen verfügbar sind. Eine Überdüngung ist so kaum möglich und die Qualität des angebauten Gemüses wird positiv beeinflußt. Aufgrund verschiedener Vergleichsuntersuchungen zwischen biologischem und konventionellem Gemüseanbau, unter anderen in der Lehr- und Versuchsanstalt für Gartenbau in Köln-Auweiler durchgeführt, konnte eindeutig nachgewiesen werden, daß „künstliche" Düngung eine Reduzierung des Gehaltes an wertvollen Pflanzeninhaltsstoffen (wie Vitaminen) und Zunahme des Wasser- und Schadstoffgehaltes zur Folge hat. Der Nitratgehalt von in Köln-Auweiler biologisch angebautem Gemüse lag sogar um 59 % (bei Blattgemüse) bzw. 38 % (bei Wurzelgemüse) unter dem Wert des zum Vergleich konventionell angebauten Gemüses!

Das nach einer Nitratdüngung besonders rasche Wachstum macht Pflanzen außerdem anfälliger gegenüber Krankheitserregern und Insektenfraß, während eine gesunde Bodenpflege mit naturgemäßer Düngung demgegenüber die Widerstandskraft stärkt.

Auch die globale Umweltsituation darf beim Thema Düngung nicht vergessen werden. Hier ist die Verseuchung unserer ohnehin recht knappen Trinkwasservorräte mit Nitrat – verursacht durch rücksichtslose Gülleausbringung und Stickstoffdüngung in der Landwirtschaft – ein großes und weiter wachsendes Problem, zu dessen Verschärfung wir nicht auch noch im Garten beitragen sollten. Bedenken sollten wir

Organische Handelsdünger und natürliche Mineraldünger (Angaben in %)

Düngemittel	Stickstoff N	Phosphor P_2O_5	Kali K_2O	Kalk Ca	Spuren-elemente	Wirkung
Hornspäne Hornmehl	10 – 14	4 – 8	–	6 – 7	arm	langsam
Blutmehl	10 – 14	1 – 1,5	0,5 – 0,8	1	reich	schnell
Knochenmehl	3 – 6	13 – 24	0,2	30	arm	langsam
Guano	6 – 8	11 – 13	0,4 – 2,5	12 – 20	reich	schnell
Rindermist (getrocknet)	1,6 – 5	1,5 – 4	4,2 – 5	4 – 5	mittel	langsam
Holzasche	–	2 – 4	6 – 10	30 – 35	reich	schnell
Kohlensaurer Kalk	–	–	–	77 ($CaCO_3$)	–	schnell
Algenkalk	–	–	–	75 – 80 ($CaCO_3$)	reich	schnell
Thomasmehl	–	15 – 20	–	28 – 32	reich	langsam
Kalimagnesia	–	–	26	–	arm (28 – 30 MgO)	schnell

auch, daß für die Herstellung 1 t eines mineralischen Nitratdüngemittels etwa 2 t Mineralöl verbraucht werden. Verzicht auf künstlich hergestellte Mineraldünger kann also auch ein kleiner Beitrag zur Energieeinsparung sein.

Wer statt dessen durch Mulchen und Kompostierung naturgemäß düngt, leistet einen sehr wichtigen Beitrag zum Umweltschutz: wertvolle Rohstoffe werden durch „Recycling" in den Stoffkreislauf zurückgeführt, der umweltbelastende und flächenfressende Müllberg wird weiter reduziert.

Möglichkeiten naturgemäßer Düngung

Die konsequente Verwertung der im Garten anfallenden organischen Abfallstoffe sowie die Einsaat von Gründüngungspflanzen ist die wichtigste Grundlage einer naturgemäßen Düngung im Garten. Über die Ernährung und Aktivierung der Bodenlebewesen bzw. den Kreislauf der Stoffe werden dem Boden entzogene Nährstoffe laufend ersetzt. Eine „vollautomatische" Nährstoffversorgung über viele Jahre kann zum Beispiel durch Anlage von Hügel- und Hochbeeten erreicht werden.

Werden durch mehrmalige jährliche Ernte im Gemüsegarten große Mengen an Biomasse entnommen, kommt man allerdings meist um den Einsatz organischer Düngemittel nicht herum. Diese bieten im Vergleich zu Mineraldüngern den Vorteil, daß die enthaltenen Nährstoffe in organischen Verbindungen nicht pflanzenverfügbar festgelegt sind. Erst über die Tätigkeit der Bodenorganismen werden sie mineralisiert und damit für Pflanzen verfügbar.

Trotzdem müssen auch organische Düngemittel gezielt nach Bedarf eingesetzt werden, da auch bei ihnen die Gefahr einer Überdüngung nicht ausgeschlossen werden kann: Die Aktivität der Bodenlebewesen hängt sehr stark vom Witterungsverlauf und dem Nahrungsangebot ab. Beide Faktoren können im Jahresverlauf stark schwanken, d. h. bei ausgesprochen günstigen Bedingungen werden in sehr kurzer Zeit größere Mengen Nitratstickstoff freigesetzt. Deshalb müssen organische Düngemittel im Laufe der Vegetationsperiode immer in möglichst kleinen Mengen und nach Bedarf eingesetzt werden. Dieser Hinweis gilt besonders für Handelsdünger mit hohem Stickstoffgehalt und relativ schneller Wirkung, wie z. B. Blutmehl (s. Tab. Seite 67), aber auch für stickstoffhaltige Flüssigdünger wie die Brennesselbrühe.

Organische Flüssigdünger selbst hergestellt

Aus getrocknetem und frischem Pflanzenmaterial von Brennnessel, Schachtelhalm oder Komfrey lassen sich organische Flüssigdünger selbst herstellen. Solche Jauchen oder Brühen können während der Vegetationszeit als schnellwirksame Dünger gezielt nach Bedarf eingesetzt werden. Sie aktivieren das Bodenleben, stärken durch besondere Inhaltsstoffe die Abwehrkräfte der Pflanzen und sind darüberhinaus eine ausgesprochen preiswerte Alternative zu Handelsdüngern. Als Tee oder Kaltwasserauszug angesetzt, können sie auch bei der Abwehr von Krankheiten und Schädlingen helfen.

Für die Herstellung der Pflanzensäfte werden größere Gefäße benötigt, die luftdurchlässig abgedeckt werden (z. B. mit feinem Maschendraht), damit die Gefäße nicht zur Todesfalle für Kleintiere werden. Gut geeignet sind Ton-, Steingut- oder Kunststoffgefäße.

Die benötigten Kräuter werden am besten im Garten herangezogen, können aber auch als Extrakte im Handel erworben werden. Wer Kräuter in der freien Landschaft sammeln möchte, sollte dabei unbedingt die folgenden Grundregeln beachten:

- Wegen der möglichen Schadstoffgehalte nicht in der Nähe von Straßen (Schwermetalle) und intensiv bewirtschafteten Ackerflächen (Pestizide) sammeln.
- Beim Sammeln die Wurzelstöcke schonen und an den Standorten nicht unnötig herumtrampeln.

Pflanzensäfte für Düngung und Pflanzenschutz

	Herstellung	Verwendung	Konzentration
Jauche* gärend, beißend	2 bis 3 Tage stehen lassen, täglich umrühren, luftdurchlässig abdecken	Düngung, Pflanzenschutz	1 : 50 (Jauche : Wasser)
Jauche* vergoren	10 bis 14 Tage stehen lassen, bei kühlem Wetter länger, täglich umrühren, luftdurchlässig abdecken, darf nicht schäumen	Düngung, Kompostzugabe	1 : 20
Brühe*	24 Stunden in Wasser einweichen oder 20 bis 30 Minuten kochen, abkühlen lassen, absieben	Blattdüngung, Vorbeugung gegen Krankheiten	1 : 10 bis 1 : 20
Tee*	mit kochendem Wasser übergießen, ziehen lassen, in Plastik- oder Glasbehälter aufheben	Kompostzugabe, Bodenpflege, Pflanzenschutz	1 : 5 bis 1 : 20
Kaltwasserauszug*	12 Stunden bis maximal 2 Tage in Wasser einweichen, absieben, auspressen bevor es zur Gärung kommt	Kompostzugabe, Pflanzenschutz	unverdünnt oder 1 : 1

* Jeweils etwa 1 kg frische oder 100 bis 200 g getrocknete Pflanzenteile auf 10 l Wasser.

– Nur Pflanzen sammeln, die am Standort in großer Zahl vorkommen. Wir haben deshalb in unsere Rezepte nur ausgesprochen häufige „Allerweltsarten“ aufgenommen. Geschützte Pflanzenarten und Arten der „Roten Liste“ müssen in jedem Fall geschont werden!

– Keine samentragenden Pflanzenteile sammeln, da Samen nicht abgetötet werden.

Etwa 1 kg frische oder 100 bis 200 g getrocknete Pflanzenteile werden mit 10 l Wasser unterschiedlich lange angesetzt. (Bei Verwendung frischer Kräuter Gefäß etwa zur Hälfte mit Pflanzenteilen füllen.) Zur Förderung des Gärungsprozesses wird die Jauche täglich kräftig durchgerührt. Die folgende Tabelle gibt eine Übersicht über die verschiedenen Pflanzensäfte und ihre Verwendungsmöglichkeiten.

Zur Düngung werden Pflanzenjauchen möglichst bei bedecktem Himmel frühmorgens oder abends in den Wurzelbereich der Pflanzen gegossen. Nach stärkerer Verdünnung können sie auch als Blattdüngung und zur Vorbeugung gegen Schaderreger über die Pflanzen gesprüht werden.

Verwendung von Pflanzensäften bei Pflanzenschutz und Düngung

Kraut	Besondere Inhaltsstoffe	Form und Verdünnung	Anwendung
Acker-schachtel-halm	Kieselsäure, Spurenelemente	Brühe (1 : 10)	zur Bodenheilung und Pflanzenstärkung gießen, Pflanzen zur Vorbeugung vor Pilzkrankheiten 1 bis 2mal monatlich überbrausen, gemischt mit Brennessel- und Rainfarnjauche einsetzen
Große Brennessel	Stickstoff, Kieselsäure, Ameisensäure, Eisen	Brühe (1 : 10) Jauche, vergoren (1 : 20)	zur Kräftigung des Gewebes und Abwehr von Schaderregern 2mal monatlich sprühen, zur Düngung und Kräftigung 2 bis 3mal während der Vegetationsperiode gießen, gemischt mit Schachtelhalmjauche (1 : 1) zur Föderung von Jungpflanzenanzuchten gießen,
		Jauche, vergoren (1 : 50)	zur Stärkung alle 2 Wochen sprühen,
		Jauche, unvergoren, unverdünnt	im Frühjahr zur Bodenverbesserung und Rottebeschleunigung auf Kompost gießen
Komfrey	Stickstoff, Kieselsäure, Spurenelemente	Jauche, vergoren (1 : 10)	zur Förderung der Knollen- und Fruchtbildung bei Tomaten, Kohl und Sellerie 2mal monatlich gießen,
		Jauche, vergoren (1 : 20)	zur Pflanzenstärkung monatlich gießen zur Blattdüngung 1 bis 2mal monatlich sprühen
Kamille	ätherische Öle, Linolsäure	Kaltwasser-auszug (1 : 5)	zur Pflanzenstärkung und Vorbeugung vor Wurzelkrankheiten 1 bis 2mal monatlich gießen, unverdünnt zur Rotteförderung und Fäulnishemmung über Kompost gießen
Knoblauch	Schwefel, Vitamine	Tee, unverdünnt (1 : 10)	vorbeugend und bei Befall gegen Pilzkrankheiten, Möhrenfliege und Spinnmilben sprühen,
		Jauche (1 : 10)	vorbeugend gegen Pilzkrankheiten gießen (Knollen zerkleinern, 75 g/10 l Wasser, Lauch 500 g/10 l Wasser)
Rainfarn	ätherische Öle	Tee (1 : 2)	bei Befall gegen Möhren- und Zwiebelfliege, Lauchmotte, sowie gemischt mit Brennessel- und Ackerschachtelhalmbrühe gegen Pilzkrankheiten sprühen,
		Brühe (unverdünnt)	gegen Erdflöhe sprühen
Rhabarber	Oxalsäure, Gerbsäure	Tee oder Kaltwasserauszug	bei Befall gegen Schwarze Bohnenlaus und Lauchmotte sprühen
Zwiebel	schwefelhaltige ätherische Öle	Jauche (1 : 10)	zur Kräftigung und Vorbeugung gegen Pilzkrankheiten in Mischung mit anderen Jauchen sprühen

Böden untersuchen

Vor vielen gärtnerischen Maßnahmen kann es sinnvoll sein, eine Bodenuntersuchung durchzuführen. Solche Untersuchungen sind z.B. angebracht, wenn ein Grundstück neu übernommen wurde und für den Anbau von Obst und Gemüse genutzt werden soll oder umfangreiche Pflanzungen geplant sind. Wichtige Anhaltspunkte kann dabei schon die Einschätzung der Bodenart mit einer Fingerprobe liefern (s. Seite 26), die jeder Hobbygärtner selbst durchführen kann. Alles Weitere aber muß in der Regel einem entsprechend ausgerüsteten Untersuchungslabor überlassen werden.

Diese Institute können neben dem für die Einschätzung der Bodenfruchtbarkeit wichtigen Humusgehalt und dem pH-Wert die für das Pflanzenwachstum bedeutsamen Mineralstoff(„Nährstoff")-Gehalte des Bodens feststellen. Mit der relativ preiswerten „Grunduntersuchung", bei der die Hauptnährstoffe Phosphor, Kalium und Magnesium sowie der pH-Wert untersucht werden, erhält der Gärtner wichtige Hinweise für die Bewirtschaftung seines Gartens. Auf die mögliche Analyse des Stickstoffgehaltes kann man dabei verzichten, denn die mit den üblichen Untersuchungsmethoden festzustellenden Gehalte an gelösten mineralischen Stickstoffverbindungen (z. B. Nitrat) schwanken im Jahresverlauf je nach Aktivität der Bodenlebewesen, Witterungsverlauf und Pflanzenwachstum ausgesprochen stark. Zudem sind die Gehalte an organischen Stickstoffverbindungen für eine Beurteilung der Bodenfruchtbarkeit von größerer Bedeutung.

Liegt das Grundstück an einer stark befahrenen Straße oder in der Nähe von Industrieanlagen, kann es aber zusätzlich angebracht sein, den Boden auf giftige Schwermetalle (Blei, Cadmium) untersuchen zu lassen. Solche Untersuchungen sind allerdings im Vergleich zu den Nährstoffuntersuchungen mit erheblich höheren Kosten verbunden.

pH-Wert und Kalkung

Besonders wichtig ist eine Untersuchung des pH-Wertes, der die Konzentration von Säure- bzw. Wasserstoffionen in der Bodenlösung angibt. Für das Wachstum der Mehrzahl unserer Gartenpflanzen ist ein pH-Wert vom schwach sauren bis neutralen Bereich (pH 6 bis 7) am günstigsten; manche Wildpflanzen bevorzugen sogar einen leicht alkalischen Boden. Leider sind die Böden in unseren Gärten aufgrund der seit Jahrzehnten niedergehenden sauren Niederschläge oft stark versauert. Bodenversauerung hat zur Folge, daß Bodenlebewesen ihre Aktivität reduzieren oder sogar geschädigt werden; Nährstoffe können freigesetzt und leichter ausgewaschen, Schwermetalle gelöst und von Pflanzen vermehrt aufgenommen werden. Gärtner haben in solchen Fällen keine andere Wahl: Sie müssen durch behutsame Kalkgaben die Säure im Boden neutralisieren.

Wir sollten uns aber immer dessen bewußt sein, daß durch Kalkung nur die Symptome der hohen Schadstoffbelastung kuriert und eine langfristige Bodenauslaugung riskiert wird. Kalkung ist kein Allheilmittel, sondern nur eine Notlösung. Deshalb sollte jeder Gartenbesitzer auch seine ganz persönlichen Möglichkeiten nutzen, um eine weitere Versauerung unserer Böden zu vermeiden, indem er z. B. auf Torfeinsätze im Garten verzichtet oder ein Auto mit geregeltem Katalysator benutzt!

Untersuchungsinstitute

Chemische Bodenuntersuchungen werden von den Landwirtschaftlichen Untersuchungs- und Forschungsanstalten (LUFAs), aber auch von privaten Labors gegen Zahlung einer Gebühr durchgeführt (s. Anschriften Seite 279). Vor Einsendung einer Probe sollte vom jeweiligen Labor oder von der LUFA ein Merkblatt mit Informationen über die Entnahme der Probe, mögliche Untersuchungen und Gebührensätze angefordert werden. Vorsicht ist jedoch geboten bei den von den LUFAs mit der Untersuchung angebotenen Düngeempfehlungen! Oft werden ohne kritische Diskussion mineralische Düngemittel und Düngergaben empfohlen, die sich am landwirtschaftlichen und gärtnerischen Intensivanbau orientieren.

Verschiedene Hersteller haben für Eigenuntersuchungen in den letzten Jahren Minilabors auf den Markt gebracht. Mit den darin enthaltenen Reagenzien können allerdings nur sehr ungenaue und unsichere Daten über den Nährstoffgehalt eines Bodens ermittelt werden. Nach Prüfung solcher Schnelltests kam die Stiftung Warentest deshalb 1986 zu dem Ergebnis, daß von einer Anschaffung eher abzuraten sei. In keinem Fall kann ein Schnelltest die Analyse eines Untersuchungslabors ersetzen!

„Unkräuter“ als nützliche Zeigerpflanzen

Sinnvoller als die Anschaffung eines teuren Minilabors ist es, zur Beurteilung eines Bodens die jeweilige Wildkrautflora genau zu beobachten. Bestimmte Pflanzen können aufgrund ihrer Ansprüche an Boden und Standort als „Zeigerpflanzen“ für den Bodenzustand herangezogen werden. Für eine solche Untersuchung genügt es, eine kleine Fläche im Garten vor-

Gärten sind keine Inseln: Umweltbelastungen der Umgebung müssen bei der gärtnerischen Nutzung berücksichtigt werden. Ein großes, weiter zunehmendes Problem sind Schadstoffe, die sich in Böden und Kulturpflanzen anreichern und so die menschliche Gesundheit gefährden können.

übergehend brachliegen zu lassen. Schnell sorgen die raschwüchsigen Pionierpflanzen für eine schützende Bodenbedekkung, tragen zur Bodenbelebung und Humusbildung bei, liefern Insekten Blütenpollen und sorgen mit ihrem Wurzelwerk für eine Bodenlockerung.

Unsere Böden sind mit einem Samenvorrat fast aller „Unkräuter“ reichlich versorgt, doch je nach Bodenverhältnissen setzen sich nur bestimmte Wildpflanzen durch. Wird der Boden z. B. durch eine Gesellschaft aus Brennessel, Franzosenkraut, Vogelmiere, Echter Kamille und Bingelkraut bedeckt, kann der Gärtner ausgesprochen zufrieden sein. Alle genannten Arten gelten als „Zeiger“ für einen gut mit Nährstoffen und Humus versorgten Boden. Dominieren hingegen Akkerminze, Kriechender Hahnenfuß, Schachtelhalm-Arten und Huflattich, so haben wir es vermutlich mit einem schweren und verdichteten Boden zu tun, bei dem Strukturverbesserungsmaßnahmen angebracht sein können. Viele „Zeigerpflanzen“ können im naturnah gestalteten Garten an eigens für diese Arten angelegten Standorten wachsen: Nässe- und Feuchtezeiger z. B. am Teichufer, Trockenheitszeiger hingegen auf Natursteinmauer oder Steinhügel.

Mit Kalk behutsam düngen!

„Kalk macht die Väter reich und die Söhne arm.“ Ein altes Sprichwort verdeutlicht die Probleme der Kalkdüngung: Kalk aktiviert das Mikroleben im Boden und fördert damit den Humusabbau. Zu große Kalkmengen können also durch beschleunigten Humusabbau und Nährstofffreisetzung der Bodenfruchtbarkeit schaden bzw. die Auswaschung von Mineralstoffen ins Grundwasser fördern.

Was tun bei schwermetall-belasteten Böden?

Eine stark befahrene Straße oder eine emittierende Industrieanlage in der Nähe des Gartens können dazu führen, daß über den Luftweg giftige Schwermetalle wie Blei, Cadmium und Zink an Blattoberflächen abgelagert und in Pflanzen und Boden angereichert werden, da sie biologisch nicht abbaubar sind. Über die Nahrungskette werden Schwermetalle schließlich im menschlichen Körper angereichert und können Gesundheitsschäden hervorrufen.

Liegt Ihr Garten in einem Belastungsgebiet und gibt es über die Belastung der Böden noch keine Untersuchungsergebnisse (Auskunft erteilt die Stadtverwaltung), so ist vor einem Anbau von Gemüse und Obst eine Bodenuntersuchung sinnvoll. Neben den genannten Instituten werden solche Analysen auch von den zuständigen chemischen Untersuchungsämtern der Stadt bzw. des Kreises durchgeführt. Bei konkretem Verdacht kann zusätzlich eine Analyse von Kompostmaterial und Gemüse angebracht sein.

Bestätigt sich der Verdacht, so sollte die Beratung des Untersuchungsinstitutes in Anspruch genommen werden. Viele Institute geben ausführliche Merkblätter heraus, in denen auch Anbau- und Verzehrempfehlungen gegeben werden. Bei starker Belastung wird geraten, auf den Anbau bestimmter Gemüsearten zu verzichten (Sellerie und Spinat neigen z. B. zu besonders starker Cadmium-Aufnahme) und verschmutztes Gemüse vor dem Verzehr besonders gründlich zu waschen.

Grundsätzlich müssen alle Möglichkeiten ausgeschöpft werden, um die Schwermetalleinträge in Boden und Pflanze zu verringern. Gefordert sind hier natürlich besonders die Entscheidungsträger in Politik und Wirtschaft, aber auch jeder einzelne kann in seinem Garten dazu beitragen. Die folgenden Vorsorgemaßnahmen sind vor allem in Belastungsgebieten zu beachten:

– Das Laub von Gehölzen, die an einer Straße starken Immissionen ausgesetzt sind, wird allenfalls gesondert verkompostiert. Eventuell belastete Komposterde wird nicht im Nutzgarten verwendet! Schwermetallhaltige Haushaltsabfälle wie farbig bedrucktes Papier werden weder kompostiert noch in Hügel- und Hochbeete eingebracht.

– Bodenverbesserungsmittel, Kultursubstrate und organische Handelsdünger nach Möglichkeit nur dann verwenden, wenn sie einer gezielten Schadstoffüberwachung unterliegen. Auf den Packungen finden sich zumeist die entsprechenden Hinweise.

Durch Verschmutzung gefährdetes Gemüse und Obst

Die folgenden Kulturen neigen besonders stark zu Verschmutzung und Anlagerung von Schadstoffen und sind schwer zu reinigen: Grünkohl, Wirsing, Blumenkohl, Broccoli, Feldsalat, Küchenkräuter, Erdbeeren.

Aufnahme und Anreicherung von Cadmium und Nitrat bei wichtigen Gemüse- und Obstarten

	stark	**mäßig bis stark**	**gering**
Cadmium (Cd)	Sellerie Spinat	Endivien Feldsalat Grünkohl Kopfsalat Kohlrabi Möhren Porree Wirsing	Blumenkohl Bohnen Broccoli Erbsen Gurken Kartoffeln Rotkohl Tomaten Zucchini Erdbeeren und anderes Obst
Nitrat (NO_3)	Chinakohl Endivien Kopfsalat Mangold Radies Rettich Rote Beete Spinat	Blumenkohl Bohnen Lauch Möhren Kartoffeln Rotkohl Sellerie Weißkohl Wirsing	Erbsen Gurken Getreide Paprika Rosenkohl Tomaten Zucchini Erdbeeren und anderes Obst
	(etwa 500 – 4000 mg NO_3/kg Frischsubstanz)	(etwa 200 – 1500 mg NO_3/kg Frischsubstanz)	(etwa 10 – 300 mg NO_3/kg Frischsubstanz)

– Die häufig stark mit Schwermetallen belastete Asche aus einem Kohleofen oder Holzkohlegrill darf grundsätzlich nicht im Garten ausgebracht werden. Asche ist deshalb auch als Winterstreumittel ungeeignet, da Abschwemmungen in den Gartenboden gelangen können.

– Gärten an stark befahrenen Straßen können schon durch Pflanzung einer dichten Hecke wirksam vor Autoabgasen abgeschirmt werden.

Lebens- und Erlebnisbereiche

Bäume, Sträucher, Gebüsche, Hecken

Der Charakter eines Gartens wird vor allem durch seine Bäume und Sträucher bestimmt. Erst die wohlüberlegte Bepflanzung mit Gehölzen macht den Garten zu einem geschlossenen Lebensraum für Pflanze, Tier und Mensch. Einzelbäume sind Blickpunkte, lockern das oft triste Bild einer Wohnsiedlung auf, tragen mit ihrer Blattmasse zur Verbesserung von Klima und Luft in der Stadt bei. Gebüsche und Sträucher gliedern den Garten, beleben mit Blüten- und Blattfarben das Gartenbild. Freiwachsende Hecken grenzen den Garten auf natürliche Weise ab, schützen vor Wind, Lärm, Staub und Abgasen, sorgen für ein besonderes Kleinklima, schaffen eine Atmosphäre der Geborgenheit. In kleinen Gärten übernehmen Schnitthecken diese Funktion, oder Klettergehölze machen aus der Abgrenzungsmauer einen lebenden Zaun.

Bäume und Sträucher beanspruchen aber auch viel Platz und sorgen für schattige Bereiche im Garten. Schattenplätze sind für verschiedene Zwecke wünschenswert, aber Sonnenlicht muß in den Garten dringen. Viele Lebensräume und Kleinstandorte wie Blumenwiesen, Steingärten, Trockenmauern oder Gartenteiche, aber auch Kräuter, Blumen und Gemüsepflanzen im Nutzgarten sind auf Sonne angewiesen.

Jeder neu gepflanzte Baum und Strauch soll alt werden, also seine maximale Breite und Höhe erreichen können. Damit die Gehölzpflanzung auch noch nach 50 Jahren mit den anderen Teilen des Gartens eine harmonische Einheit bildet, muß sie sehr sorgfältig geplant werden. Immer sollte man deshalb versuchen, die künftige Entwicklung eines Gehölzes vorauszusehen, sich in das spätere Gartenbild mit ausgewachsenen Bäumen und Sträuchern hineinversetzen.

◁ Naturnahe Gestaltung und Bepflanzung sorgen für ein vielfältiges Leben im Garten.

Gehölzpflanzungen planen

Bei der Pflanzung ist zunächst von den räumlichen Möglichkeiten des Grundstückes auszugehen. Große Grundstücke können sehr gut durch Pflanzung einer breiten Hecke abgegrenzt werden; in einem Kleingarten oder Reihenhausgarten ist dafür aber meist kaum Platz. Hier bietet sich eher die Abgrenzung durch einreihige Strauchpflanzungen, Schnitthekken oder begrünte Zäune an. Der Tierwelt der Hecken wird im kleineren Garten mit einem Gebüsch, das nur wenige Quadratmeter Platz beansprucht, ein Lebensraum angeboten. Solche Kleingehölze finden eventuell auch im Vorgarten Platz, in dem auch Einzelbäume gepflanzt werden sollten. Großbäume, die über 30 m hoch und breit werden können, sind dafür meist nicht geeignet, aber kleinere Baumarten und Obstbäume stehen in großer Auswahl zur Verfügung.

Werden Gehölze im Randbereich des Gartens gepflanzt, ist darauf zu achten, daß die nach dem Nachbarrecht vorgeschriebenen Grenzabstände eingehalten werden. Die Bundesländer haben in ihren zum Teil voneinander abweichenden Regelungen die Grenzabstände auf die Wuchsstärke der Gehölze abgestimmt. Für nicht stark wachsende Bäume (auch Obstbäume) sind z. B. Grenzabstände von 2 m üblich, für stark wachsende Sträucher und freiwachsende Hecken 1 m und für kleinere Zier- und Beerensträucher 50 cm. Jeder Gartenbesitzer sollte sich vor Pflanzmaßnahmen bei der zuständigen Behörde (z. B. Garten- oder Grünflächenamt der Stadt) über die geltenden Grenzabstände informieren (s. auch Seite 249).

Besteht über die Ziele der Gehölzpflanzung Klarheit und wurden im Zuge der Planungen Pflanzbereiche für Bäume, Gebüsche, Hecken und Einzelsträucher im Einklang mit der gewünschten Nutzung des Grundstückes festgelegt, so kann

„Wer sich seinen Garten verwirklichen möchte, wird erfahren, daß sich ihm immer wieder neue Ordnungen und Formen aus der Fülle der Natur erschließen. Diese in Pflanzungen sichtbar werden zu lassen, vermag ein Leben sehr zu bereichern. All das hat natürlich mit Pflege zu tun, allerdings nicht mit verkrampfter Putzerei, sondern vor allem mit dem Erspüren unzureichender, arbeitsaufwendiger Pflanzungen, falsch gesetzter Pflanzen und den damit verbundenen Eingriffen und Verbesserungen … Im Garten geht es um ein Leben auf Dauer, und das heißt Wachsenlassen, Entwicklung, Entfaltung, Versamung und Ausbreitung, also um Erlebnisse mit Pflanzen in einem naturnahen Garten.“
(Richard Hansen).

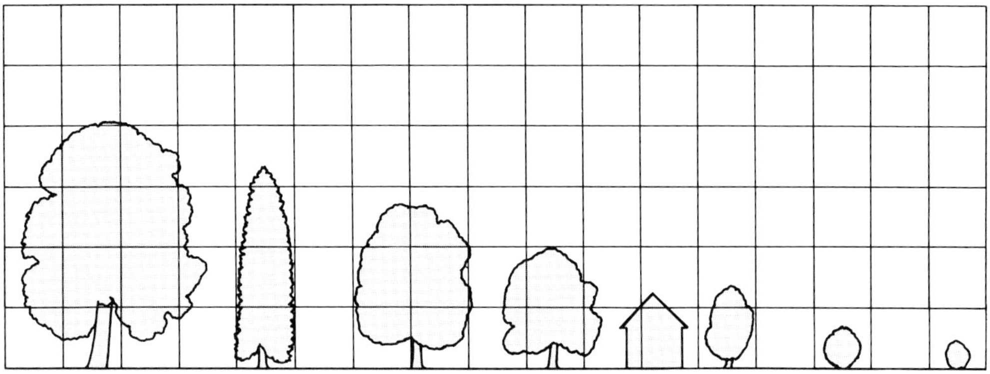

Die Raumansprüche von ausgewachsenen Bäumen müssen wir schon bei der Pflanzug berücksichtigen, damit sie sich auch noch nach einigen Jahrzehnten harmonisch in das Nutzungskonzept des Gartens einfügen (1 Quadrat = 10 × 10 m).

im nächsten Schritt die Pflanzenauswahl vorgenommen werden. Dabei müssen allerdings die Standortverhältnisse in den Pflanzbereichen berücksichtigt werden. Obwohl sich viele Gehölze aufgrund ihrer Anspruchslosigkeit durchaus flexibel einsetzen lassen, sind grundlegende Hinweise über Bodenzustand (insbesondere Bodenart, Feuchtigkeit, Kalkgehalt) und Lichteinfall von Bedeutung. Liegt der Standort z. B. im Schattenbereich eines größeren Gebäudes, wird man auf lichtliebende Sträucher verzichten müssen. Handelt es sich um einen extrem schweren und feuchten Boden, scheiden eine ganze Reihe trockenheitsliebender Gehölzarten aus. Wurde der Boden aufgeschüttet und im Zuge von Bauarbeiten verdichtet, sind vor jeder Pflanzung genauere Bodenuntersuchungen angebracht (s. Seite 71), deren Ergebnisse bei der Pflanzenwahl und bei den Pflanzvorbereitungen zu berücksichtigen sind.

Gehölzauswahl

Die Wahl der richtigen, auf Standort und Zweck abgestimmten Gehölzarten ist für gärtnerische Laien wie für Fachleute wohl das größte Problem, das im Zuge einer Anpflanzung zu bewältigen ist! Die unzähligen mißlungenen Gehölzpflanzungen unserer Gärten zeugen davon. Die Fichtenreihe, die einen Reihenhausgarten abgrenzt und dem Nachbarn die Nutzung seines Gartens kaputt macht, ist ein extremes, aber typisches Negativbeispiel. Ob in solchen Fällen vor der Pflanzung bekannt war, daß Fichten als Großbäume bis zu 30 m hoch werden können? Und daß bei der Pflanzung so stark wachsender Bäume nach dem Nachbarrecht meist ein Grenzabstand von mindestens 4 m einzuhalten ist?

Ein intensiv gepflegter Vorgarten mit fremdländischen Gehölzen – auf Kosten heimischer Natur.

Um also Gehölzarten auswählen zu können, muß man sich über Wuchseigenschaften und Standortansprüche der zur Verfügung stehenden Arten informieren. Auch andere Eigenschaften wie Blüte, Fruchtbildung und ökologische Bedeutung sollten bekannt sein. Die Tabellen auf Seite 86ff. können dabei eine kleine Hilfe sein; im Einzelfall wird man sich je nach Umfang des Pflanzvorhabens auf zusätzliche Beratung stützen müssen. Aber mit der Auflistung einiger besonders geeigneter Gehölze, ausgewählt aus einem Angebot von über 1000 Arten und Sorten, und der Angabe von Wuchsstärke und Standortansprüchen können wir die Auswahl sicher erleichtern. Dabei wurde besonderer Wert auf ihre ökologische Bedeutung gelegt; vor allem in Mitteleuropa verbreitete Wildgehölze finden sich deshalb in den Listen.

Viele Wildsträucher sind attraktive Ziersträucher: Die Kornelkirsche blüht schon im Vorfrühling, die Früchte können im Sommer geerntet werden (s. Seite 86).

Gemeiner Schneeball, Beispiel für ein Wildgehölz mit schöner Herbstfärbung. Mit Blüte, Früchten und Herbstfärbung bringen Laubgehölze Leben in den Garten!

Pflanzengemeinschaften

Voraussetzung für eine naturnahe Entwicklung eines Gartens sind möglichst stabile Pflanzengemeinschaften. Unser Vorbild ist dabei die Natur, in der wir einzelne Pflanzen immer in Gesellschaft mit Partnern antreffen und sich je nach wirksamen Umweltfaktoren ganz spezifische Pflanzengesellschaften entwickeln. Vor allem Prof. Dr. Richard Hansen ist es zu verdanken, daß auch der Gartenfreund praktikable Pflanzvorschläge vorliegen hat, mit denen er dem Ziel „Garten als Lebensgemeinschaft" näher kommen kann. An den von Hansen vorgeschlagenen, nach Boden und Standortfaktoren zu unterscheidenden Lebensbereichen können wir uns dabei orientieren: Gehölz, Gehölzrand, Freiflächen (Wiese u. a.), Steinanlagen, Beete, Sumpfbereiche und Wasserflächen.

Mehr heimische Gehölze in die Gärten

Das durch Gehölze bestimmte typische Gartenbild hat sich in den vergangenen Jahrzehnten aufgrund von Modetrends und einseitigen Angeboten der Gartencenter und Baumschulen stark gewandelt. Unzählige Gärten sind durch fremdländische Nadelgehölze, hochgezüchtete Ziersträucher und Bodendecker monotoner, langweiliger, für die heimische Natur lebensfeindlicher geworden. Selbst im einstmals von blühenden Bauerngärten geprägten ländlichen Raum haben die pflegeleichten Koniferen heimische Sträucher wie Holunder oder Weißdorn verdrängt.

Wer auf eine naturnahe Gestaltung seines Gartens Wert legt, wird auf heimische Gehölze nicht verzichten können. Ökologischer Wert, aber auch ihre ästhetische Wirkung blieben zu lange unbeachtet. Es gibt viele Gründe, die dafür sprechen, wieder mehr heimische Bäume und Sträucher in unsere Gärten zu pflanzen: Bei den „heimischen" bodenständigen Gehölzen handelt es sich um Arten, die schon vor Jahrtausenden in der Natur verbreitet waren, noch bevor der Mensch durch seine Aktivitäten die Landschaft gestaltete. Durch natürliche Ausbreitung sind seitdem nur einige wenige „eingebürgerte" Arten hinzugekommen.

Im Laufe der Evolution hat sich auch die Tierwelt an die natürliche Vegetation angepaßt. Jeder im Garten gepflanzte heimische Baum und Strauch dient unzähligen Tieren als Unterschlupf, Brutplatz und Nahrungsquelle (Pollen, Nektar, Blätter, Früchte, Holz). Viele Tierarten sind aufgrund extremer Spezialisierung sogar an bestimmte Gehölzarten gebunden, werden also gefährdet, wenn diese Arten in der Landschaft fehlen. Mit jeder heimischen Gehölzart beginnt eine

Nahrungskette bzw. ein Nahrungsnetz unzähliger Tiere, die in ihrer Gesamtheit und Vielfalt für die ökologische Stabilität eines Gartens ausschlaggebend sind.

Sicher gibt es auch unter den nichtheimischen Gehölzarten viele, die als Nistplatz oder Nahrungsquelle für Tiere von Bedeutung sind (in der Übersicht sind deshalb auch einige enthalten). Sicher brütet manche Vogelart auch in einer nichtheimischen Omorikafichte (*Picea omorika*) oder Scheinzypresse (*Chamaecyparis*). Aber in ihrer ganzen Vielfalt kann sich die Tierwelt erst bei Vorhandensein heimischer Pflanzen entwickeln. Die nichtheimischen Arten sind zwar vielfach schon viele Jahrhunderte in unseren Gärten und Parks „beheimatet", aber in dieser Zeit konnten sich nur wenige Tierarten an die „Neubürger" anpassen. Von der heimischen Stieleiche z. B. können über 200 Insekten- und 28 Vogelarten leben, von der eingebürgerten Roßkastanie hingegen nur 4 Insekten- und 2 Vogelarten und vom nichtheimischen Essigbaum keine einzige Insektenart!

Die unzähligen Blütenbesucher unter den Insekten, die für die Bestäubungsarbeit im Obst- und Gemüsegarten von großer Bedeutung sind, finden in einem typischen Koniferengarten keine Nahrungsquellen. Viele Gartenbesitzer

Arten, Sorten und Hybriden

Die unübersehbare Fülle der angebotenen Gartenpflanzen und ihre Unterscheidung bereitet beim Kauf immer wieder Schwierigkeiten. Um wirklich die gewünschten Pflanzen zu bekommen, genügt es nicht, nur den jeweiligen deutschen Namen anzugeben. Für manche Pflanzen gibt es verschiedene deutsche Bezeichnungen, und oft werden unter dem gleichen deutschen Namen eine Vielzahl von Sorten angeboten. Beim Kauf von Stauden und Gehölzen, auch bei der Bestellung von Sämereien, ist es also immer erforderlich, den genauen wissenschaftlichen (botanischen) Namen anzugeben. Bei Wildpflanzen setzt sich dieser Name immer aus dem Gattungs- und dem Artnamen zusammen, also z. B. bei der heimischen Sumpfdotterblume aus *Caltha* für die Gattung, *palustris* für die Art. Sobald dem Artnamen weitere in Anführungsstrichen gesetzte Zusätze oder die Bezeichnung „Hybriden" hinzugefügt werden, handelt es sich nicht mehr um die Wildform, sondern um Auslese-Züchtungen bzw. Kreuzungszüchtungen (Hybriden). *Caltha palustris* 'Multiplex' ist zum Beispiel nicht die heimische Sumpfdotterblume, sondern eine gefüllt blühende Züchtung. Achten Sie also beim Kauf immer auf den exakten Artnamen, und lassen Sie sich den Namen bestätigen. Auch Etiketten können fehlerhaft beschriftet oder vertauscht worden sein!

unterschätzen die Bedeutung dieser „kleinen" Helfer im Garten und vertreiben sie durch eintönige Nadelgehölzanpflanzungen. Auf der anderen Seite wird aber oft die Bedeutung der Tannen und Fichten für Singvögel überschätzt: Unsere Vogelwelt war in Mitteleuropa in ihrer ganzen Vielfalt schon vertreten und überlebte selbst eisige Winternächte, als im Mittelgebirge unterhalb 800 m und im Flachland keine einzige Tanne oder Fichte als Unterschlupf zur Verfügung stand. Von Natur aus verbreitet war noch vor 2000 Jahren in diesen Gebieten ein Laubmischwald mit nur sehr wenigen Koniferen, wie z. B. der Eibe.

Die aus diesen Wäldern stammenden heimischen Gehölzarten zeichnen sich überwiegend durch Anspruchslosigkeit, hohe Anpassungsfähigkeit und Widerstandsfähigkeit gegenüber Krankheiten und Insektenfraß aus. Auch unter den extremen Klimabedingungen unserer Städte gedeihen sie meist recht gut. Nur in bezug auf Widerstandsfähigkeit gegenüber Luftschadstoffen sind ihnen manche „Exoten" überlegen. Dafür beobachten wir bei vielen nichtheimischen Arten eine größere Empfindlichkeit gegenüber Schaderregern.

Bleibt die Braunfärbung der Nadeln aufgrund einer solchen Schädigung aus, bieten Nadelgehölze im Jahresverlauf immer den gleichen, monotonen Anblick. Laubgehölze, auch die heimischen Arten, ermöglichen hingegen das Erleben der Jahreszeiten bei laufend wechselnden, optisch sehr reizvollen Eindrücken. Von der Blüte im Vorfrühling (bei Hasel oder Kornelkirsche) und Frühling (bei Schlehe und Schneeball), über den Fruchtschmuck im Sommer bis in die bunte Zeit des Herbstlaubes – immer ist etwas los in Ihrem Garten! Die Früchte vieler Wildgehölze können auch zu wohlschmeckender Marmelade oder einem leckeren Likör verarbeitet werden (s. Tab. Seite 86).

Heimische Gehölze kontra „Exoten"?

Mit der „Wiederentdeckung" heimischer Gehölze soll aber keineswegs das Ziel verfolgt werden, die nichtheimischen Arten aus den Gärten auszuschließen. Der Wert eingeführter Gehölze bei der Begrünung von Kleinstflächen und Bewältigung von Problemsituationen in den Städten kann nicht in Frage gestellt werden, auch nicht von Seiten des Naturschutzes. Im Unterschied zur freien Landschaft hat in den vom Menschen gestalteten und genutzten Gärten selbstverständlich die ganze Vielfalt unserer Gehölze ihren Platz. Im Interesse der bedrohten Natur und der lebendigen Gestaltung des Gartens sollten aber ökologische Gesichtspunkte bei der Ge-

Auch nichtheimische Ziersträucher nützen unserer Tierwelt, z. B. Blutjohannisbeere und Sommerflieder; die sich besonders für kleinere Gärten eignen (im Bild mit Gartenhummel und Kleinem Fuchs).

hölzwahl im Vordergrund stehen, also möglichst viele verschiedene heimische Bäume und Sträucher in die Anpflanzung integriert werden.

Pflanzzeit und Pflanzvorbereitung

Laubgehölze können grundsätzlich von der Zeit des Laubfalls ab Oktober bis zum beginnenden Austrieb im April gepflanzt werden, sofern der Boden frostfrei ist. Den sichersten Erfolg verspricht aber eine Pflanzung im Herbst (bis zum Wintereinbruch). Immergrüne Gehölze werden demgegenüber am besten nach Abschluß der Wachstumsphase im Spätsommer (August bis September) gepflanzt, damit das Wurzelwerk sich noch gut entwickeln und Frostschäden bzw. Trockenschäden im folgenden Winter vermieden werden.

Empfehlenswert ist die Verwendung von Baumschulpflanzen. Jede gut geführte Baumschule wird in der Lage sein, die

Nahrungsmittel aus Wildfrüchten

Gehölzart	Verwendung
Felsenbirne (*Amelanchier canadensis*)	Rohkost, Wein, Marmelade
Berberitze (*Berberis vulgaris*)	Tee, Saft, Likör
Zierquitte (*Choenomeles*)	Gelee, Likör
Kornelkirsche (*Cornus mas*)	Rohkost, Saft, Wein, Gelee
Hasel (*Corylus avellana*)	Rohkost, Backwaren
Weißdorn (*Crataegus monogyna*)	Tee
Sanddorn (*Hippophaë rhamnoides*)	Marmelade, Likör, Saft, Gelee
Holzapfel (*Malus sylvestris*)	Marmelade, Saft, Most
Echte Mispel (*Mespilus germanica*)	Rohkost, Geliermittel für Gelees und Marmeladen
Süßkirsche, Vogelkirsche (*Prunus avium*)	Rohkost, Marmelade, Likör, Gelee
Traubenkirsche (*Prunus padus*)	Rohkost, Marmelade, Likör
Schlehe (*Prunus spinosa*)	Marmelade, Likör, Wein, Gelee
Birnbaum (*Pyrus communis*)	Saft, Most, Likör
Hundsrose (*Rosa canina*)	Marmelade, Tee, Saft, Wein
Brombeere (*Rubus*)	Rohkost, Marmelade, Likör, Gelee
Himbeere (*Rubus idaeus*)	Rohkost, Marmelade, Likör, Gelee
Schwarzer Holunder (*Sambucus nigra*)	Marmelade, Saft, Wein, Likör, Gelee
Vogelbeere (*Sorbus aucuparia*)	Marmelade, Likör, Saft, Gelee

Gehölze für Vorgärten (s. auch Seite 88, 89)

„Industriefeste“ Gehölze für Vorgärten an starkbefahrenen Straßen:

Kleinere und mittelgroße Bäume	**Großsträucher**	**Niedrige Sträucher**	**Klettergehölze**
Feldahorn	Felsenbirne	Mahonie	Efeu
Hainbuche	Kornelkirsche	Gelber Blasenstrauch	Geißblatt
Birken	Hasel	Wildrosen	Blauregen
Wildkirsche	Hartriegel	Feuerdorn	Knöterich
Eberesche	Goldregen	Sommerflieder	Wilder Wein
Salweide	Holunder	Zierquitte	Waldrebe
Stechpalme	Flieder	Forsythie	
Eibe	Schneeball	Heckenkirsche	
Eschen-Ahorn	Pfaffenhütchen	Blutjohannisbeere	
Scharlachdorn		Immergrün (kriechend)	
Apfel-Dorn			
Pflaumenblättriger Weißdorn			
Großlaubige Mehlbeere			

hier empfohlenen Gehölze bereitzustellen, sofern rechtzeitig bestellt wird. Dabei muß immer darauf geachtet werden, daß wirklich die gewünschte Art geliefert wird. Auch viele nichtheimischen Arten oder Zuchtformen werden unter deutschen Namen angeboten. Bei Bestellungen sollte deshalb immer der genaue botanische Name angegeben werden.

Die Entnahme von Jungpflanzen aus der Natur kann im Einzelfall vertretbar sein, z. B. wenn eine Fläche ohnehin aufgrund von Bebauungsvorhaben „abgeräumt“ werden muß. Sie muß aber immer mit dem Grundstücksbesitzer, gegebenenfalls auch mit der Naturschutzbehörde abgestimmt werden und ist ausgesprochen zeitaufwendig. Zudem entwikkeln sich selbstausgegrabene Gehölze meist viel langsamer als die mehrfach verpflanzten Baumschulpflanzen.

Baumschulpflanzen können als 1- bis 2mal verpflanzte Sträucher, als Stammbüsche oder als Heister (bei baumartigen Gehölzen) bezogen werden. Bei der Mehrzahl der Arten genügen die preiswerteren Pflanzen ohne Ballen. Bei ihnen ist allerdings vor der Pflanzung ein Rückschnitt von Wurzeln und Haupttrieben um etwa 1/3 ihrer Länge notwendig (Ausnahme sind Bäume, die sich über Spitzenknospen aufbauen wie z. B. Ahorn). Von besonderer Bedeutung ist der Rückschnitt bei Obstgehölzen (s. Seite 110).

Die meisten der hier empfohlenen Gehölze sind so anspruchslos, daß sie ohne gesonderte Bodenvorbereitung ge-

Sträucher und Bäume für naturnahe Gärten (Auswahl)

	heimische Art	**Höhe in m**	Standortansprüche: Licht	Standortansprüche: Feuchte	Standortansprüche: kalkliebend	Ökologische Bedeutung: Vogelschutz	Ökologische Bedeutung: Blütenbesucher (Bienen u.a.)	Ökologische Bedeutung: Früchte bedeutsam	bevorzugte Verwendung: Wildhecken/ Gebüsch	bevorzugte Verwendung: Schnitthecken	bevorzugte Verwendung: solitär
Kleine bis mittelgroße Sträucher											
Sauerdorn (*Berberis vulgaris*)	X	2 – 3	○	t – f	X	X	X	X	X	X	
Grüne Hecken-Berberitze (*Berberis thunbergii*)		1 – 2	○ – ◐	t – f		X	X	X	X	X	
Sommerflieder (*Buddleja davidii*)		2 – 3	○	m		Schmetterlingspfl.					X
Zierquitte, Scheinquitte (*Chaenomeles*)		1 – 2	○ – ◐	t – f		X	X	X^{E}	X	X	
Gelber Blasenstrauch (*Colutea arborescens*)	X	1 – 3	○	t	X		X	X^{G}			X
Besenginster (*Cytisus scoparius*)	X	1 – 3	○	t – m			X	X^{G}			X
Seidelbast (*Daphne mezereum*)	X	1	◐ – ●	m – f	X		X	X^{G}			X
Goldglöckchen, Forsythie (*Forsythia intermedia*)		2 – 3	○	m			X		X		X
Zaubernuß (*Hamamelis mollis*)		2 – 3	○ – ◐	m							X
Rote Heckenkirsche (*Lonicera xylosteum*)	X	2 – 3	○ – ●	m	X		X	X^{G}	X^{A}		
Sanddorn (*Hippophaë rhamnoides*)	X	3	○	t – m	X	X		X^{E}	X		X
Schlehe, Schwarzdorn (*Prunus spinosa*)	X	2 – 3	○	t	X	X	X	X^{E}	X^{A}		
Johannisbeere (*Ribes nigrum, Ribes alpinum*)	X	1 – 2	◐ – ●	m – f			X	X	X		
Blutjohannisbeere (*Ribes sanguineum* „Atrorubens")		2 – 3	○ – ◐	t – m			X		X		X
Weinrose (*Rosa rubiginosa*)	X	2 – 3	○	t – m	X	X	X	X^{E}	X		
Bibernellrose (*Rosa pimpinellifolia*)	X	1	○	t – m		X	X	X^{E}	X		
Heckenrose, Hundsrose (*Rosa canina*)	X	2 – 5	○	t – m	X	X	X	X^{E}	X		
Wilde Brombeere (*Rubus fruticosus*)	X	1 – 3	○ – ●	m		X	X	X^{E}	X		
Ohrweide (*Salix aurita*)	X	2 – 3	○ – ◐	m – f			X		X^{A}		
Großsträucher, im Alter zum Teil baumförmig											
Felsenbirne (*Amelanchier canadensis*)		3 – 5	○ – ◐	t – f	X		X	X^{E}	X		X
Kornelkirsche (*Cornus mas*)	X	3 – 5	○ – ◐	t – m	X		X	X^{E}	X		X
Roter Hartriegel (*Cornus sanguinea*)	X	3 – 4	○ – ●	m	X		X	X	X		
Hasel (*Corylus avellana*)	X	3 – 5	○ – ●	m				X^{E}	X		X
Weißdorn (*Crataegus monogyna*)	X	4 – 6	○ – ◐	t – m	X	X	X	X^{E}	X	X	X

Liguster (*Ligustrum vulgare*)	X	3 – 5	○ – ●	m			X	X^{G}	X^{A}	X	
Echte Mispel (*Mespilus germanica*)	X	3 – 6	○ – ●	t – m	X		X	X^{E}	X		X
Birnbaum (*Pyrus communis*)	X	3 – 8	○	t – m	X		X	X	X		X
Kreuzdorn (*Rhamnus catharticus*)	X	3 – 5	○ – ◐	t – f	X	X	X	X^{G}	X		
Faulbaum (*Rhamnus frangula*)	X	3 – 5	◐ – ●	f			X	X	X^{A}		
Salweide (*Salix caprea*)	X	3 – 5	○ – ◐	t – f			X		X^{A}		X
Purpurweide (*Salix purpurea*)	X	3 – 5	○ – ◐	t – f			X		X^{A}		X
Schwarzer Holunder (*Sambucus nigra*)	X	3 – 8	○ – ◐	m			X	X^{E}	X		X
Traubenholunder (*Sambucus racemosa*)	X	3 – 4	○ – ◐	m			X	X^{G}	X		
Flieder (*Syringa vulgaris*)		3 – 5	○	m	X		X		X		X
Wolliger Schneeball, Schlinge (*Viburnum lantana*)	X	3 – 5	○ – ◐	t – m			X	X^{G}	X^{A}		X
Gemeiner Schneeball (*Viburnum opulus*)	X	3 – 5	◐ – ●	m – f	X		X	X^{G}	X		
Kleine bis mittelgroße Bäume											
Feldahorn (*Acer campestre*)	X	10 – 15	○ – ●	m		X			X	X	X
Eschen-Ahorn (*Acer negundo*)		5 – 7	○	m			X				X
Hainbuche, Weißbuche (*Carpinus betulus*)	X	15 – 20	○ – ●	m				(X)	X^{A}	X	X
Scharlachdorn (*Crataegus coccinea*)		5 – 8	○ – ◐	m	X	X	X	X	X		X
Apfel-Dorn (*Crataegus x carrierei*)		5 – 7	○ – ◐	m	X	X	X	X			X
Pflaumenblättriger Weißdorn (*C. x prunifolia*)		5 – 6	○ – ◐	m	X	X	X	X			X
Stechpalme, Ilex (*Ilex aquifolium*)	X	5 – 10	◐ – ●	m		X	X	X^{G}	X		X
Holzapfel, Wildapfel (*Malus sylvestris*)	X	5 – 8	○	m		X	X	X	X		X
Zieräpfel (*Malus*)		4 – 10	○	m			X	X			X
Wildkirsche, Vogelkirsche (*Prunus avium*)	X	15 – 20	○	t – m	X		X	X^{E}	X		X
Weichselkirsche (*Prunus mahaleb*)	X	5 – 10	○ – ◐	t – m	X		X	X			X
Vogelbeere, Eberesche (*Sorbus aucuparia*)	X	10 – 15	○ – ◐	t – f			X	X^{E}	X		X
Speierling (*Sorbus domestica*)	X	6 – 12	◐	m			X	X^{E}	X		X
Mehlbeere (*Sorbus aria*)		6 – 12	○ – ◐	m	X		X	X	X		X
Großlaubige Mehlbeere (*Sorbus aria* ‚Magnifica')		6 – 12	○	m – f			X	X			X
Eßbare Eberesche (*Sorbus aucuparia* var. *moravica*)		12 – 15	○ – ◐	m	X		X	X^{E}	X		X
Oxelbeere (*Sorbus intermedia*)		10 – 12	○ – ◐	t – f			X	X	X		X
Eibe (*Taxus baccata*)	X	10 – 15	◐ – ●	m – f		X		X^{G}	X	X	X

Anmerkung: Geschützte Arten nach Bundesartenschutzverordnung: Eibe, Stechpalme, Seidelbast
A = auf den Stock setzen möglich, E = Früchte eßbar, G = Früchte giftig, t = trocken, m = mäßig feucht, f = feucht,
○ = sonnig, ◐ = halbschattig, ● = schattig

▷ Die Hecke, ökologisches Rückgrat eines Gartens: In Hecken leben viele Tiere, die bei der Nahrungssuche Streifzüge in den Garten unternehmen und sich dabei als „Schädlingsvertilger" betätigen.

pflanzt werden können, wenn es sich um einen schon längere Zeit in Bearbeitung befindlichen humusreichen und lockeren Gartenboden handelt. Schwere Böden müssen aber gründlich gelockert werden, verdichtete und aufgeschüttete Böden verbessert man am besten durch eine aufschließende Gründüngung (s. Seite 39). Voraussetzung für ein erfolgreiches Anwachsen ist insbesondere der Aushub eines genügend großen Pflanzloches, das mindestens doppelt so groß wie der Umfang des Wurzelballens sein sollte und mit einem Gemisch aus Aushuberde, Kompost und eventuell humusreicher Gartenerde wieder gefüllt wird.

Hecke: Lebender Zaun

Viele Gartenbesitzer kennen nur streng geometrisch geschnittene Hecken, obwohl freiwachsende „Wildhecken" schon seit Jahrhunderten ein bedeutender Bestandteil unserer Kulturlandschaft sind. Die Ausräumung vieler Landschaften hat in den vergangenen Jahrzehnten leider ein Heckensterben mit dem Verlust vieler hunderttausend Kilometer Feldhecken zur Folge gehabt.

Im Garten können wir die Verluste natürlich in keiner Weise ausgleichen, sollten aber aufgrund der großen ökologischen Bedeutung jede Möglichkeit zur Anpflanzung einer freiwachsenden Hecke nutzen. Eine große Zahl sogenannter „nützlicher" Tiere wie Laufkäfer, Kröten, Igel oder Singvögel leben in einer Wildhecke, beziehen bei der Nahrungssuche aber den ganzen Garten mit ein. Zu ihrer Nahrung gehören auch viele an unseren Kulturpflanzen lebende Insekten, die von den in der Hecke lebenden Helfern zurückgehalten werden.

Von besonderer Bedeutung sind außerdem die von einer Hecke ausgehenden Schutzfunktionen: Immissionsschutz durch Zurückhaltung von Staub und gasförmigen Luftschadstoffen, Erosionsschutz an Böschungen und Wällen sowie Lärm- und Windschutz. In den durch Hecken geschaffenen windgeschützten Bereichen kommt es zu einem relativ milden Kleinklima, das dem Wachstum vieler Pflanzen förderlich ist. Hecken an der Nordseite des Gartens können so angelegt werden, daß eine Art „Sonnenfalle" entsteht, in deren Bereich vor allem wärmeliebende, anspruchsvolle Kulturpflanzen angebaut werden können.

Anlage einer Hecke

Wildhecken bestehen aus verschiedenen hohen und frei wachsenden Sträuchern und Bäumen, die mehrreihig zu mindestens 3 bis 5 m breiten Gehölzstreifen angepflanzt werden.

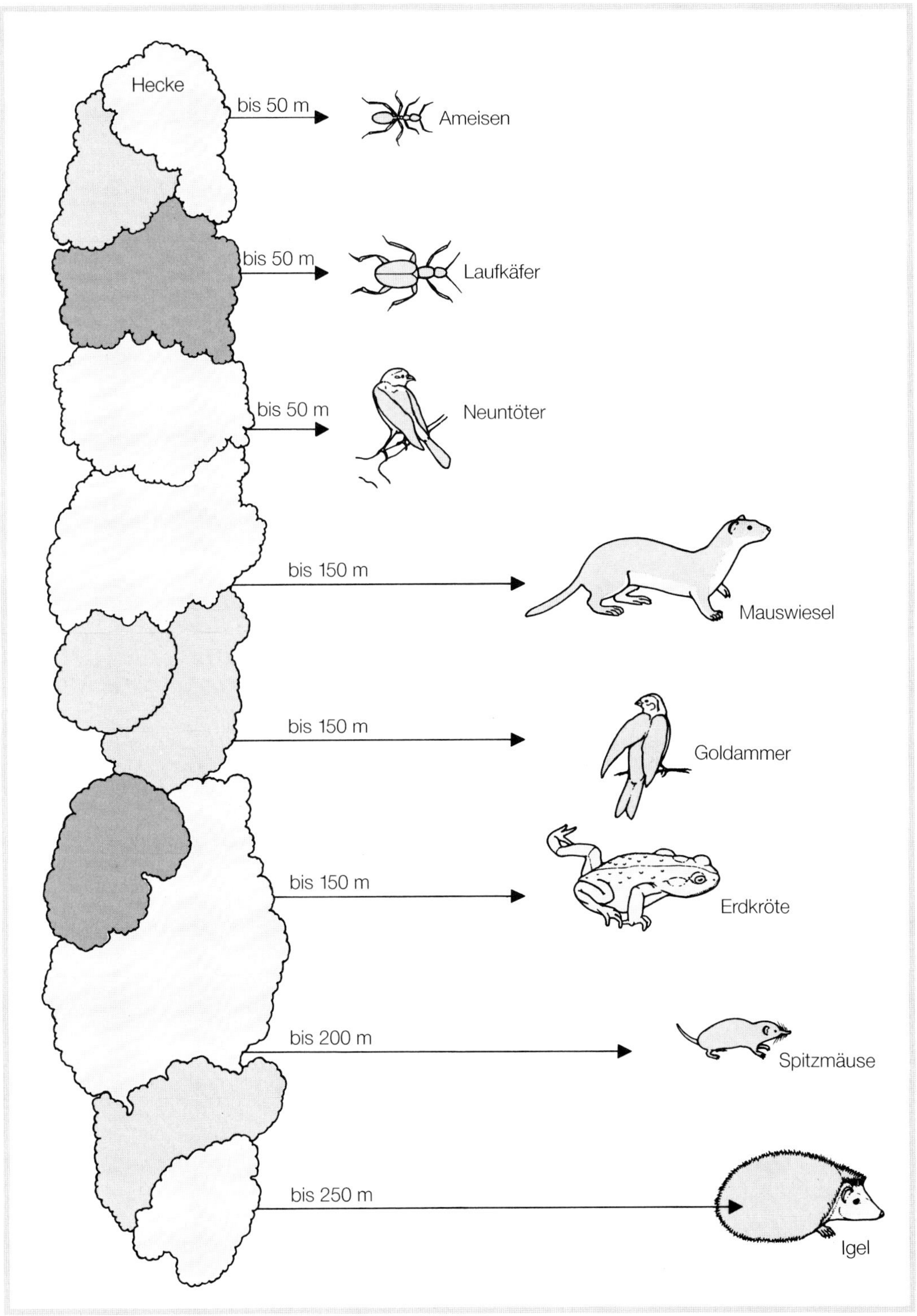
Hecke
bis 50 m
Ameisen
bis 50 m
Laufkäfer
bis 50 m
Neuntöter
bis 150 m
Mauswiesel
bis 150 m
Goldammer
bis 150 m
Erdkröte
bis 200 m
Spitzmäuse
bis 250 m
Igel

Beim Aufbau wird das Wuchsverhalten der Gehölze so berücksichtigt, daß die niedrigen und schwachwüchsigen Arten im Randbereich, Großsträucher und kleine Bäume in das Zentrum der Hecke gepflanzt werden. Die gewünschten Funktionen können sie umso besser wahrnehmen, je breiter und vielfältiger sie angelegt werden. Durch Anlage als Wallhecke lassen sich Lärmschutz- oder Immissionsschutzwirkung sogar noch verstärken. Dazu kann zum Beispiel der bei Bauarbeiten anfallende Mutterboden oder der Aushub eines Teiches verwendet werden. Vor einer Bepflanzung des Walles mit Gehölzen ist die Einsaat von Gründüngungspflanzen empfehlenswert: Deren Wurzelwerk verhindert einen möglichen Bodenabtrag durch Niederschläge, und die abgeschnittene Blattmasse kann als erste Mulchschicht die Bodenabdeckung bilden. Zum Zurückhalten von Niederschlagswasser wird vorher in der Wallmitte in Längsrichtung eine flache Mulde ausgehoben.

Heckenpflanzung

Die Gehölze der Wildhecke werden relativ dicht gepflanzt, damit schnell eine Beschattung des Bodens erreicht wird und ein undurchdringlicher Lebensraum entsteht. Im Zentrum genügen Pflanzabstände von 70 bis 100 cm, während im Randbereich etwas dichter (50 bis 70 cm) gepflanzt wird. Bewährt hat sich dabei eine gruppenartige Pflanzung von jeweils 3 bis 5 Pflanzen einer Art. Dadurch erhalten auch die schwach wüchsigen Arten gegenüber den konkurrenzstärkeren eine gute Startchance. Bäume und Großsträucher werden aber besser in Heckenmitte einzeln gepflanzt.

Aus optischen Gründen sollten in einem Garten die besonders attraktiven Blütensträucher wie Blutjohannisbeere (*Ribes sanguineum*) oder Zierquitte (*Choenomeles*) an den Rand der Hecke gepflanzt werden. Viele von ihnen hätten ohnehin im Innern der Hecke kaum Durchsetzungschancen. Auch einige anspruchsvolle Ziersträucher wie Sommerflieder (*Buddleja*) oder Zaubernuß (*Hamamelis*) finden am Heckenrand einen lichten und geschützten Standort.

Beispielhaft zeigt der Pflanzplan, wie eine solche Hecke aufgebaut sein kann. Der Plan ist als Anregung für die Zusammenstellung von Gehölzarten zu verstehen, darf also keineswegs schematisch auf jeden Garten übertragen werden. Auf ähnliche Weise sollten vor Beginn einer Pflanzung in einer Skizze Struktur der Hecke und Lage der zu pflanzenden Gehölze möglichst genau eingezeichnet werden.

◁ Wildhecke an der Grundstücksgrenze: Sicht-, Wind-, Immissionsschutz und ökologisches Rückgrat für den Garten. Im Bild: blühend ein Wolliger Schneeball und im Saum Großes Schöllkraut.

Im Interesse der Struktur- und Artenvielfalt im Garten

▷ Pflanzvorschlag für eine 3 bis 4 m breite, das Gartengrundstück abgrenzende Hecke. Gruppenpflanzung auf einem durchschnittlichen, humosen Gartenboden.

Hecken im kleinen Garten?

Für eine 3 bis 5 m breite Wildhecke fehlt es in sehr vielen Gärten an Platz. Auf Reihenhausgrundstücken z. B. ist es kaum zweckmäßig, solche Hecken anzupflanzen. Oftmals besteht aber dann zumindest die Möglichkeit, ein kleines, heckenähnliches Gebüsch anzulegen. Dafür genügt eine Gartenecke, möglicherweise auch im ansonsten kaum zu nutzenden Vorgarten. In kleineren Gärten kann als Abgrenzung auch eine kleinere, nur etwa 2 m breite Hecke aus niedrigen Sträuchern (s. Tab. Seite 87) angelegt werden, wofür sich auch Beerensträucher wie Johannisbeeren, Brombeeren oder Himbeeren recht gut eignen.
In Kleingartenanlagen sind hohe und breite Sichtschutzhecken auf den Parzellen nicht sinnvoll und meist auch gar nicht erlaubt. Hier ist die Beerenstrauchanlage an der Gartengrenze eine gute Alternative. Abgrenzung und Schutz des Gartens werden gewährleistet, die Früchte können für Säfte, Marmeladen oder andere Nahrungsmittel verwertet werden. Als Kulturpflanzen sind Beerensträucher allerdings auf Pflegemaßnahmen wie regelmäßigen Schnitt angewiesen.
Noch pflegeaufwendiger sind selbstverständlich die ebenso für kleinste Gärten geeigneten Schnitthecken. Bei ihrer Anlage kann sich der Hobbygärtner auf eine große Auswahl heimischer Gehölzarten stützen (s. Tab. Seite 88, 89). Sicher könnte in unseren Städten so manche Mauer oder auch der eine oder andere Jägerzaun durch eine solche Hecke ersetzt werden.

sollten Hecken abwechslungsreich angelegt und mit möglichst vielen Gehölzarten bepflanzt werden. Wünschenswert sind zum Beispiel mit Wildstauden bepflanzte Einbuchtungen und Nischen sowie Stein- und Reisighaufen im Randbereich der Hecke. Als Teil des „Lebensraumes Hecke“ darf ein blütenreicher Saum aus Wildstauden und Gräsern nicht fehlen. Diese siedeln sich zum Teil selbst an, können aber auch angepflanzt werden. Liegt die Hecke am Rande einer Rasenfläche, darf deshalb niemals mit dem Rasenmäher bis unmittelbar an den Gehölzrand gemäht werden. Denken Sie daran, daß ein schmaler Wildkrautsaum für sehr viele Heckenbewohner lebensnotwendig ist. Gerade in dieser Übergangszone vom Gehölz zur Freifläche lebt eine besonders vielfältige Fauna.

Heckenpflege

Im Vergleich zu Schnitthecken oder Fichten„hecken“ sind die Wildstrauchhecken ausgesprochen pflegeleicht. Auf Bodenpflege, Düngung und Pflanzenschutzmaßnahmen kann meist vollständig verzichtet werden. Nur in den ersten Jah-

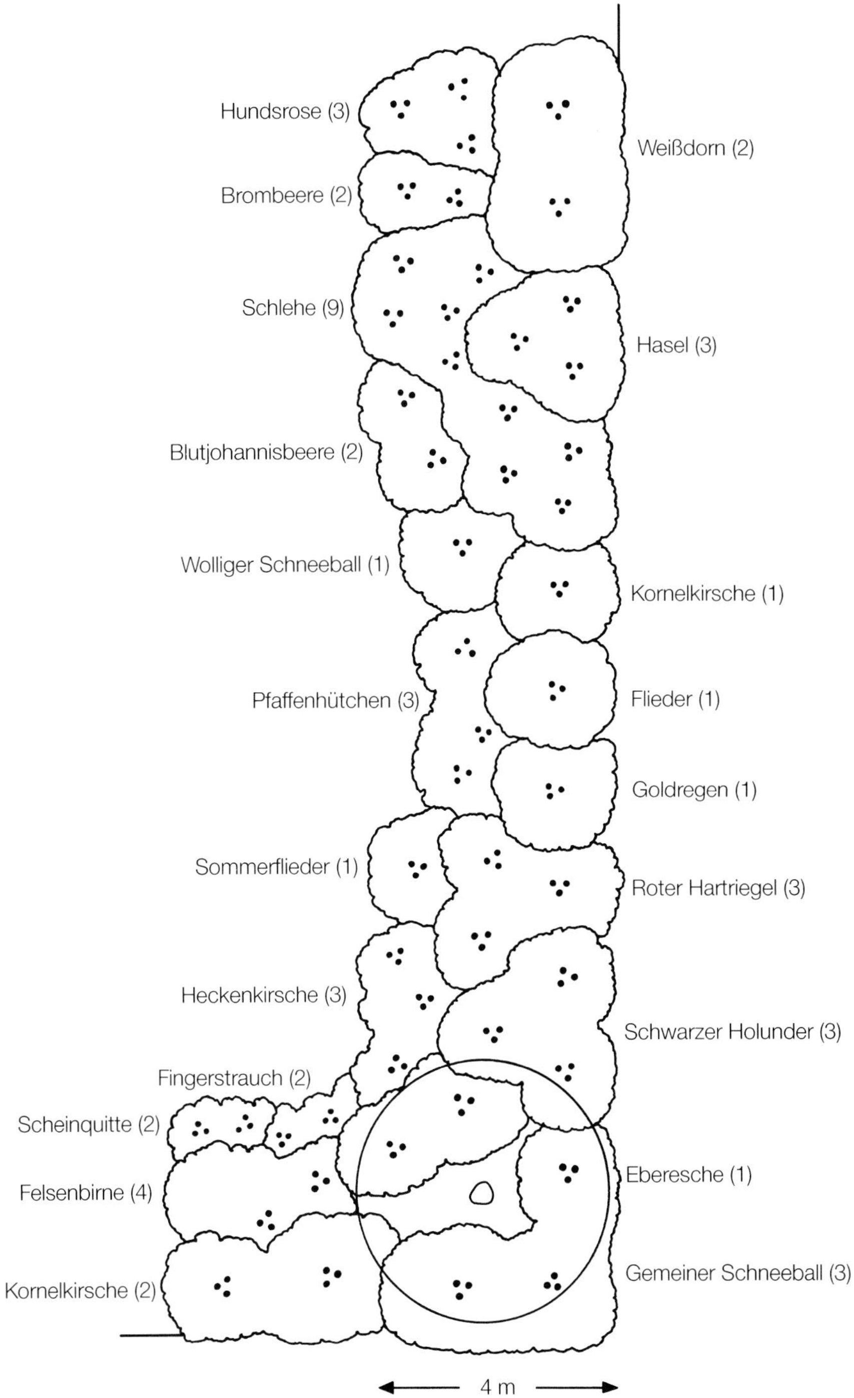

Hundsrose (3)
Weißdorn (2)
Brombeere (2)
Schlehe (9)
Hasel (3)
Blutjohannisbeere (2)
Wolliger Schneeball (1)
Kornelkirsche (1)
Pfaffenhütchen (3)
Flieder (1)
Goldregen (1)
Sommerflieder (1)
Roter Hartriegel (3)
Heckenkirsche (3)
Schwarzer Holunder (3)
Fingerstrauch (2)
Scheinquitte (2)
Eberesche (1)
Felsenbirne (4)
Kornelkirsche (2)
Gemeiner Schneeball (3)
4 m

„Die Seele wird vom Pflastertreten krumm. Mit Bäumen kann man wie mit Brüdern reden und tauscht bei ihnen seine Seele um.“
(Erich Kästner)

„Habt Ehrfurcht vor dem Baum! Er ist ein einziges großes Wunder, und Euren Vorfahren war er heilig. Die Feindschaft gegen den Baum ist ein Zeichen der Minderwertigkeit eines Volkes und von niedriger Gesinnung des Einzelnen.“
(Alexander von Humboldt)

ren nach der Pflanzung sollte der Boden zwischen den Sträuchern mit Grasschnitt, Gehölzgehäcksel, Rindenmulch oder Laub abgedeckt werden: Konkurrierende Kräuter werden so zurückgehalten, der Boden geschützt und belebt. Mit dem Wachstum der Gehölze wird der Boden zunehmend beschattet und durch eine natürliche Streuschicht bedeckt. Weitere Bodenpflege ist dann weder notwendig noch sinnvoll. Bodenlebewesen und viele Schattenpflanzen sind auf einen naturbelassenen, mit Laub bedeckten Boden unbedingt angewiesen.

Im Gegensatz zu vielen Koniferen, die durch einen Schnitt ihre typische Wuchsform verlieren, können Laubsträucher überwiegend problemlos beschnitten werden, z. B. wenn sie durch ihr Wachstum andere Nutzungen beeinträchtigen. An Wegen oder Plätzen grenzende Hecken lassen sich also auf einfache Weise in Grenzen halten. Alle 3 bis 5 Jahre sind pflegende Schnittmaßnahmen ohnehin sinnvoll. Wenn in Bodennähe eine Vergreisung der Gehölze zu beobachten ist, Hekken ihren geschlossenen Charakter verlieren, können verschiedene Gehölzarten sogar bis auf 10 bis 20 cm über dem Boden zurückgeschnitten werden („auf den Stock gesetzt werden“). So ist eine Verjüngung dieser leicht ausschlagsfähigen Gehölze möglich. Damit die Hecke aber ihre Funktion nicht für längere Zeit verliert, wird anstelle eines Kahlschlages ein gezielter und behutsamer Einzelrückschnitt vorgenommen.

Laubbäume sind Hausbäume

Bäume gelten in der Stadt unbestritten als wichtiger Beitrag zur Verbesserung der Lebensqualität. Das Laubdach der Bäume sorgt im aufgeheizten Stadtklima für Abkühlung und angenehmes Klima. Bis zu 500 l Wasser verdunstet ein großer Baum am Tag, entzieht dabei seiner Umgebung sehr viel Wärme. Das Laubdach der Bäume hält große Mengen Staub und gasförmige Luftschadstoffe zurück, wirkt wie ein Filter: Luft unter Bäumen enthält bis zu 70 % weniger Staubteilchen als die Luft einer baumlosen Straße. Eine hundertjährige Buche filtert im Jahr den Luftinhalt von etwa 800 Einfamilienhäusern. Als Klima- und Luftverbesserer sind Bäume in den Städten also unverzichtbar.

Viele Stadtbewohner kümmern sich heute um die Pflege „ihrer“ Stadtbäume. Stadtverwaltungen machen Werbung mit Baumpflanzaktionen. Alljährlich werden Tausende von Stadtbäumen neu gepflanzt. Gibt es sie also nicht mehr, die „Feindschaft gegen den Baum“? Zweifel kommen auf, wenn

▷ Laubbäume und Sträucher als Alternative zu monotonem Abstandsgrün. Im Bild u. a. Gemeiner Schneeball und Eberesche (Vogelbeere).

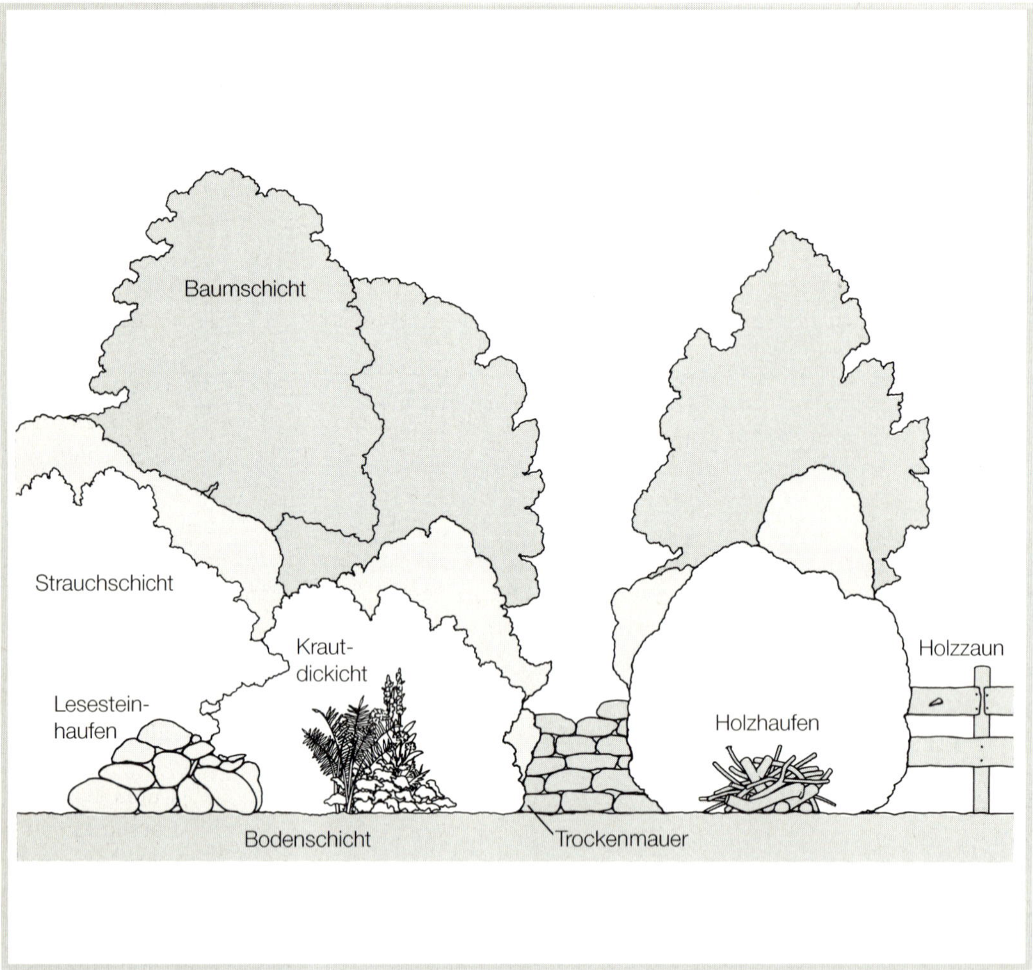

Elemente einer naturnahen Hecke. Baumschicht, Strauchschicht und Kräutersaum können durch weitere belebende Elemente wie Holzhaufen, Steinhaufen oder Trockenmauer ergänzt werden. Der Saum zwischen Gehölzen und angrenzenden Nutzflächen ist von besonderer Bedeutung für das Leben in der Hecke (s. Abb. Seite 165).

wir uns das typische Leben von Stadtbäumen heute anschauen. Vor allem durch Bebauung werden die Lebensmöglichkeiten stark eingeschränkt.

Ein ausgewachsener Baum benötigt für seine Wasser- und Nährstoffversorgung einen offenen Bodenbereich, der von der Größe her etwa seiner Krone entspricht. Doch in der Stadt ist die freie „Baumscheibe" meist auf wenige Quadratmeter beschränkt – wenn sie überhaupt freigehalten wird. Oft ist der Boden statt dessen für parkende Autos bis an den Stamm durch Asphalt und Beton versiegelt. Unzureichende Luft- und Wasserzufuhr beeinträchtigen Wurzelentwicklung und Kleinlebewesen; Wasser- und Nährstoffaufnahme des Baumes werden gefährdet. Undichte Gasleitungen, Streusalz und Abgase schädigen Bäume direkt. Durch parkende

Autos kommt es ebenso zu direkten Verletzungen wie bei den häufigen Bauarbeiten an Straßen und Versorgungsleitungen. Und immer noch fallen selbst gesunde Bäume dem Ausbau einer Straße oder dem Neubau eines Gebäudes zum Opfer. Wenige Minuten genügen, um eine alte Buche zu fällen. Bis aber eine neu gepflanzte Buche zur vollen Leistung und Schönheit heranwächst, vergehen mindestens 60 bis 80 Jahre, falls der Baum diese Zeit überhaupt übersteht. Denn die meisten Stadtbäume erreichen heute aufgrund der Vielzahl der Belastungsfaktoren nur noch einen Bruchteil ihres natürlichen Alters.

Im Bereich unserer Gärten haben es die für die Stadtluft so wichtigen Laubbäume besonders schwer. Da gibt es sogar Hausbesitzer, die ihren Nachbarn per Gerichtsbeschluß zur Fällung eines Baumes zwingen wollen (s. Seite 250). Der Grund: Das herabfallende Laub würde ihr Grundstück „verschmutzen"! Statt dessen werden dann auch überall die pflegeleichten und „sauberen" Nadelgehölze gepflanzt, wobei vor allem Sorten und Züchtungen dominieren, die die Bezeichnung „Baum" nicht mehr verdienen. Die Zeiten, in denen anläßlich der Geburt eines Kindes ein Laubbaum gepflanzt wurde, scheinen vorbei zu sein. Warum eigentlich?

Baumpflanzung im Garten

Wir sollten uns wieder an den Wert der Laubbäume als Hausbäume erinnern und jede Möglichkeit zur Baumpflanzung auf dem Grundstück nutzen! Ein Blick in unsere Vorgärten zeigt, daß gerade dort, wo aufgrund des begrenzten Platzes Gartennutzung kaum möglich ist, wo zudem Straßenbäume oft fehlen, zumindest ein kleinerer Laubbaum gepflanzt werden könnte. Baumarten wie Eberesche oder Mehlbeere entwickeln relativ kleine und schlanke Kronen und passen auch in kleinere Vorgärten (s. Tab. Seite 89). Bei Pflanzung an der Straße kann – in Absprache mit der Stadt- oder Gemeindeverwaltung – meist auf die üblichen Grenzabstände verzichtet werden.

Laubbäume können sinnvoll durch eine Strauch- und Staudenunterpflanzung ergänzt werden. Eine große Auswahl auch heimischer Wildstauden und Wildsträucher steht für solche Unterpflanzungen zur Verfügung, so daß anstelle des monotonen Koniferen-Einheitsgrüns sehr lebendige, abwechslungsreiche Vorgärten angelegt werden können (s. Tab. Seite 102, 103).

Auch im übrigen Garten, z. B. in der Hecke oder auf der Rasenfläche, können Laubbäume als gliederndes und belebendes Element wesentlich sinnvoller in den Garten integriert werden als Fichten oder Tannen.

So sorgen Laubbäume im Sommer für schattige Sitzplätze und Spielflächen für unsere Kinder. An Laubbäumen lassen sich Schaukeln oder Hängematten befestigen und Kinder können hineinklettern. Im Sommer Sichtschutz und Schatten, im Winter Licht und Sonne: Laubbäume am Haus sind energiewirtschaftlich von Vorteil und sie ermöglichen das Erleben von Jahreszeiten.

Nicht vergessen sollten wir aber auch die Stadtbäume außerhalb unseres Grundstückes, für die jeder Bewohner der Stadt etwas tun kann. Hier kommt es vor allem darauf an, daß im Bodenbereich eine unverdichtete, lockere Baumscheibe freigehalten wird – je größer, desto besser. Ist der Boden statt dessen versiegelt, sollten Sie mit dem Garten- und Grünflächenamt der Stadt Kontakt aufnehmen und eine Verbesserung fordern. In Abstimmung mit der Stadt können sich Hausbewohner an der Bepflanzung und Pflege der Baumscheiben beteiligen. Manche Städte schließen dazu „Patenschaftsverträge“ mit den Bewohnern ab und stellen Pflanzenmaterial zur Verfügung. In trockenen Sommern ist regelmäßiges Wässern eine wirksame Hilfe für die leidenden Stadtbäume. Denken Sie aber auch daran, jede Gefährdung zu vermeiden. Verzichten Sie deshalb unbedingt im Winter auf den Einsatz von Streusalz im Einzugsbereich „Ihrer“ Bäume.

Schattenplätze

Wo Licht ist, ist immer auch Schatten. In jedem Garten gibt es unbesonnte Bereiche, z. B. an der Nordseite des Hauses, in einem Hinterhof oder unter Bäumen und Sträuchern. Sie sind für viele Gartenbesitzer eher ein Ärgernis. Sicher lassen sich an diesen Stellen zahlreiche Gestaltungswünsche wie Anlage von Kräuter- und Sommerblumenbeete oder Einrichtung eines Gemüsegartens nicht verwirklichen. Für die Natur sind Schattenplätze allerdings nie ein Problem, zahlreiche Pflanzen sind daran angepaßt, kommen mit einer geringen Sonneneinstrahlung aus, vertragen recht gut die Wurzelkonkurrenz der Gehölze und den Tropfenfall.

Im Wald hat jeder Gartenbesitzer die Möglichkeit, solche Pflanzengemeinschaften zu erleben. Vor allem im Vorfrühling und Frühling bis zur vollständigen Belaubung der Gehölze bietet der Waldboden oft ein recht buntes Bild, das dann im Sommer vom eher zarten Grün der Farne oder Gräser abgelöst wird.

Blumenbeete unter Bäumen: Frühblüher wie Schneeglöckchen oder Leberblümchen können sich im Schattenbereich optimal entwickeln, wenn der Boden durch eine Laubschicht bedeckt bleibt.

Mit etwas Geduld und behutsamer Bepflanzung lassen sich also auch an Schattenplätzen im Garten interessante, erlebnisreiche Pflanzengemeinschaften ansiedeln. An der Nordseite eines Hauses oder unter größeren Bäumen kann man sich dabei zunächst auf schattenverträgliche Sträucher stützen. Geeignet für solche Pflanzungen sind z. B. Haselnuß, Pfaffenhütchen, Faulbaum, Gemeiner Schneeball, Rote Heckenkirsche, Schwarze Johannisbeere, Eibe und Stechpalme (s. Tab. Seite 102). Im Laufe der Zeit können sich hier oder an anderen schattigen Stellen, wie z. B. im Randbereich der Hecke, Schattenstauden von selbst ansiedeln, sofern sich der Bodenbereich naturnah entwickelt hat. Schattenplätze bieten also die Chance, den Garten durch attraktive Staudenbeete zu bereichern.

Schattensträucher für Baumunterpflanzungen
(s. auch Seite 88, 89)

Rote Heckenkirsche	Mahonie
Johannisbeeren	Hasel
Roter Hartriegel	Pfaffenhütchen
Stechpalme	Faulbaum
Gemeiner Schneeball	Eibe

Die Pflanzung von Schattenstauden ist unter Gehölzen aber erst einige Jahre nach der Gehölzpflanzung sinnvoll. Erst nach dem Einwachsen der Hecke oder eines Gebüsches stellt sich das benötigte Kleinklima ein (Farne sind z. B. auf ausgeglichene Temperaturen und erhöhte Luftfeuchtigkeit angewiesen), hat sich ein lockerer, humoser „Waldboden" mit einer Streuschicht ausgebildet. Das Herbstlaub muß in diesen Bereichen also unbedingt am Boden liegen bleiben, auf Bodenbearbeitung wird verzichtet.

Auf solche Bodenverhältnisse angewiesen sind z. B. viele unserer attraktiven Frühblüher, die mit Knolle, Zwiebel oder Wurzelsproß den Winter im Boden überdauern, im zeitigen Frühjahr aus der Laubschicht herauswachsen und noch vor dem Laubaustrieb der Gehölze blühen. Auch einige schon sehr verbreitete Gartenpflanzen wie Schneeglöckchen, Narzissen, Schlüsselblumen und Winterling gehören dazu. Neben diesen Arten können auch die anderen genannten Wildstauden von Staudengärtnereien oder Spezialbetrieben bezogen werden (s. Tab. S. 103). Keinesfalls sollten Pflanzen aus den ohnehin gefährdeten Wäldern entnommen werden! Viele Wildstauden sind streng geschützt bzw. schon auf den „Roten Listen" der gefährdeten Arten.

Obstbäume

„Wenn ich wüßte, daß morgen die Welt untergeht, würde ich heute noch ein Apfelbäumchen pflanzen." (Martin Luther)

Wer die Schönheit und den Wert alter Obstbäume im Garten kennt, fragt sich, warum Grünflächen am Haus immer noch mit Blaufichten oder anderen Nadelbäumen gestaltet werden. Keine Fichte kann uns z. B. folgendes bieten:
- Blütenmeer im Frühjahr und reiche Ernte im Herbst,
- Kletterbaum für Kinder,
- geschützte Spielfläche und Schattenplatz an heißen Sommertagen,
- Lebensstätte für eine ungeheuer vielfältige Tierwelt. Von den Blüten leben Bienen, Hummeln und Schmetterlinge, von Blättern, Früchten und Trieben zahllose Kleintiere. In

Wildpflanzen für Schattenplätze
(Auswahl für humosen Mullboden mit Streuschicht)

Frühblühende Schattenpflanzen

Buschwindröschen (*Anemone nemorosa*)	
Großes Windröschen (*Anemone sylvestris*)	G!
Aronstab (*Arum maculatum*)	Früchte giftig
Haselwurz (*Asarum europaeum*)	
Maiglöckchen (*Convallaria majalis*)	
Winterling (*Eranthis hyemalis*)	
Schneeglöckchen (*Galanthus nivalis*)	G!
Wald-Gelbstern (*Gagea lutea*)	
Waldmeister (*Galium odoratum*)	Bodendecker
Christrose (*Helleborus niger*)	G!, wintergrün
Leberblümchen (*Hepatica nobilis*)	G!, nicht auf Sandböden
Märzbecher (*Leucojum vernum*)	G!
Waldsauerklee (*Oxalis acetosella*)	
Salomonsiegel (*Polygonatum odoratum*)	
Schlüsselblume (*Primula veris, Primula elatior*)	
Blausternchen (*Scilla siberica*)	G!, versamt sich
Immergrün (*Vinca minor*)	Halbstrauch, wintergrüner Bodendecker
Duftveilchen (*Viola odorata*)	Gehölzrand
Waldsteinie (*Waldsteinia geoides*)	Ausläufer treibend

Sommerblühende Schattenpflanzen und Farne

Frauenmantel (*Alchemilla mollis*)	
Geißbart (*Aruncus dioicus*)	braucht viel Platz (unter Bäumen!)
Wald-Akelei (*Aquilegia vulgaris*)	G!
Waldglockenblume (*Campanula latifolia*)	
Nesselblättrige Glockenblume (*Campanula trachelium*)	
Fingerhut (*Digitalis purpurea, D. lutea*)	G!
Gundelrebe (*Glechoma hederacea*)	Bodendecker
Efeu (*Hedera helix*)	Bodendecker
Goldnessel (*Lamiastrum galeobdolon*)	Bodendecker
Straußfarn (*Matteuccia struthiopteris*)	G!
Königsfarn (*Osmunda regalis*)	G!
Tüpfelfarn (*Polypodium vulgare*)	
Wurmfarn (*Dryopteris filix-mas*)	
Frauenfarn (*Athyrium filix-femina*)	

G! = nach Bundesartenschutzverordnung geschützte Art

Baumhöhlen finden Gartenschläfer einen Unterschlupf, Höhlenbrüter unter den Singvögeln Nistplätze.

Als alte Kulturpflanzen haben Obstbäume also eine enorme ökologische Bedeutung. Obstwiesen sind in ausgeräumten Landschaften oft die letzten Zufluchtstätten für zahllose Tiere. In vielen Bundesländern wird deshalb versucht, die zurückgegangenen und bedrohten Obstwiesen zu schützen und neue Obstbäume zu pflanzen. Diese Schutzprogramme sind ein Beispiel dafür, daß eine Jahrhunderte alte Gartenkultur durchaus mit Zielen des Naturschutzes in Übereinstimmung gebracht werden kann.

Pflanzenwahl: Hochstamm oder Buschbaum?

Die Vielfalt der Nutzungsmöglichkeiten und der ökologischen Wirkungen können mit Obstgehölzen nur dann erreicht werden, wenn wirkliche „Bäume“ gepflanzt werden. Dabei muß es sich schon um Halb- oder Hochstämme handeln, die auf starkwüchsigen Unterlagen veredelt wurden (Stammhöhe bis zur Krone 100 bis 120 cm bei Halbstämmen bzw. 160 bis 180 cm bei Hochstämmen). Im Vergleich zu den auf schwachwüchsigen Unterlagen veredelten Spindelbüschen oder Busch„bäumen“ handelt es sich um meist robustere und widerstandsfähigere Obstgehölze, die ein relativ hohes Alter erreichen können. Sie benötigen allerdings auch ausgesprochen viel Platz im Garten. Die folgende Übersicht gibt darüber Aufschluß, wobei darauf hingewiesen werden muß, daß das Wuchsverhalten je nach Sorte unterschiedlich sein kann (s. Tab. Seite 106).

Auf jedem Grundstück sollte trotz dieser Ansprüche zumindest für einen starkwüchsigen Obstbaum Platz sein. Natürlich gibt es gute Gründe, in kleineren Gärten vor allem buschförmige Obstgehölze zu pflanzen. Sie beanspruchen als Buschbaum (Kronenbreite 3,5 bis 4 m) oder als Spindelbusch (Kronenbreite 2 bis 2,5 m) nur eine relativ kleine Fläche, tragen schon nach etwa 3 Jahren erste Früchte und lassen sich ausgesprochen bequem ernten. Anstelle eines großen Baumes können auf der gleichen Fläche mehrere Arten und Sorten angebaut werden. Durch geschickte Sortenwahl wird für gegenseitige Befruchtung gesorgt, die Verwertung der Früchte aufgrund der unterschiedlichen Reifezeit erleichtert. Büsche lassen sich im Vergleich zu Bäumen auch leichter ersetzen, wenn sie abgestorben sind, altern allerdings auch bedeutend rascher. Von Nachteil ist jedoch, daß Buschobstgehölze aufgrund höherer Ansprüche und geringerer Widerstandsfähigkeit intensiver gepflegt werden müssen.

◁ Hochstammobstbäume bieten vielen Tieren Nahrung, Unterschlupf und Brutplätze, brauchen aber auch viel Platz im Garten.

Platzbedarf von Obstbäumen

	Kronenbreite und Pflanzabstand	Benötigte Grundfläche
Sauerkirsche	4 m	15 m^2
Zwetschge	6 m	28 m^2
Birne	8 m	50 m^2
Apfel	8 – 12 m	50 – 110 m^2
Süßkirsche	10 – 12 m	80 – 110 m^2

(Angaben für Halb- und Hochstämme)

Die Entscheidung für Hochstämme oder Büsche ist also nicht einfach. Günstig ist es, wenn man beide Wuchsformen bei der Anlage eines Obstgartens einbeziehen kann, z. B. einen Hochstamm und einige Büsche. Für Buschobst genügen dabei oft schon kleinste Flächen: Spindelbüsche können als Spalierobst an einer Hauswand oder als Obsthecke an der Gartengrenze gezogen werden. Besonders geeignet sind dafür Birnen und Aprikosen, aber auch Äpfel, jedoch nicht alle Sorten. Über geeignete Sorten sollte man sich deshalb bei einem Fachberater informieren.

Spalierobst am Haus benötigt eine warme, besonnte Wandfläche (Südwand, aber auch Südost- oder Südwestwand), an der ein stabiles Gerüst am besten aus gehobelten und druckimprägnierten Dachlatten angebracht wird (mit abstandhaltenden Holzklötzchen, Längslatten alle 50 bis 80 cm, Querlatten alle 100 cm). Freistehende Spaliere lassen sich leicht als Schnurspaliere bauen: Alle 5 m wird ein fester Holzpfahl eingebracht und mit Spanndrähten (Abstand 50 cm) verbunden. Da Obstgehölze nicht zu den Kletterpflanzen gehören, müssen Mittel- und Seitentriebe der Büsche umgebogen und am Spalier angebunden werden. Besonders wichtig ist für die Entwicklung des Spalierobstes der regelmäßige Erziehungsschnitt.

Widerstandsfähige und anspruchslose Sorten wählen!

Die Wahl der richtigen Sorten kann ausschlaggebend dafür sein, ob man viele Jahre Freude an seinen Obstgehölzen haben und auch befriedigende Ernteergebnisse erzielen wird. Kriterien wie Anspruchslosigkeit und Widerstandsfähigkeit sollten deshalb im Vordergrund stehen. Vom sicher sehr guten Geschmack eines 'Cox Orange' darf man sich nicht blenden lassen: Diese und viele andere Sorten sind derart anfällig gegen Krankheiten wie Mehltau oder Schorf, daß sie mit Erfolg nur bei sehr hohem Pflegeaufwand angebaut werden können, d. h. nur im Erwerbsobstbau. Außer auf 'Cox Orange' sollte man deshalb beim Obstanbau im Garten auch auf die folgenden Sorten verzichten:

– Äpfel: 'Jonathan', 'Berlepsch', 'Ingrid Marie', 'Golden Delicious',
– Birnen: 'Williams Christ', 'Alexander Lucas'.

Gut geeignet sind statt dessen viele alte Lokalsorten, die an Klima- und Bodenverhältnisse ihrer Region gut angepaßt sind. Viele von den älteren, zum Teil nicht mehr im Erwerbsanbau verwendeten Sorten sind besonders robust und anspruchslos. Apfelsorten wie z. B. 'Kaiser Wilhelm', 'Bohnapfel', 'Boskoop', 'Gravensteiner', 'Goldparmäne', 'Baumanns Renette' und 'Geflammter Kardinal' gehören dazu oder die Birnensorten 'Gellerts Butterbirne', 'Pastorenbirne', 'Conference' und 'Köstliche aus Charneux'. Informieren Sie sich über ältere Lokalsorten ihrer Region bei der zuständigen Fachberatung. Landwirtschaftskammern, Naturschutzgruppen, Ökologiezentren, Kleingarten- und Gartenbauvereine beschäftigen sich inzwischen mit den „alten" Sorten und können durch Beratung helfen. In die Angebote der Baumschulen werden diese Sorten zunehmend wieder aufgenommen – einzelne Baumschulen haben sich sogar auf die Anzucht solcher Sorten spezialisiert (s. Anschriften Seite 278). Denken Sie aber auch daran: Nicht jede „alte" Sorte, also nicht jede Sorte, die schon seit mehr als 100 Jahren im Obstbau Verwendung findet, ist auch für den Hausgarten geeignet. Auch so anspruchsvolle und problematische Apfelsorten wie 'Cox Orange' oder 'Berlepsch' gehören zu den alten Kultursorten.

Bei der Sortenwahl muß ebenfalls bedacht werden, daß viele Sorten nicht in der Lage sind, sich selbst zu befruchten. Voraussetzung für die Befruchtung beim Steinobst sowie einigen Kernobstsorten ist eine Pollenübertragung zwischen Bäumen verschiedener Sorten. Unter den Sorten gibt es dabei ausgesprochen gute, aber auch schlechte Pollenspender. Vor einer Pflanzung von Apfel- oder Birnbäumen muß man sich also über geeignete Pollenspender informieren (die möglicherweise auch im Nachbargarten vorhanden sein können) und danach die Sorten auswählen. Die meisten Zwetschgensorten und Sauerkirschen gelten hingegen als „Selbstbefruchter", können also problemlos auch als Einzelbäume gepflanzt werden. Die selbstunfruchtbaren Süßkirschen benötigen zumindest einen Nachbarbaum der gleichen Sorte.

Ohne Bienen keine Ernte

Auch die sorgfältigste Sortenplanung nützt wenig, wenn die für die Bestäubung und Befruchtung „zuständigen" Tiere ausbleiben! Alle Obstgehölze sind auf Blüten besuchende Insekten angewiesen, besonders auf Bienen, die bis zu 90 % der Bestäubungsarbeit leisten! In jedem Obstgarten sollten deshalb gerade die Bienen besonders geschützt und gefördert werden. Verzicht auf bienengefährdende Pestizide sowie Pflanzung bzw. Duldung von Nahrungspflanzen (Wildkräuter, Blütenstauden, Wildsträucher) können dazu beitragen.

Was man beim Obstbaumkauf beachten sollte

Wer sich an Schönheit und Ertrag von Obstbäumen erfreuen möchte, ist auf qualitativ hochwertiges Pflanzgut angewiesen. Leider wird vielerorts jedoch minderwertige Ware angeboten, und oft stimmen auch Unterlagen und Sorten nicht mit den Angaben auf dem Etikett überein. Nach 5 bis 10 Jahren erlebt man dann eine Überraschung!

Obstgehölze sollte man deshalb grundsätzlich nur bei anerkannten Markenbaumschulen kaufen, die sich den Qualitätsbestimmungen des Bundes Deutscher Baumschulen (BdB) unterworfen haben. Werden größere Mengen benötigt, ist der Kauf bei einer Obstbaumschule von Vorteil, da diese Betriebe meist nicht auf Zukauf von Bäumen angewiesen sind.

Besonders wichtig ist es, auf Sortenechtheit zu achten. Da bei Jungbäumen eine Prüfung von Sorten und Unterlagen nicht möglich ist, ist es angebracht, sich beim Kauf die Sortenechtheit mindestens für die Zeit von 10 Jahren schriftlich garantieren zu lassen. Bei der Prüfung der Qualität des Pflanzgutes kann man sich an den Qualitätsbestimmungen des BdB orientieren. Danach müssen Obstgehölze weitgehend virusfrei und gut bewurzelt, Veredlungsstellen müssen gut verwachsen sein. Hochstammobstbäume von guter Qualität verfügen über eine mindestens 40 cm hoch ausgebildete Krone mit mindestens 3 bis 4 Trieben, getragen von einem gerade gewachsenen, freien Stamm.

Besteht Interesse an einer seltenen älteren Kultursorte, muß man möglichst frühzeitig mit einer Baumschule Kontakt aufnehmen. Bestellungen für den Herbst sollten dort schon im vorherigen Winter vorliegen, damit für vorhandene Unterlagen und Stammbildner noch Reiser zur Veredlung beschafft werden können.

Einen Obstbaum pflanzen

Obstbäume sind anspruchsvolle Kulturpflanzen, die nicht so problemlos gepflanzt werden können wie die heimischen Wildgehölze. Schon der Standort muß sorgfältig ausgewählt werden. Auf sehr leichten Sandböden, flachgründigen oder staunassen Böden wird man mit den meisten Obstarten und -sorten keinen großen Erfolg haben. Viele Sorten bevorzugen ganz bestimmte Bodenverhältnisse. Die Sortenwahl muß also auf die Standortbedingungen abgestimmt werden. Immer sollten Obstgehölze jedoch einen sonnigen und etwas geschützten Standort erhalten.

Den größten Erfolg verspricht eine Herbstpflanzung in der Zeit vom Laubfall bis zum Wintereinbruch. Durch Aushub einer relativ großen Pflanzgrube (mindestens 80 × 80 cm und

▷ Buschförmige Obstgehölze beanspruchen nur wenig Platz und sind leicht zu ernten, aber im Vergleich zum Hochstamm anspruchsvoller und auf intensivere Pflege angewiesen.

50 cm tief), Bodenverbesserung mit Kompost oder Rindenhumus sowie Bewässern bzw. Einschlämmen der Wurzeln wird das Anwachsen erleichtert. Keinesfalls darf man frisches organisches Material wie Mist oder Grassoden in die Pflanzgrube geben. Zum Schutz vor Wühlmäusen, die jeden jungen Baum gefährden können, wird die Grube mit feinmaschigem Maschendraht ausgekleidet. Beim Einsetzen des Baumes ist darauf zu achten, daß die Veredlungsstelle mindestens 10 cm über dem Erdboden bleibt.

Halb- und Hochstämme sind in den ersten Jahren sehr windempfindlich, müssen also immer an einen Pflanzpfahl angebunden werden. Eine Baumscheibe von mindestens 150 cm Durchmesser ist in dieser Zeit von starkwüchsigen, konkurrierenden Wildkräutern freizuhalten, sollte allerdings nicht unbedeckt bleiben. Mulchen mit Grasschnitt kann aber die Wühlmausgefahr verstärken. Bewährt haben sich stattdessen Einsaaten frostharter Gründüngungspflanzen (z. B. Klee) oder auch einjährige Arten wie Phacelia oder Kapuzinerkresse. Die am Baumstamm hochrankende Kapuzinerkresse hilft zusätzlich bei der Blattlausabwehr und ist ein reizvoller Blumenschmuck im Garten.

Obstbaumschnitt

Bei der Entscheidung für Obstgehölze sollte man sich immer darüber im klaren sein, daß die Bäume auf Betreuung und Pflege angewiesen sind. Nur wenn regelmäßig Schnittmaßnahmen durchgeführt werden, behalten Obstbäume ihre Widerstandsfähigkeit gegenüber Krankheiten, erreichen ein hohes Alter und bringen die gewünschten Erträge.

In den ersten 5 Jahren nach der Pflanzung muß unbedingt ein Erziehungsschnitt durchgeführt werden, ohne den sich kein tragfähiges Kronengerüst entwickeln kann. Danach ist ein regelmäßiger Erhaltungsschnitt erforderlich, um eine „Vergreisung" des Baumes zu verhindern. Ins Kroneninnere wachsende, zu dicht stehende, sich berührende oder kranke Zweige werden dabei entfernt. Sonnenlicht muß in das Kroneninnere dringen können. Bei einem Blick in die Krone sollten Mittelachse und Leitäste immer klar erkennbar sein. Die Notwendigkeit von Schnittmaßnahmen können Sie auch mit Hilfe einer alten „Bauernregel" feststellen, nach der eine durch die Krone geworfene Mütze immer auf der anderen Seite wieder herauskommen muß. Bleibt die Mütze im Baum, ist es an der Zeit, den Baum gründlich auszulichten.

Auch ein Verjüngungsschnitt kann bei älteren Bäumen und nachlassenden Erträgen angebracht sein. Kaum noch tra-

Alte Bäume ersetzen?

Starkwüchsige Halb- und Hochstämme können ein Alter von über 100 Jahren erreichen, der Ertrag geht aber meist schon viel eher zurück. Rechtzeitige Ersatzpflanzungen sind notwendig, aber man sollte genau prüfen, ob dafür unbedingt ein vorhandener älterer Baum gefällt werden muß. Der ökologische Wert der Obstbäume wächst mit dem Alter. Besonders die mit vielen Astlöchern und Höhlungen versehenen „Greise" unter den Obstbäumen dienen seltenen Tierarten wie dem höhlenbrütenden Steinkauz oft als letzte Zufluchtsstätte. Auch das tote Holz absterbender Bäume wird von zahllosen Kleintieren als Nahrungsgrundlage und Unterschlupf genutzt. Wenn möglich sollte also der Baum sterben können wie in der Natur. Durch Pflanzung von Kletterpflanzen kann auch ein toter Baum „belebt" werden.

gende Äste werden dabei herausgeschnitten, andere Äste und Zweige stark zurückgeschnitten, um den Baum zur Bildung von neuem Fruchtholz anzuregen.

Der günstigste Zeitraum für diese Schnittmaßnahmen beim Kernobst ist der Spätwinter (Februar bis März); in strengen Frostperioden darf allerdings nicht geschnitten werden. Ergänzende Schnittmaßnahmen zum Kronenaufbau können schon von Juli bis August durchgeführt werden (Sommerschnitt). Bei Süß- und Sauerkirschen wird auch der Auslichtungs- und Verjüngungsschnitt schon im Sommer unmittelbar nach der Ernte vorgenommen.

Günstig ist es, wenn beim Obstbaumschnitt ein Fachmann hinzugezogen werden kann, besonders beim schwierigen und wichtigen Erziehungsschnitt. Aber auch gärtnerische Laien sind durchaus in der Lage, den Schnitt nach theoretischer und praktischer Einarbeitung selbst durchzuführen. Empfehlenswert ist dazu die Teilnahme an den z. B. von Kleingartenvereinen und Volkshochschulen angebotenen Kursen.

Rasen oder Blumenwiese?

Noch vor wenigen Jahrzehnten konnte man sich im Sommer mit einem Blick über eine Wiese einen Überblick über die Vielfalt an Wiesenblumen und Schmetterlingen verschaffen. Heute finden wir die Mehrzahl der Schmetterlingsarten auf der „Roten Liste"; landwirtschaftliche Intensivierungsmaßnahmen haben Wiesenblumen verdrängt. In den Gärten setzte sich zugleich der pedantisch gepflegte englische Rasen durch – auf Kosten der heimischen Natur: Im Vergleich zum Rasen finden in einer Wiese 4mal so viele Vogelarten Nahrung. Allein etwa 1500 Insekten- und Spinnenarten sind auf Wiesen als Lebensräume angewiesen.

Mancher Naturfreund wünscht sich deshalb in seinem Garten eine Wiese, die natürlich möglichst vielfältig und bunt sein soll. Motiviert durch die Bilder in Büchern und auf Samentüten wird eine Wiese angelegt oder der Rasen nicht mehr gemäht. Leider stellt sich das gewünschte bunte Bild dann aber oft nicht ein, Enttäuschung macht sich breit. Denn die eingesäten kurzlebigen Sommerblumen verschwinden schon im zweiten Jahr wieder, da sie zur Entwicklung offenen Boden brauchen, in der dichten Grasnarbe also keine Überlebenschance haben. Gräser bestimmen deshalb das Bild vieler Wiesen. Nach einem möglichen „bunten Bild" dominiert im Sommer nach der Mahd zunächst wieder die Farbe grün, ab Spätsommer je nach Standort und Witterung auch braun. Wer sich für seinen Garten eine Wiese wünscht, darf sich also keinen Illusionen hingeben. Er sollte sich vorher sehr genau über mögliche Wege zur Wiese und die dabei ganz entscheidenden Standort- und Bodenverhältnisse informieren. Und er muß sich darüber im klaren sein, daß Wiesen nicht wie Rasenflächen intensiv genutzt werden können.

Rasen im Naturgarten

Treffen Sie bei der Anlage eines Gartens eine Entscheidung für Rasen oder Wiese, entscheiden Sie sich damit nicht zwangsläufig für oder gegen einen Naturgarten. Neben den durch das Grundstück vorgegebenen Bedingungen sollte immer die gewünschte Nutzung in den Mittelpunkt der Überlegungen gestellt werden. Auch dem Freund des naturnahen Gartens muß klar sein, daß Wiesen kaum als Spiel- und Tummelplätze geeignet sind, während die regelmäßig geschnittenen Rasenflächen vielfältige Nutzungsmöglichkeiten bieten. Starke Beanspruchung zwingt beim Rasen aber auch zu intensiven Pflegemaßnahmen. Nur durch regelmäßigen Schnitt und Düngung(!) bleibt die dichte, trittfeste Grasnarbe erhalten, werden konkurrierende Moose und Kräuter zurückgehalten.

Ein sattgrüner englischer Rasen muß es allerdings nicht sein. Wenn wir auf den Einsatz teurer „Unkrautvernichter" verzichten, kann sich auch ein Blumenrasen entwickeln. Kräuter wie Gänseblümchen (*Bellis perennis*) oder Ehrenpreis (*Veronica*) kommen selbst bei einem wöchentlichen Rasenschnitt zur Blüte. Rosettenpflanzen wie Löwenzahn und Habichtskraut haben sich an Rasenflächen gut angepaßt und können sich trotz Rasenmähereinsatz halten. Wer die erste

Wiesenstreifen schaffen harmonische Verbindungen zwischen der Gehölzpflanzung und einem Blumenrasen.

Mahd des Rasens im Frühjahr etwas hinausschiebt, kann auch noch die Blüte früher Wiesenblumen wie Schlüsselblumen oder Wiesenschaumkraut erleben, und macht damit einen ersten Schritt auf dem Weg zu einer Wiese.

Wiese ist nicht gleich Wiese

Bevor eine Wiese in einem Garten angelegt wird, ist es zweckmäßig, sich mit Wiesen in der freien Landschaft zu beschäftigen. Die meisten dieser Wiesen sind von Menschen gemachte Lebensräume, die nur durch kontinuierliche Pflege erhalten werden können. Würde man auf die regelmäßige Mahd verzichten, entwickelte sich aus der Wiese fast immer ein dichter Wald. Nur auf wenigen, sehr flachgründigen Standorten im Mittel- und Hochgebirge finden wir Naturwiesen. Diese gehören oft auch zu den besonders bunten und artenreichen Blumenwiesen – und nicht wenige Urlauber träumen dann davon, die attraktive Bergwiese in ihren Garten zu übertragen. Doch **die** Wiese gibt es nicht, immer entscheiden vor allem Bodenverhältnisse und Klima über die Zusammensetzung der Pflanzengesellschaft. Je weiter wir nach Süden kommen und je ärmer die Böden werden, desto artenreichere Wiesen treffen wir an. Den Grundstock bilden dabei

„Eine sattgrüne Augenweide, so soll der Rasen sein." (Werbespruch)

„Im Garten und Haus soll es blühen." (Volksmund)

immer Gräser, und je nach Nährstoffgehalt, Feuchte und Kalkgehalt bzw. Säuregrad des Bodens kommen mehr oder weniger Kräuter hinzu.

Viele Pflanzen haben sich dabei an ganz bestimmte Bodenverhältnisse angepaßt. In Feuchtwiesen dominieren z. B. im Frühjahr Wiesenschaumkraut (*Cardamine pratensis*), Hahnenfuß (*Ranunculus*), Sumpfdotterblume (*Caltha palustris*) und Kuckuckslichtnelke (*Lychnis flos-cuculi*). Auf besonders trockenen Böden treten statt dessen Pflanzen der Magerwiesen wie z. B. Karthäusernelke (*Dianthus carthusianorum*), Odermennig (*Agrimonia eupatoria*) oder Wiesensalbei (*Salvia pratensis*) auf, während das Bild der Fettwiesen auf frischen, nährstoffreichen Böden besonders durch starkwüchsige Gräser, im Frühjahr durch die gelben Blüten des Löwenzahns (*Taraxacum officinale*) bestimmt wird.

Neben diesen 3 beispielhaften Wiesentypen gibt es je nach Bodenverhältnissen noch eine Vielzahl weiterer Gesellschaften. Die Frage, welche Wiese sich in Ihrem Garten entwikkeln könnte, sollte also schon vorher beantwortet sein – mit Hilfe einer Bodenuntersuchung und genauer Beobachtung von Wiesen in der Umgebung. Ergebnis solcher Beobachtungen wird immer sein, daß für Ihr Vorhaben unbedingt ein sonniger Standort benötigt wird, denn nur bei weitgehender Besonnung entwickeln sich Blumenwiesen optimal und kommen wie gewünscht zur Blüte.

Vom Rasen zur Wiese

Wer ein Stück Rasen in eine Blumenwiese umwandeln möchte, braucht vor allen Dingen Geduld. Rasenflächen sind meist jahrzehntelang regelmäßig gedüngt worden, und wenn solche Flächen nun nur noch 1- bis 2mal im Jahr gemäht werden, können sich gegenüber den starkwüchsigen Gräsern nur wenige Wiesenblumen durchsetzen. Auch die Wildblumensamen aus der Samentüte haben dann meist keine Keimungs- und Entwicklungschance. Günstige Ausgangsbedingungen liegen vor, wenn es sich um einen mageren, trockenen Boden handelt und der Rasen in den letzten Jahren nicht mehr so intensiv gepflegt wurde, so daß sich schon niedrigwachsende Kräuter ausbreiten konnten.

Als erste Maßnahme muß also jegliche Düngung eingestellt werden, bei zu nährstoffreichen Böden sollte zunächst noch 3- bis 4mal im Jahr gemäht werden. Durch Entnahme des Mähgutes läßt sich so eine langsame Abmagerung erreichen. Nach einigen Jahren wird die Pflege auf 2maliges Mähen zur jeweils gleichen Zeit umgestellt. Durch natürlichen

Wildstauden für Pflanzungen in Wiesen (Auswahl)

Trockene Standorte
Schafgarbe (*Achillea millefolium*)
Odermennig (*Agrimonia eupatoria*)
Ochsenauge (*Buphthalmum salicifolium*)
Wegwarte (*Cichorium intybus*)
Karthäusernelke (*Dianthus carthusianorum*)
Heidenelke (*Dianthus deltoides*)
Labkraut (*Galium verum*)
Johanniskraut (*Hypericum perforatum*)
Acker-Witwenblume (*Knautia arvensis*)
Gemeines Leinkraut (*Linaria vulgaris*)
Wiesensalbei (*Salvia pratensis*)
Feldthymian (*Thymus serpyllum*)

Trockene und frische Standorte
Glockenblumen-Arten (*Campanula*)
Skabiosen-Flockenblume (*Centaurea scabiosa*)
Wiesen-Flockenblume (*Centaurea jacea*)
Wilde Malve (*Malva sylvestris*)
Echte Schlüsselblume (*Primula veris*)
Gemeine Braunelle (*Prunella grandiflora*)
Ziest (*Stachys officinalis*)

Frische Standorte
Wiesenmargeritte (*Chrysanthemum leucanthemum*)
Rainfarn (*Chrysanthemum vulgare*)
Wiesenkümmel (*Carum carvi*)

Feuchte Standorte
Herbstzeitlose (*Colchicum autumnale*)
Wiesenschaumkraut (*Cardamine pratensis*)
Wasserdost (*Eupatorium cannabinum*)
Mädesüß (*Filipendula ulmaria*)
Kuckuckslichtnelke (*Lychnis flos-cuculi*)
Blutweiderich (*Lythrum salicaria*)
Jakobsleiter (*Polemonium caeruleum*)
Hohe Schlüsselblume (*Primula elatior*)
Beinwell (*Symphytum officinale*)

Samenzuflug kann sich im Laufe weiterer Jahre dann die Wiesengemeinschaft entwickeln, die für diesen Standort typisch ist.

Selbstverständlich läßt sich eine solche Entwicklung auch beschleunigen. Sinnvoll ist es zum Beispiel, einige besonders attraktive (aber standortgerechte!) Wiesenkräuter als vorgezogene Einzelpflanze in einer Staudengärtnerei zu kaufen und an freigemachten Stellen in die Wiese einzusetzen. Auch frühblühende Zwiebel- und Knollenpflanzen wie Narzissen (*Narcissus*), Schneeglöckchen, Krokus (*Crocus*), Winterling oder Blausternchen können an geeigneten Stellen (am besten im Herbst) in die Wiese gepflanzt werden; sie sorgen schon im Vorfrühling für ein buntes Bild. Solche Pflanzaktionen sind besonders zweckmäßig, wenn Sie nur ein kleines Wiesenstück oder nur einen schmalen Wiesensaum am Gehölzrand anlegen wollen.

Auch durch Einsaat von Wiesenblumensamen in eine vorhandene Grasnarbe kann man die Artenvielfalt erhöhen, sofern an den Aussaatstellen die Keimungs- und Wachstumsbedingungen verbessert werden. An kleineren Stellen wird dazu die Grasnarbe umgebrochen oder ganz entfernt und die Fläche durch Sand abgemagert. Nach der Aussaat entwickeln sich „Inseln“ mit Wildkräutern, die sich im Laufe der Zeit weiter in die Wiese ausbreiten. Auch durch regelmäßige Einsätze von Vertikutiergeräten wird die Grasnarbe so aufgerissen, daß die Keimungsbedingungen für Wiesenkräuter verbessert werden (auch hier ist aber die zusätzliche Aufbringung einer dünnen Sandschicht sinnvoll).

Neuanlage von Wiesen?

Blumenwiesen können sich auf Brachflächen weitgehend selbst entwickeln, sofern die Flächen regelmäßig gemäht werden. Böden verfügen über große Samenvorräte (bis zu 50000 keimfähige Samen pro Quadratmeter), und auch viele Wiesenpflanzen sind darunter; sie „warten“ oft nur auf Umweltbedingungen, die ihnen Keimung und Wachstum ermöglichen. Grundsätzlich würde also Wachsenlassen, regelmäßiges Mähen und Warten genügen, damit sich aus Brachflächen am Haus eine Wiese entwickelt. Sofern der Boden nicht zu nährstoffreich ist, brauchen wir nur viel Geduld, um das Ziel „Blumenwiese“ zu erreichen.

Schneller kommen wir zum Ziel, wenn nach gründlicher Bodenvorbereitung eine Wiese eingesät wird. Wie mehrfach betont wurde, sollte der Boden möglichst nährstoffarm sein, muß also gegebenenfalls durch Sand, der nach Abschluß der Bauarbeiten auf fast jedem Neubaugrundstück vorhanden sein dürfte, abgemagert werden. Verdichtete Böden sind gründlich zu lockern, ein zu saurer Boden muß möglicherweise gekalkt werden. Der pH-Wert sollte bei leichten Böden zwischen 5,5 und 6,5, bei schweren Böden zwischen 6 und 7 liegen.

Die Aussaat kann grundsätzlich zwischen Anfang April und Ende September vorgenommen werden. Da eine gleichmäßige Bodenfeuchtigkeit für den Keimungserfolg sehr wichtig ist, dürfte eine Aussaat in der heißen Zeit des Jahres wenig sinnvoll sein. Viele Kräuterarten benötigen für die Keimung einen Kältereiz; ihnen wird also durch Herbstaussaat eine bessere Startchance gegeben.

Eine Saatgutmenge von 5 bis 8 g/m^2 einer geeigneten Wiesenmischung genügt. Nach vorsichtigem Einharken wird die Saat wie bei der Anlage eines Rasens sorgfältig festgetreten oder gewalzt. In den nächsten 4 bis 6 Wochen muß dann besonders darauf geachtet werden, daß der Boden gleichmäßig feucht bleibt.

Ohne Pflege keine Wiese. Die notwendige Mahd kleinerer Wiesen erfolgt am zweckmäßigsten mit der Sense. Ihre Handhabung ist einfacher, als vielfach angenommen wird!

Problem: Samenmischung

Inzwischen bietet der Handel in meist attraktiv aufgemachten Verpackungen eine große Zahl von Samenmischungen für die Anlage von Blumenwiesen an, die – das muß an dieser Stelle deutlich gesagt werden – zum großen Teil ungeeignet sind. Oftmals sind z. B. große Mengen nichtheimischer oder gezüchteter Blumenarten enthalten. Solche Samen können sehr kostengünstig in südlichen Ländern gewonnen werden, haben aber unter mitteleuropäischen Klima- und Bodenverhältnissen kaum Entwicklungschancen. Im ersten Jahr ist das Bild der angelegten Wiese zwar meist noch ausgesprochen bunt, doch im weiteren Verlauf können sich nur die heimischen, bodenständigen Arten halten. Auch die den Samenmischungen immer beigemischten einjährigen Kräuter (z. B. Kornblume oder Klatschmohn) sind nur kurze Zeit

Ohne Pflege keine Wiese

So schwer es einem fällt: Spätestens Ende Juni oder Anfang Juli, also oft auf dem Blühhöhepunkt, muß die Wiese gemäht werden. Der genaue Zeitpunkt wird auf Witterungsverhältnisse und Samenreife abgestimmt. Haben sich bestimmte Arten zu stark ausgebreitet oder treten anfangs noch ungewünschte Ruderalpflanzen auf, können diese eventuell durch eine Veränderung des Schnittzeitpunktes unterdrückt werden. Grundsätzlich muß der Mahdzeitpunkt aber alljährlich etwa gleich bleiben, denn nur so kann sich langfristig eine stabile Pflanzengesellschaft entwickeln. Ein zweiter Schnitt muß im Herbst erfolgen, spätestens bei Erreichen einer Wuchshöhe von etwa 30 cm, Ende Oktober bis Anfang November, auch um Mäusen, die im Winter beträchtliche Schäden anrichten können, keinen Unterschlupf anzubieten. Geschnitten wird jeweils am besten mit der Sense, bei größeren Flächen auch mit einem Motor-Sichelmäher, in einer Schnitthöhe von etwa 6 bis 10 cm. Das Mähgut läßt sich kompostieren, wegen der enthaltenen Samen aber besser getrennt von den übrigen Gartenabfällen.

vertreten, weil sie nur vorübergehend auf einem aufgebrochenen, gestörten Boden geeignete Keimungsbedingungen finden. Ihr Anteil an der Samenmischung sollte also nicht zu hoch sein. Geringe Mengen sind aber erwünscht, denn einjährige Arten fungieren als „Platzhalter" für Kräuter, die erst nach 2 bis 3 Jahren zur Keimung kommen.

Die Mehrzahl der angebotenen Samenmischungen zeichnet sich zudem durch einen hohen Anteil an Gräsern aus. Nach der Aussaat ist dann die Konkurrenz durch Gräser so groß, daß viele Kräuter sich nicht entwickeln können. Der Anteil von Wiesenblumen in einer Mischung sollte bei 10 bis 20 % Gewichtsanteil liegen; dabei muß es sich um heimische Arten, vor allem um ausdauernde Kräuter handeln. Solche, von anerkannten Instituten zusammengestellten Mischungen werden inzwischen im Handel angeboten (s. Anschriften Seite 278).

Wer die Artenzusammensetzung „seiner" Wiese möglichst genau steuern und auf den Standort abstimmen möchte, kann eine Samenmischung auch selbst zusammenstellen. Samen von Gräsern und Kräutern werden im Handel auch in Einzelpackungen angeboten. Gezielte Mischung von Blumensamen unter Verzicht auf Grasarten ist besonders sinnvoll, wenn nur an kleineren Stellen in der Wiese nachgesät oder ein Wildblumenbeet angelegt werden soll.

Gartenteich: Mittelpunkt im Garten

Kleine Teiche gehören zu den reizvollsten Bestandteilen unserer Gärten. Ihre Anlage ist sicher mit relativ viel Aufwand verbunden. Aber die Möglichkeiten, heimische Tiere und Pflanzen in ihrer natürlichen Umgebung beobachten zu können, lohnt die Mühe. Eine Wasserfläche im Garten ist immer ein Anziehungspunkt für Hausbewohner und Besucher.

In der freien Landschaft sind im Zuge der Flurbereinigung und anderer Eingriffe in den letzten Jahren viele tausend natürliche Kleingewässer vernichtet worden. Von den Tierarten der Feuchtbiotope mußten schon über 60 % in die „Roten Listen“ der vom Aussterben bedrohten Arten aufgenommen werden. Mit den künstlichen Teichen im Garten können diese Eingriffe natürlich nicht ausgeglichen werden. Trotzdem sind sie ein kleiner Beitrag zum Naturschutz, vor allem weil sie aufgrund der Erlebnis- und Beobachtungsmöglichkeiten als Lernort zur Vermittlung ökologischer Zusammenhänge beitragen können.

Abdichtung mit Ton oder Folie?

In den meisten Gärten ist aufgrund zu tiefer Grundwasserstände die Anlage eines natürlichen Teiches nicht möglich. Hier muß ein Versickern des Wassers durch Abdichtung des Untergrundes verhindert werden. Nach dem Vorbild der Natur kann man dabei Ton verwenden, der von Ziegeleien oder Baustoffhandlungen relativ preiswert zu beziehen ist. Die Verarbeitung ist allerdings nicht einfach, denn der Ton muß im feuchten Zustand zu einer homogenen Masse verstampft werden und in einer 20 bis 30 cm dicken Schicht die Teichsohle bedecken, damit das Wasser an keiner Stelle durchsickern kann. Praktische Erfahrungen zeigen, daß Tonabdichtungen oft keinen 100 %igen Erfolg garantieren: Die nicht immer einwandfreie Materialbeschaffenheit und eine mögliche Durchwurzelung sprechen eher dafür, auf die bewährten Teichfolien zurückzugreifen (oder den Tonteich vom Fachbetrieb anlegen zu lassen).

Die UV-beständigen PVC-Teichfolien werden inzwischen von zahlreichen Produzenten in vergleichbarer Qualität angeboten, so daß man sich für das preisgünstigste Angebot entscheiden kann, jedoch nicht die dünnste Folie wählen sollte. Damit auch stärkere Belastungen, die z. B. von Baumwurzeln ausgehen können, ohne Schaden überstanden werden, sollte die gewählte Folie eine Mindeststärke von 1 mm aufweisen.

Teichfolien können besonders billig als Rollenware bezogen werden, müssen dann aber zur passenden Form

▷ Ein kleiner Gartenteich im Querschnitt, Durchmesser etwa 3 bis 4 m. Die Pflanzzonen werden schon beim Aushub vormodelliert (s. Abb. Seite 129).

verschweißt werden. Das ist technisch zwar kein Problem, erfordert aber schon handwerkliches Geschick. Einfacher und sicherer ist es, eine Folie gegen geringe Mehrkosten in der gewünschten Form und Größe anfertigen zu lassen. Die Größe wird am besten nach Aushub der Teichmulde durch genaues Ausmessen des Profils ermittelt. Sicherheitshalber bestellt man dann eine 10 bis 20 % größere Folie.

Teichfolien sind der sehr aufwendigen, natur- und bodenfeindlichen Abdichtung mit Beton immer vorzuziehen. Auch die im Handel angebotenen vorgefertigten Kunststoffteiche sind aufgrund zu geringer Größe, meist sehr naturferner Strukturen und ausgesprochen hoher Preise nicht zu empfehlen.

Wahl des Standortes

Bei der Standortwahl muß auf eine harmonische Integration in den Garten, eine geschützte Lage und eine Mindestbesonnung von 4 bis 6 Stunden am Tag geachtet werden. Nur an überwiegend sonnigen Standorten kommt es zur optimalen Entwicklung des Teichlebens. Außerdem kann das Fallaub beschattender Bäume unerwünschte Nährstoffanreicherungen im Wasser, starkes Algenwachstum und Störungen im Sauerstoffhaushalt herbeiführen. Der Teich sollte deshalb nicht in der Nähe großer Bäume liegen.

Im Zuge der weiteren Planung werden zunächst Größe und Form des Teiches festgelegt. Sinnvoll ist es, maßstabgerechte Skizzen mit Aufsicht und Profilen sowie Angaben der verschiedenen Teichzonen und Aushubtiefen anzugeben, die als Grundlage für die praktischen Arbeiten dienen können.

Größe, Form und Profilgestaltung

Schon kleinste Wasserflächen sind eine Bereicherung im Garten. Die mit Hilfe kleinerer Behälter, ausgemeißelter Felsbrocken oder auch einer Folie hergestellten „Kleinstgewässer“ dienen vielen Tieren als Tränke und Badestelle, sind z. B. ein beliebter Treffpunkt für Vögel. Damit sich aber in einem Gewässer eine vielfältige und stabile Teichlebensgemeinschaft ansiedeln kann, brauchen wir schon eine Wasserfläche von mindestens 8 bis 10 m^2 mit einer Mindestwassertiefe von 60 bis 80 cm an der tiefsten Stelle. Nur bei einer solchen Wassertiefe können Tiere im frostfreien Grund sicher überwintern. Grundsätzlich gilt: je größer, desto besser, denn um so vielfältiger läßt sich der Teich gestalten und um so mehr Pflanzen und Tiere siedeln sich an.

Die Form des Teiches sollte man im Interesse der Vielfalt möglichst abwechslungsreich mit unregelmäßig verlaufenden

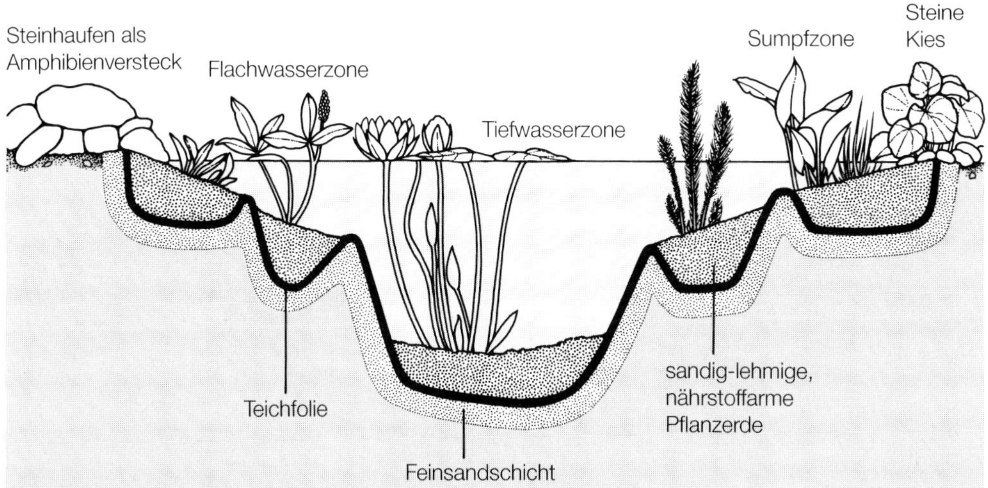

Uferlinien gestalten, im übrigen aber, soweit möglich, dem Gelände anpassen. Für die Entwicklung des Teichlebens und damit für das biologische Selbstreinigungsvermögen sind breite und flach abfallende Uferstreifen (Sumpf- und Flachwasserzone) von besonderer Bedeutung. Hier wächst die Mehrzahl unserer Sumpf- und Wasserpflanzen. Hier können Tiere in den Teich gelangen, aber auch sicher wieder herauskommen, wie z. B. Igel oder andere Kleinsäuger, die den Teich als Wasserstelle aufsuchen. In der Übergangszone zwischen „feucht" und „trocken" entwickelt sich ein besonders reges Leben.

Den breitesten Uferstreifen legt man am besten im Norden in einem sonst unzugänglichen und geschützten Bereich an. Die Uferzone wird dann gut besonnt und Beobachter müssen nicht gegen die Sonne schauen. Ein Beobachtungsplatz sollte deshalb auch an der Südseite angelegt werden.

Kleinere Teiche werden zweckmäßigerweise stufig mit Sumpfzone (0 bis 30 cm Wassertiefe), Flachzone (30 bis 50 cm) und Tiefzone (50 bis 100 cm) angelegt (s. Abb. Seite 121). Nur so kann bei einem kleinen Teich mit einem Durchmesser von nur wenigen Metern trotz der gewünschten

Graben statt Teich?

Teiche können auch in der Form eines Grabens angelegt werden; eine Gestaltungsmöglichkeit, die sich besonders für kleine Gärten anbietet. Hier läßt sich ein etwa 2 m breiter Teichgraben z. B. am Rande des Grundstücks oder entlang einer Hecke gut einfügen. Da bei einer Breite von 2 m eine Zonierung in Pflanzzonen kaum möglich ist, sollte der Graben insgesamt in verschiedene, jeweils unterschiedlich tiefe Abschnitte gegliedert werden.

Natur- oder Zierteich?

Sie beherbergen eine vielfältige Lebensgemeinschaft von Tieren und Pflanzen und sind eine Zierde für jeden Garten: naturnah angelegte Teiche. Was wir heute aber in vielen Gärten als „Teich" antreffen, hat mit Naturnähe oft nicht im entferntesten etwas zu tun, wie z. B. die Beton- oder Kunststoffteiche mit steil abfallenden Ufern und monotonen Rasenflächen in der Umgebung: Tiere, die wie der Igel Wasserstellen zum Trinken aufsuchen, werden gefährdet. Auf freien Zugang zum Wasser und Unterschlupfmöglichkeiten in der Umgebung angewiesene Amphibien können sich nicht ansiedeln, eine für das Teichleben so wichtige Sumpfzone sich nicht entwickeln. Mit einem Zierteich, den dazu gehörenden Blumenrabatten am Ufer und passenden Kunststofftieren wird kein Naturbewußtsein, sondern fehlendes Verständnis und Einfühlungsvermögen in Naturzusammenhänge zum Ausdruck gebracht!

Flachufer die nötige Wassertiefe von 60 bis 80 cm erreicht werden. Würden hier die Stufen bzw. „Pflanzbeete" fehlen, fände das eingebrachte Substrat im Uferbereich keinen Halt. Nur bei sehr großen Teichen mit ausgesprochen flachen Böschungen kann auf solche Pflanzstufen verzichtet werden.

Teichaushub und Verlegen der Folie

Teiche können grundsätzlich zu jedem Zeitpunkt außerhalb der Frostperiode angelegt werden. Das zeitige Frühjahr gilt allerdings als günstigste Zeit für die Bepflanzung.

Vor Beginn der Aushubarbeiten sollten Grundriß und Pflanzzonen entsprechend der Planskizze mit Pflöcken und Schnüren auf dem Boden markiert werden. Danach wird das Teichbett ausgehoben, wobei zugleich die Pflanzstufen modelliert werden. Am Rande der jeweiligen Stufe bleiben am besten kleine Erdwälle stehen: Sie grenzen die Pflanzzonen ab und geben später dem eingebrachten Substrat Halt. Der Bodenaushub wird 5 bis 10 cm über die vorgesehene Teichtiefe hinaus vorgenommen, da die Sohle noch mit Sand abgedeckt werden muß.

Nutzen Sie beim Aushub des Teiches die „Gunst der Stunde" und bringen Sie mit dem Bodenaushub durch Anlage einer Wallhecke oder eines Hügels weitere Abwechslung in den Garten! Ein solcher Hügel aus Rohboden kann in Teichnähe mit Steinen, Kies und Sand sehr abwechslungsreich als Trockenbiotop gestaltet und gepflanzt werden. Nährstoffreicher Mutterboden wird allerdings besser an anderer Stelle des Gartens verwendet.

Vor Verlegung der Folie muß die Oberkante der ausgehobenen Teichmulde ausgelotet werden. Dabei kann man mit einer langen Latte und einer Wasserwaage arbeiten und am Teichrand eingeschlagene Pflöcke so ausrichten, daß ihre Höhe dem gewünschten Wasserspiegelniveau entspricht. Der Uferbereich wird danach mit Erde entsprechend ausgeglichen. Das Ausloten läßt sich auch mit Hilfe der bekannten „Schlauchwaage" ausführen. Geeignet ist dafür ein normaler, besser durchsichtiger Gartenschlauch, in den an beiden Enden ein durchsichtiges Röhrchen gesteckt wird. Röhrchen oder Schlauch werden jeweils markiert. Nachdem der in der Teichmulde liegende Schlauch bis zu den Markierungen mit Wasser gefüllt ist, können mit seiner Hilfe die Ufer auf das gewünschte Wasserspiegelniveau ausgerichtet werden.

Nach Abschluß der Modellierungsarbeiten entfernt man zunächst alle scharfkantigen Gegenstände sowie herausragende Baumwurzeln aus der Mulde und trägt anschließend eine etwa 5 cm dicke „Schutzschicht" aus Sand auf. Das Einlegen der Folie wird möglichst an einem warmen Tag vorgenommen; aufgrund der höheren Geschmeidigkeit läßt sie sich dann leichter verlegen. Zwangsläufig bilden sich dabei Falten; besonders beim Bau von Kleinstteichen mit vorgegebenen Pflanzzonen ist es nicht immer einfach, damit fertig zu werden. Erleichtert wird das Verlegen, wenn die Folie an 4 „Ecken" jeweils zu größeren Falten umgeschlagen wird.

Pflanzsubstrat und Nährstoffe

Nachdem die Folie fest in die Mulde hineingedrückt wurde, können die Pflanzzonen mit Substrat angefüllt werden. Am Ufer ragt die Folie dazu zunächst noch einige Zentimenter aus dem Boden heraus. Da sie nach Flutung des Teiches noch absacken kann, wird sie erst einige Tage später etwa 1 cm über dem Boden abgeschnitten und nur behutsam mit Steinen, Kies und Erde abgedeckt. Auf diese Weise wird der Erdkontakt zwischen Teich und Umgebung fast vollständig unterbrochen und mögliche Wasserverluste lassen sich vermeiden. Das vielfach empfohlene Umlegen in einen kleinen Graben mit Abdeckung durch Erde ist bei kleinen Teichen nicht zu empfehlen. Aufgrund der dann eintretenden „Dochtwirkung" kann die trockene Umgebung dem Teich große Wassermengen entziehen und es kommt besonders in trockenen Sommern zu einem beträchtlichen Absinken des Wasserspiegels.

Abgesehen von den Schwimmpflanzen benötigen Teichpflanzen zur Verankerung der Wurzeln und als Nährstoffquelle ein Substrat. Die benötigten Nährstoffe werden allerdings ständig aus dem nährstoffreichen Wasser zugeführt, so daß eine nährstoffarme Pflanzerde genügt. Am besten verwendet man ausschließlich Sand oder ein mageres Sand-Lehm-Gemisch, eventuell unter Verwendung des ausgehobenen Rohbodens. Keinesfalls dürfen nährstoffreiche Humuserden eingebracht werden, die Nährstoffanreicherung im Wasser mit Algenmassenentwicklung und möglicherweise katastrophalen Folgen für das übrige Teichleben verursachen können. Durch Algenbildung in den ersten Jahren sollten Sie sich allerdings auch nicht verunsichern lassen, sie ist ganz normal und geht mit der Entwicklung eines stabileren Gleichgewichts im Teich zurück. Falls sich Algen zu massiv entwickeln, sollte man sie abfischen oder abharken, dabei aber auf kleine Wassertiere achten. Einsatz chemischer Mittel kann Algenprobleme keinesfalls lösen, da die Ursachen nicht bekämpft sowie Teichlebewesen (auch „Algenfresser“) gefährdet werden.

Die Flutung des Teiches wird vorsichtig von Stufe zu Stufe vorgenommen. Ein zu starkes Aufwühlen des Erdreiches läßt sich durch Befestigung des Wasserschlauches auf einem kleinen Holzbrett vermeiden.

Ufergestaltung und Bepflanzung

Besonders wichtig ist zum Abschluß der Arbeiten die möglichst vielfältige Ufergestaltung mit großen und kleinen Steinen, einem Steinhaufen (Unterschlupf für viele Tiere), totem Holz bzw. Baumstumpf, Kies- und Sandflächen sowie einem Beobachtungsplatz aus Trittsteinen oder Platten. Wasserfläche, Sumpfzone und Uferbereich werden so abwechslungsreich bepflanzt, daß sie eine harmonische Einheit bilden. Auch ein Weidengebüsch als Strauchzone an der Nordseite eines Teiches kann sinnvoll einbezogen werden.

Wer erreichen möchte, daß sich im und am Teich eine vielfältige Tierwelt ansiedelt, sollte bei der Bepflanzung heimische Pflanzen verwenden. Jede gut geführte Staudengärtnerei bietet ein reichhaltiges Angebot attraktiver Wasser- und Sumpfpflanzen an. Damit aber auch spontane Besiedlungen zwischen den sich meist sehr schnell ausbreitenden Arten möglich sind, darf man nur sparsam pflanzen. Ganz verzichten sollte man dabei auf starkwüchsige und wuchernde Arten wie Rohrkolben, Schilf und Wasserpest, weil sie mit ihrer Pflanzenmasse schnell die Verlandung kleiner Teiche herbeiführen können. Rohrkolben und Schilf lassen sich eventuell durch Pflanzkörbe in Grenzen halten. Wasserpest hingegen

▷ Auch im Kleingarten können sich kleine Teiche zu vielfältigen Lebensräumen für Amphibien und Libellen entwickeln – sofern sie naturnah angelegt und bepflanzt werden!

Wildpflanzen für den Gartenteich (Auswahl heimischer Arten, Maße in cm)

Pflanzenart	Höhe	Blüte	Wassertiefe	Bemerkungen
Uferpflanzen (für wechselfeuchte Randzone)				
Schmalblättriges Weidenröschen (*Epilobium angustifolium*)	80 – 100	purpurrot VI – VIII	–	
Wasserdost (*Eupatorium cannabinum*)	80 – 120	rosa – weiß VII – IX	–	auch für Sumpfzone
Kuckuckslichtnelke (*Lychnis flos-cuculi*)	30 – 90	rot – rosarot V – VIII	–	
Pfennigkraut (*Lysimachia nummularia*)	bis 5	gelb VI – VIII	–	immergrün, kriechend
Schlangen-Knöterich (*Polygonum bistorta*)	30 – 80	rosa V – VIII	–	bedeutende Bienenpflanze
Braunelle (*Prunella vulgaris*)	10 – 20	violett V – X	–	
Knotige Braunwurz (*Scrophularia nodosa*)	40 – 60	braun VI – VIII	–	
Trollblume (*Trollius europaeus*)	20 – 60	gelb V – VI	–	RL!, G!
Sumpfpflanzen (für Sumpf- und Flachwasserzone)				
Mädesüß (*Filipendula ulmaria*)	80 – 150	weiß VI – VIII	–	
Sibirische Schwertlilie (*Iris sibirica*)	45 – 90	blau V – VI	–	RL!, G!
Gilbweiderich (*Lysimachia vulgaris*)	60 – 100	gelb VI – VIII	–	besonders dekorativ
Sumpfvergißmeinnicht (*Myosotis palustris*)	10 – 40	himmelblau V – VII	–	
Beinwell (*Symphytum officinale*)	30 – 80	lila, weiß V – VIII	–	Heilpflanze
Sumpfsegge (*Carex gracillis*)	30 – 60	V – VII	0 – 10	
Flatterbinse (*Juncus effusus*)	20 – 60	VII – VIII	0 – 10	
Blut-Weiderich (*Lythrum salicaria*)	50 – 150	purpurrot IV – IX	0 – 10	besonders dekorativ
Sumpfdotterblume (*Caltha palustris*)	10 – 50	gelb III – VI	0 – 10	attraktiver Frühblüher
Wasser-Minze (*Mentha aquatica*)	20 – 50	hellviolett VI – X	0 – 20	Heilpflanze
Fieberklee (*Menyanthes trifoliata*)	15 – 30	weiß – zartrosa V – VI	0 – 20	RL!, G!
Froschlöffel (*Alisma plantago-aquatica*)	20 – 70	weiß, rosa VI – IX	5 – 20	
Sumpf-Schwertlilie (*Iris pseudacorus*)	50 – 100	gelb V – VI	10 – 30	besonders dekorativ, G!
Zungen-Hahnenfuß (*Ranunculus lingua*)	60 – 120	gelb VI – VIII	10 – 30	RL!, G!
Schwanenblume (*Butomus umbellatus*)	50 – 120	hellrosa VI – VIII	10 – 30	besonders dekorativ
Tannenwedel (*Hippuris vulgaris*)	10 – 40	unscheinbar V – VIII	10 – 60	gut angepaßt an Wasser-

Pfeilkraut (*Sagittaria sagittifolia*)	40 – 100	weiß VI – VIII	10 – 60	Blätter oft in Nord-Süd-Richtung („Kompaßpflanze“)
Rohrkolben (*Typha latifolia*)	100 – 250	braun VII – VIII	10 – 150	stark wuchernd (Pflanzkorb!)
Schwimmblattpflanzen	**Höhe über Wasserfläche**			
Wasserknöterich (*Polygonum amphibium*)	bis 5	rosarot VI – IX	20 – 80	gut angepaßt an Wasserstandsschwankungen
Schwimmendes Laichkraut (*Potamogetum natans*)	bis 10	grün V – VIII	30 – 100	wuchernd
Seekanne (*Nymphoides peltata*)	bis 10	gelb VII – IX	30 – 60	G!, RL!
Seerose (*Nymphaea alba*)	bis 10	weiß VI – IX	60 – 100	wuchernd, ungeeignet für kleine Teiche, G!
Gelbe Teichrose (*Nuphar lutea*)	bis 10	gelb IV – IX	60 – 150	wuchernd, ungeeignet für kleine Teiche, G!
Schwimmpflanzen				
Froschbiß (*Hydrocharis morsus-ranae*)	bis 5	weiß V – VIII	15 – 50	G!, RL!
Krebsschere (*Stratiotes aloides*)	bis 30	weiß V – VII	ab 50	halbuntergetaucht, G!, RL!
Unterwasserpflanzen				
Frühlings-Wasserstern (*Callitriche palustris*)	–	unscheinbar IV – IX	20 – 60	wurzelnd, wasserreinigend
Hornkraut (*Ceratophyllum demersum*)	–	unscheinbar IV – IX	30 – 120	wurzellos, wasserreinigend, algenhemmend
Ähriges Tausendblatt (*Myriophyllum spicatum*)	–	unscheinbar IV – IX	50 – 200	wasserreinigend, algenhemmend
Krauses Laichkraut (*Potamogetum crispus*)	–	VI – VIII	50 – 100	
Wasserschlauch (*Utricularia vulgaris*)	Blüte 15 – 35	gelb VI – VIII, (selten)	50 – 100	wurzellos, fleischfressende Pflanze, RL!, G!

RL! = in die „Rote Liste“ der gefährdeten Pflanzen in der Bundesrepublik Deutschland aufgenommen. Weitere Arten wie Schwanenblume, Seerose und Teichrose sind in regionalen „Roten Listen“ aufgeführt.

G! = nach der Bundesartenschutzverordnung geschützte Art.

kann zu einem sehr großen Problem werden. Achten Sie deshalb unbedingt darauf, daß diese Pflanze nicht mit anderen Pflanzen oder auf andere Weise eingeschleppt wird. Auch die starkwüchsigen See- und Teichrosen sind für kleine Gartenteiche eher ungeeignet.

In der frostfreien Zone sollten keine Pflanzen eingesetzt werden, da hier unsere Teichbewohner überwintern und Sauerstoff benötigen. Pflanzen würden im Winter bei einer luftundurchlässigen Eisdecke den Sauerstoff im Wasser verbrauchen, die Tiere würden gefährdet.

Entwicklung des Tierlebens im Gartenteich

Bei naturnaher Gestaltung und Bepflanzung stellen sich Tiere wie Libellen oder Wasserläufer sehr schnell von selbst ein. Auf einen Besatz kann man deshalb verzichten. Amphibien aus der freien Natur zu entnehmen, ist weder erlaubt noch sinnvoll. Amphibien haben sehr spezifische Ansprüche an verschiedene Teillebensräume (Gewässer zur Vermehrung, Wald oder Wiese als Sommerlebensraum usw.) und wandern deshalb meistens wieder ab. Sinnvoll und vertretbar ist allerdings das Impfen des Teiches mit Wasser und Schlamm aus einem anderen stehenden Gewässer. Auf diese Weise kann die Entwicklung des Kleintierlebens etwas beschleunigt werden.

Unbedingt verzichten muß man bei kleinen Gartenteichen aber auf einen Besatz mit Fischen! Fische im Teich, besonders die gefräßigen Goldfische, räumen unter den Eiern und

„Miniteiche" als Vogeltreffpunkt

Wo es an Platz für einen Teich fehlt, kann zumindest eine kleine Wasserstelle für Vögel und andere Gartentiere angelegt werden. Dabei muß man nicht unbedingt auf die teils sehr kitschigen Fertigprodukte aus dem Gartencenter zurückgreifen. Aus einem Stück Folie oder aus Ton können Vogeltränken naturnah in den Garten integriert werden. Es genügt eine Wasserfläche von 50 cm Durchmesser und etwa 5 cm Tiefe. Auch ein ausgedienter und halbierter Autoreifen kann sehr gut die Funktion einer Vogeltränke übernehmen, wenn er mit einer leichten Neigung, damit sich verschieden tiefe Bereiche ergeben, und ergänzt durch einige Sitzsteine für Vögel in den Boden eingegraben wird. Wird statt dessen ein Gartenteich angelegt, sollte man auch dabei die Singvögel nicht vergessen. Das Baden und Trinken am Teich wird ihnen erleichtert und die Gefährdung z. B. durch Katzen vermindert, wenn ein kleiner Uferabschnitt frei von Vegetation mit Sand, Kies und Steinen gestaltet wird.

Bau eines kleinen Gartenteichs (8 bis 10 m^2):Durch vormodellierte Pflanzzonen können sowohl ein flacher Uferbereich als auch eine Tiefzone für die Überwinterung von Wassertieren geschaffen werden.

Die Folie wird nach Flutung des Teiches unmittelbar über dem Substrat abgeschnitten (nicht umgelegt). So entsteht eine „Kapillarsperre" zwischen Teich und Umgebung; der Wasserentzug hält sich in Grenzen.

Der Uferbereich wird abwechslungsreich mit Steinen, totem Holz, Kies und Sand gestaltet sowie mit heimischen Wildstauden so bepflanzt, daß auch natürliche Besiedlung noch möglich bleibt.

Regenwasserrückhaltung am Haus: Mit einer Regentonne unter der Dachrinne läßt sich Gieß- und Brauchwasser für den Garten gewinnen. Der Überlauf kann zum Gartenteich geleitet werden (s. Seite 131).

Regenwasserzufluß zum Teich?

Mögliche Wasserverluste im Teich können durch Anlage eines natürlichen Zuflusses laufend ausgeglichen werden: Zwischen Regenwasserabfluß des Hauses und dem Teich wird dazu ein kleines Trockenbachbett aus Kies und Steinen angelegt. Am Haus kann zusätzlich eine Regentonne (mit Überlauf) aufgestellt werden (s. Abb. Seite 130). Auf diese Weise läßt sich Niederschlagswasser auch für die Gartenbewässerung nutzen, kostbares Trinkwasser wird eingespart, ein Beitrag zur natürlichen Wasserrückhaltung und Entlastung der Kanalisation geleistet. Das nach einer längeren Trockenzeit gesammelte Regenwasser sollte man jedoch aufgrund höherer Staub- und Schadstoffgehalte nicht im Gemüsegarten verwenden. Das Teichleben ist kaum gefährdet, da auf dem Abflußweg zum Teich durch Pflanzen und Substrate meist genügend Schadstoffe herausgefiltert werden.

Larven von Amphibien und Wasserinsekten auf. Zudem wird das Wasser durch Fischfutter und Kot überdüngt. Ein stabiles ökologisches Gleichgewicht kann sich also nicht entwickeln, Massenentwicklung von Algen ist die Folge.

Teichpflege?

Naturnahe Teiche, in denen sich ein relativ stabiles Gleichgewicht eingestellt hat, sind ausgesprochen pflegeleicht. Im Interesse der Lebewelt sollten Eingriffe auf das notwendige Maß beschränkt bleiben. Behutsame Pflege ist aber notwendig, da der Stoffkreislauf zwischen Wachstum, Pflanzensterben und Nährstoffanreicherung langsam aber sicher zur Verlandung des Teiches führt. Pflanzen, die sich zu sehr ausbreiten, werden deshalb regelmäßig ausgelichtet. Auch die langsam anwachsende Schlammschicht im Bereich der Sohle muß regelmäßig abgetragen werden. Dabei wird aber immer nur abschnittsweise und sehr behutsam gearbeitet, damit die im Schlamm lebenden und überwinternden Tiere nicht zu stark dezimiert werden.

Röhrichtpflanzen sollten im Herbst nicht abgeschnitten werden. Die Stengel können im Winter bei Eisbildung für einen minimalen Gasaustausch sorgen. Liegt im Winter Schnee auf der Eisfläche des Teiches, stellen sich die Pflanzen auf Sauerstoffatmung um; es ist daher günstig, die Schneedecke abzukehren.

„Wie ein Lebewesen durchläuft ein neugeschaffener Weiher Entwicklungsstadien und kann krank werden. Lassen wir daher die Natur walten, und greifen wir nur hier und da in Notlage ein.“ (Ernst Zimmerli).

Naturnahe Steingärten

Das Leben zwischen Steinen gehörte seit alters her zum Bild unserer Dörfer und Städte. Verfallene Gebäude wurden von Pionierpflanzen und Kleintieren „erobert“ und blieben oft lange als lebendige Ruinen erhalten. Aus Bruchsteinen aufgeschichtete Trockenmauern umgaben Bauernhöfe, Friedhöfe und Kirchen; Böschungen wurden durch solche Mauern abgestützt. Mauerpfeffer und Zimbelkraut, Zaun- und Mauereidechsen waren verbreitete Bewohner unserer Siedlungsräume – so, wie wir es noch heute in vielen Orten Südeuropas erleben können.

In unserem Land hingegen hat sich das typische Dorf- und Stadtbild in den letzten Jahrzehnten gründlich gewandelt. Gewerbe- und Wohngebiete wurden auf Kosten des „Mauerlebens“ ausgebaut. Ordnung und Sauberheit setzten sich so gründlich durch, daß selbst viele der wertvollen Bruchsteinmauern durch monotone Betonbauwerke, Zäune oder Fichtenanpflanzungen ersetzt wurden. Vor allem überzogene Straßenbaumaßnahmen forderten hier ihren Preis.

An den Häusern entstanden die als Ersatzlebensräume ungeeigneten Steingärten mit bunten Polsterstauden und Friedhofspflanzen (anstelle der auf karge Steinböden angewiesenen Überlebenskünstler), in denen die heimische Tierwelt kaum Nahrungs- und Unterschlupfmöglichkeiten findet.

Leben zwischen Steinen – Vorbild für den Garten

Bei der Anlage eines Steingartens sollten wir uns an den natürlichen Stein- und Felsstandorten orientieren. In der freien Natur treffen wir nicht nur im Hochgebirge auf das typische „Leben zwischen Steinen“. Überall dort, wo der nur dünne und magere Humusboden über dem Gestein nicht ausreicht, um einen Wald zu tragen, bilden anspruchsvolle Gräser und Kräuter als Pionierpflanzen die Vegetationsdecke (auf Kalkgestein z. B. einen Kalkmagerrasen). Ähnliche Lebensbedingungen bieten aber auch zahlreiche von Menschen geschaffene Sekundärbiotope, z. B. alte Steinbrüche und Kiesgruben, die Gemäuer verfallener Gebäude, sofern sie sich selbst überlassen bleiben, oder die schon genannten Bruchsteinmauern.

Hier leben Pflanzen, die sich durch besondere Anspruchslosigkeit auszeichnen und selbst in kleinsten Ritzen zwischen Steinen gut gedeihen. Aufgrund vieler Hohlräume sowie der Fähigkeit zur Wärmespeicherung sind Steinböden und Mauern ein geeigneter Lebensraum für Eidechsen und andere wärmeliebende Tiere. Einzeln lebende Bienen und Wespen finden zwischen den Steinen ideale Behausungen. Der für

◁ Trockenmauer aus Natursteinen, ein Lebensraum für „Überlebenskünstler“! Mauerpfeffer besiedelt auch kleinste Mauerritzen, Pflanzen der Magerrasen (Schafgarbe, Gräser) breiten sich auf der Mauer aus.

diese Magerstandorte typische Blütenreichtum lockt blütenbesuchende Insekten an. Laufkäfer, Kröten, Spitzmäuse, Mauswiesel und viele andere Tiere, die als „Schädlingsbekämpfer" zur Stabilität des ökologischen Gleichgewichts im Garten beitragen, können sich in den Ritzen und Höhlungen verbergen.

Steingärten naturnah gestalten

Im Gegensatz zu den kargen Lebensbedingungen dieser Steinbiotope haben wir es in unseren Gärten in der Regel mit einem humusreichen, fruchtbaren Gartenboden zu tun. Wer hier einen Steingarten anlegen will, sollte sich diese Entscheidung genau überlegen. Denn ohne Eingriffe in die natürlichen Standortbedingungen und ohne beträchtlichen Aufwand kann der gewünschte „Lebensraum für Überlebenskünstler" meist nicht realisiert werden! Mit Nachdruck muß darauf hingewiesen werden, daß es keinesfalls genügt, einzelne Natursteine auf einem humusreichen Gartenboden zu verteilen. Die anspruchslosen Pflanzen der Magerstandorte haben zwischen den Steinen selbst dann kaum eine Überlebenschance, wenn sie durch intensive Pflege vor der starkwüchsigen Konkurrenz geschützt werden.

Naturnahe Steingärten hingegen bestehen aus einem steinigen, wasserdurchlässigen, humus- und nährstoffarmen Boden, auf dem sich typische Gartenwildkräuter wie die Große Brennessel (*Urtica dioica*) oder Giersch (*Aegopodium podagraria*) aufgrund der kargen Lebensbedingungen nicht ausbreiten können. Steine liegen dabei nicht, wie in vielen „Steingärten" zu beobachten, auf dem Boden herum, sondern sind wie in der Natur Teil des Bodens. Sollen solche Standortverhältnisse auf einem vorhandenen Gartenboden geschaffen werden, muß die Gesteinsschicht so mächtig sein, daß der darunter liegende Gartenboden von krautigen Pflanzen nicht mehr erreicht werden kann.

Praktische Möglichkeiten

Je nach Lage des Gartens und vorhandenem Material gibt es viele Möglichkeiten, naturnahe Steingärten anzulegen. Ähnlich den alten Bruchsteinmauern an Bauernhöfen und Kirchen können Natursteine zu einer freistehenden Trockenmauer aufgeschichtet werden. Solche Mauern können Gärten gliedern oder zur Straße hin abgrenzen. Böschungen an einer Terrasse lassen sich durch ähnlich gebaute Stützmauern absichern. Abfallendes Gelände kann durch Stützmauern abgestuft und gegliedert werden. In solchen Situationen ist ein Mauerwerk aus Natursteinen eine lebendige Alternative zu den häufig für Böschungssicherungen verwendeten Bahnschwellen oder Waschbetonplatten.

Fehlt es an Material und Platz, kann schon mit einem Steinhügel oder einem locker aufgeschichteten Haufen von aufgelesenen Steinen viel „Mauerleben“ in den Garten hineingebracht werden.

Ein „Schutthaufen“ als Steingarten?

Den Garten als Bauschuttdeponie mißbrauchen? Jeder Gartenbesitzer würde sich mit Recht wehren, wenn er auf seinem Grundstück zur Lösung der Müllprobleme beitragen sollte. Und doch kann das bei Abbrucharbeiten anfallende Gesteinsmaterial bei der Anlage von Steingärten von großem Wert sein. Als kalkhaltiges Lockergestein bietet sich Bauschutt für die gewünschte Ansiedlung von Steingartenpflanzen geradezu an. Es genügt schon, einen Hügel aus Bauschutt aufzuschütten und sich selbst zu überlassen. Sehr schnell werden die Ritzen und Spalten von kalkliebenden Pionierpflanzen „erobert“ und im Laufe der Zeit kann sich ein ausgesprochen bunter Steingarten daraus entwickeln. Auch die Lücken zwischen den Steinen werden schnell von Kleintieren besiedelt.

Natürlich kann ein Schutthügel im Garten anfangs auch zu einem „Stein des Anstoßes“ werden. Möglicherweise wird sich nicht jeder Nachbar und nicht jedes Familienmitglied mit der Optik eines solchen Steingartens anfreunden können. Erwarten Sie solche Probleme oder gehören Sie selbst eher zu den Skeptikern, so können Sie die Oberfläche des Schutthügels auch mit Natursteinen, Kies, Schotter und etwas nährstoffarmem Rohboden sowie einer Bepflanzung abwechslungsreich und ansprechend gestalten. Bei der Gestaltung eines Steinhügels können Kreativität und Einfühlungsvermögen voll entfaltet werden! An den Böschungen läßt sich zusätzlich abschnittsweise Trockenmauerwerk, eventuell mit Abbruchziegeln, aufschichten. Spätestens nach Ausbreitung der blütenreichen Vegetation wird sich so der „Stein des Anstoßes“ zu einer optischen Attraktion entwickeln, und anfängliches Kopfschütteln verwandelt sich in Begeisterung.

Bau von Trockenmauern

Bei der Aufschichtung von Trockenmauern lassen sich am besten von Natur aus plattenartige Steine verschiedenster Größe verarbeiten (Sandstein, Kalkstein). Aber auch andere Gesteinsarten können vom Baustoffhandel oder Steinbruch in entsprechender Form bezogen werden. Für Mauerfüllungen und Dränageschichten benötigt man des weiteren grobes

△ Der Steinhügel mit Stützmauer aus Natursteinen ist ein Standort für Mauerpfeffer, Karthäusernelke und andere Pflanzenarten der Magerrasen.

◁ Aufschichtung einer Stützmauer: Hinter den Steinen muß als „Dränage" Lockergestein eingebracht werden.

und feines Gesteinsmaterial. Gut geeignet für Füllungen ist neben Kies, großen und kleinen Steinen besonders Bauschutt. Schon bei der Planung einer Trockenmauer sollte man berücksichtigen, daß meist recht große Mengen Steine beschafft, transportiert und verarbeitet werden müssen: Für eine 2 m lange und 1 m hohe, freistehende Mauer benötigt man für Schichtung und Füllung etwa 1 Tonne Gesteinsmaterial!

Beim Aufschichten werden Bindemittel wie Zement oder Kalk nicht verwendet. Um der Mauer trotzdem eine hohe Stabilität zu verschaffen, sollten die folgenden Anregungen beachtet werden:

– Bei der ersten „Bauphase" wird nach dem Erdaushub ein Fundament aus einer mindestens 20 cm tiefen Kies- oder Schotterschicht eingebracht. Auf diese Weise kann Wasser leichter versickern und im Winter wird ein mögliches „Auffrieren" der Mauer verhindert.

– Die Aufschichtung der Steine erfolgt nach innen hin mit einer leichten Neigung von 10 bis 20 %. Die Steine werden dabei sorgfältig ihrer Form entsprechend eingepaßt.

Mit geringen Mengen lehmiger Erde (Rohboden) als Fugen-

Mit Stützmauern lassen sich Böschungen naturnah absichern. Eine 10 bis 20%ige Neigung und das dränierende Lockergestein hinter den aufgeschichteten Steinen sorgen für eine hohe Stabilität. Eventuell können noch zusätzlich im Mauerfuß eingebaute Dränagerohre den Wasserabfluß verbessern.

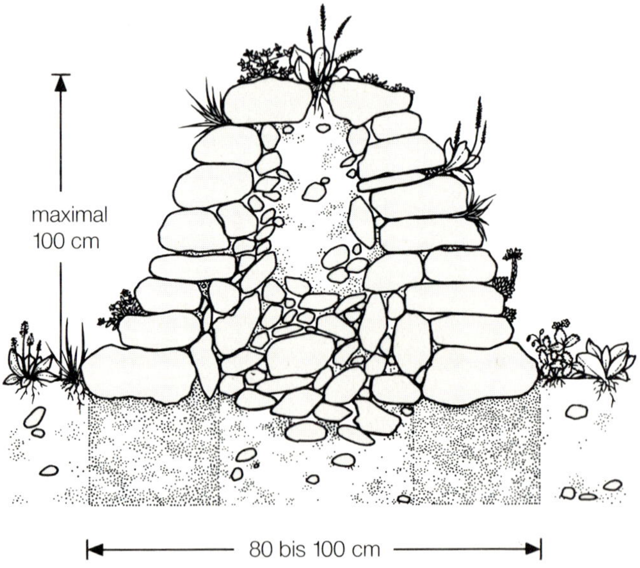

Freistehende Trockenmauern können Gärten abgrenzen oder gliedern. Im Innern sollten Höhlen für Tiere mit eingebaut werden. Die Füllung besteht vor allem aus grobem Schotter, Kies oder Bauschutt.

füller lassen sich dabei Unebenheiten ausgleichen. Im Interesse der Tierwelt müssen aber genügend Zwischenräume frei von Erde bleiben. Im Inneren der Mauer lassen sich mit Steinplatten größere Höhlen als Unterschlupf für Tiere einbauen, wobei Lücken im Mauerwerk als Zugangsmöglichkeit offen bleiben.

– Abfließendes Oberflächen- und Sickerwasser kann eine Trockenmauer schnell zerstören. Deshalb wird hinter dem Mauerwerk immer eine dränierende Lockergesteinsschicht aus Kies oder Bauschutt eingebracht.

– Weder auf der Mauer noch vor einer Mauer sollte nährstoffreicher Mutterboden vorhanden sein. Nur bei Verwendung magerer Substrate (Kies, Sand, Steine, Schotter) erhält die typische Mauervegetation eine Chance und nur so wird verhindert, daß die Gesteinsflächen von starkwüchsigen „Unkräutern", die hier tatsächlich unerwünscht sind, besiedelt werden.

Bepflanzung von Steingärten

Im naturnahen Garten versuchen wir, durch Anlage entsprechender Lebensräume besonders heimische Pflanzenarten anzusiedeln. Die Besiedlung von Gesteinsflächen können wir dabei auch völlig der Natur überlassen – gerade die Beobachtung der langsamen „Eroberung" der Mauer oder des Steinhügels durch heimische Pflanzen der Umgebung kann sehr interessant und spannend sein. Fehlt dafür die Geduld oder besteht eine Vorliebe für bestimmte Pflanzenarten (die zwar für den Standort typisch sind, aber bei der spontanen Besiedlung ausbleiben), kann natürlich auch durch Pflanzung oder Aussaat nachgeholfen werden. Dabei sollten aber im Interesse der darauf angewiesenen Tierwelt immer auch Gesteinsflächen völlig frei von Bepflanzungen bleiben.

Unbedingt verzichten muß man auf eine massenhafte Anpflanzung der häufigen „Steingartenpflanzen", die durch Wuchsstärke und Farbenpracht heimische Arten verdrängen. Die hier empfohlenen Wildpflanzen können als Samen oder Pflanzen über den Fachhandel beschafft werden, sind nicht nur anspruchslos und robust, sondern auch eine optische Bereicherung eines jeden Gartens. Sie dürfen aber auf keinen Fall – soweit vorkommend – der Natur entnommen werden.

Wildpflanzen für Steingärten (Auswahl)

Pflanzenart	Durchschnittliche Höhe (cm) Wuchsverhalten	Blüte	Bodenansprüche (grundsätzlich durchlässige Gesteinsböden)	Standort Mauerfugen	Mauerkrone, Steinhügel	Sonstiges
Sonnige Standorte						
Odermennig (*Agrimonia eupatoria*)	50	gelb VI – VIII	trocken, mager kalkhaltig		●	
Silberdistel (*Carlina acaulis*)	10	silberweiß VII – IX	frisch, warm, kalkhaltig		●	kurzlebig, versamend, G!
Skabiosen-Flockenblume (*Centaurea scabiosa*)	70	purpurrot VI – IX	trocken, kalkhaltig		●	
Spornblume (*Centrantus ruber*)	60	karminrosa VI – VIII	kalkhaltig, warm, trocken-frisch		●	Heimat Südeuropa, Schmetterlingspflanze
Karthäusernelke (*Dianthus carthusianorum*)	40	purpurrot VI – IX	trocken, warm, kalkhaltig		●	G!
Heidenelke (*Dianthus deltoides*)	15	rosa VI – IX	trocken-frisch, kalkarm		●	G!
Hungerblümchen (*Draba aizoides*)	10 polsterbildend	goldgelb IV – V	trocken, kalkhaltig	●	●	Heimat Kaukasus, Kleinasien
Natternkopf (*Echium vulgare*)	70	blau V – X	trocken		●	Pionierpflanze
Sonnenröschen (*Helianthemum nummularium*)	15	gelb IV – IX	trocken		●	Halbstrauch
Johanniskraut (*Hypericum perforatum*)	50	gelb VII – IX	trocken-frisch		●	Pionierpflanze
Ysop (*Hyssopus officinalis*)	60	violett VII – IX	trocken, warm		●	Gewürz- und Bienenpflanze, Heimat Mittelmeer
Lavendel (*Lavandula angustifolia*)	40	blau-violett VI – VII	trocken, warm, mäßig nährstoffreich		●	Kleinstrauch, Heimat Mittelmeer
Katzenminze (*Nepeta cataria*)	70	weiß VI – IX	trocken, warm, nährstoffreich		●	Falter- und Bienenpflanze, starke Ausbreitung
Dost (*Origanum vulgare*)	40	rosa, lila VI – IX	trocken, warm		●	Gewürz- und Bienenpflanze
Nachtkerze (*Oenothera missouriensis*)	20 rasenbildend	hellgelb VI – IX	trocken		●	Heimat USA
Sandfingerkraut	10	gelb	sehr trocken		●	

(*Pulsatilla vulgaris*)		III – IV	warm			G!
Scharfer Mauerpfeffer (*Sedum acre*)	5 polsterartig	gelb VI – VIII	trocken, mager, flachgründig	●	●	Pionierrasenpflanze
Weißer Mauerpfeffer (*Sedum album*)	10 rasig	weiß VI – VIII	sehr trocken, mager, flachgründig	●	●	Pionierrasenpflanze
Milder Mauerpfeffer (*Sedum sexangulare*)	5 polsterartig	gelb VI – VIII	trocken, kalkhaltig	●	●	Pionierrasenpflanze
Purpurrote Fetthenne (*Sedum telephinum*)	40	purpurrot VII – IX	trocken-frisch		●	wertvolle Schmetterlings-pflanze
Echte Hauswurz (*Sempervivum tectorum*)	10 rosettenartig	hellviolett VII – IX	sehr trocken, flachgründig	●	●	Felsspaltenbewohner, G!
Kriechender Thymian (*Thymus serphyllum*)	5 kriechend	purpurrosa V – IX	trocken, mager, sandig		●	Pionierpflanze, teppichbildend
Ähriger Ehrenpreis (*Veronica spicata*)	30	lila VII – VIII	trocken, humos		●	G!
Schattige und halbschattige Standorte						
Gänsekresse (*Arabis procurrens*)	15 teppichartig	weiß IV – V	trocken-frisch		●	auch für sonnige Plätze, starke Ausbreitung, Heimat: Balkan, Karpaten
Braunstieliger Streifenfarn (*Asplenium trichomanes*)	10 rasig		feuchte Spalten kalkhaltig	●		RL!
Gelber Lerchensporn (*Corydalis lutea*)	25	gelb V – IX	frisch, humos		●	Heimat: Südosteuropa
Zimbelkraut (*Cymbalaria muralis*)	10 kriechend	lila VI – IX	trocken, kalkhaltig	●		auch für sonnige Plätze
Ruprechtskraut (*Geranium robertianum*)	30	karminrosa V – X	anspruchslos	●	●	einjährig, versamend
Moossteinbrech (*Saxifraga hypnoides*)	5 mattenartig	weiß V – VI	frisch	●	●	Heimat Nordwesteuropa
Porzellanblümchen (*Saxifraga umbrosa*)	30 polsterartig	weiß, rosa V – VI	frisch, humos		●	Heimat Pyrenäen, Nordspanien

Anmerkungen: Soweit in der Rubrik „Sonstiges" nicht anders angegeben, handelt es sich um in Mitteleuropa beheimatete Wildstauden, zum Teil um Arten aus dem Mittel- und Hochgebirge, deren Ansiedlung im Garten bei entsprechenden Standortbedingungen möglich ist. Natürlicher Lebensraum ist bei den lichtliebenden Arten vielfach ein Kalkmagerrasen oder eine Magerwiese.
RL! = auf der „Roten Liste" der bedrohten Arten der Bundesrepublik. G! = nach der Bundesartenschutzverordnung geschützte Art.
Weitgehend unberücksichtigt blieben Pflanzen der „Mauerfußgesellschaft" wie Schöllkraut, Schwarznessel, Guter Heinrich oder Wegmalve, da sie sich in jedem Garten selbst ansiedeln dürften. Auch der Bereich vor einer Mauer sollte also immer naturnah belassen bleiben!

Küchenkräuter

Seit vielen Jahrhunderten gehören sie zu den beliebtesten Kulturpflanzen. Heil- und Gewürzkräuter wurden schon in den Gärten alter Hochkulturen und später in mittelalterlichen Kloster- und Bauerngärten angebaut. Erst ab dem 19. Jahrhundert geriet ihr Wert in Vergessenheit, nachdem sich auf dem Markt industriell produzierte Nahrungs- und Arzneimittel durchgesetzt hatten. In den Gärten wurden die „alten" Kräuter durch „moderne" Zierpflanzen wie Zwergkoniferen oder Rhododendron verdrängt. Diese Entwicklung ist ausgesprochen bedauerlich, können doch unsere Heil- und Gewürzpflanzen im Garten ausgesprochen vielfältig eingesetzt werden.

Eine Fläche von wenigen Quadratmetern genügt, um den Haushalt ganzjährig mit frischen Gewürzkräutern zu versorgen. Besonders im Frühling sind Kräuter willkommene Vitamin- und Mineralstoffspender, mit denen sich zahlreiche Speisen geschmacklich abrunden lassen. Frisch geerntet zeichnen sie sich durch besonders hohe Gehalte an wertvollen Inhaltsstoffen und intensive Würzkraft aus. Viele Gewürzpflanzen sind gleichzeitig auch Heilpflanzen, denen ätherische Öle, Gerb- und Bitterstoffe einen arttypischen Geschmack und Duft verleihen.

Der von uns wohltuend empfundene Duft vieler Kräuter lockt auch blütenbesuchende Insekten an. Kräuter wie Lavendel, Dost, Boretsch oder Thymian sind eine wichtige Nahrungsquelle für Bienen und Schwebfliegen. Dost gilt als besonders wertvolle Schmetterlingspflanze. In Mischkulturen kann die Duftwirkung von Kräutern aber auch dazu beitragen, Schadinsekten abzuwehren (s. Seite 196). Einjährige Kräuter wie Bohnenkraut oder Dill können dabei in Gemüsereihen gesät, während mehrjährige Stauden als Abwehrpflanzen an den Rand eines Gemüsebeetes gepflanzt werden. Eberraute oder Thymian lassen sich sehr schön als heckenartige Beeteinfassung anpflanzen.

Auch an vielen anderen Stellen eines Naturgartens findet sich für Küchenkräuter ein Platz. Anspruchslose und wärmeliebende Arten gedeihen z. B. hervorragend auf Trockenmauern und Steinhügeln (s. Seite 139), feuchtigkeitsliebende Arten wie Beinwell (*Symphytum officinale*) oder Baldrian (*Valeriana officinalis*) am Teich. Viele Arten gehören zu den attraktiven Blütenpflanzen und können deshalb sehr gut in ein Blumenbeet integriert werden. Starkwüchsige Wildkräuter – wie Beifuß oder Große Brennessel (!) wachsen hingegen am besten in einer „wilden" Ecke des Gartens. Weitere

Verwendung von Kräutern im Garten

Standort	Besonders geeignete Kräuterarten
Gemüsebeet (in Mischkulturen)	Bohnenkraut, Dill, Boretsch, Basilikum, Ringelblume, Kerbel
Gemüsegarten (Randpflanzung)	Pfefferminze, Thymian, Lavendel, Schnittlauch, Petersilie, Fenchel, Dost, Salbei, Majoran, Rosmarin, Pimpinelle u. a.
Beeteinfassungen	Eberraute, Thymian, Lavendel
Blumenbeete, Staudenbeete	Ysop, Weinraute, Salbei, Lavendel, Johanniskraut, Boretsch, Ringelblume, Alant, Dost
Trockenmauern, Steinhügel	Majoran, Thymian, Salbei, Lavendel, Katzenminze, Johanniskraut, Rosmarin
Rosenbeete	Thymian, Majoran, Lavendel
Gehölz, Hecken	Waldmeister
Baumscheiben	Kapuzinerkresse
Teichufer	Beinwell, Wasserminze, Baldrian
Wilde Ecke, Gehölzrand	Brennessel, Beifuß, Kamille, Dost
Besonderer Platz (unverträglich mit vielen anderen Kräutern und Kulturpflanzen)	Liebstöckel, Estragon, Wermut

mögliche Standorte von Kräutern werden in der Übersicht angegeben. In nahezu jedem Garten dürfte sich also ein Ort finden lassen, an dem Küchenkräuter wachsen können. Gerade in kleineren Gärten sollte man von diesen vielfältigen Verwendungsmöglichkeiten Gebrauch machen und eventuell auf ein eigenes Kräuterbeet verzichten. Um Kräuter anzubauen genügt schon ein Balkon, denn die meisten Arten können auch erfolgreich in Blumentöpfen oder Balkonkästen herangezogen werden.

Standortansprüche

Je nach Herkunft und natürlichem Lebensraum unterscheiden sich unsere Küchenkräuter in ihren Standortansprüchen. Die meisten der in Gärten angebauten Kräuter stammen aus der Mittelmeerregion, gedeihen dort oft auf sehr kargen, aber durchlässigen und meist kalkhaltigen Böden. Aufgrund ihres großen Wärmebedürfnisses benötigen diese Arten in unserem Garten einen sonnigen und geschützten Standort und kommen meist auch mit trockenen Böden gut zurecht. In einem „normalen", d. h. humosen, durchlässigen und kalkhaltigen Gartenboden wachsen sie recht gut, während schwere Böden unbedingt mit Sand verbessert werden sollten. Keinesfalls darf mit mineralischen Stickstoffdüngemitteln gedüngt werden: Forciertes Wachstum mit der Entwicklung großer Blattmasse hat immer Verluste der Duft- und Würzwirkung und geringere Gehalte wertvoller Inhaltsstoffe zur Folge. Ärmere Böden werden statt dessen besser durch behutsame Kompostgaben aufgebessert. In Mitteleuropa heimische bzw. von heimischen Pflanzen abstammende Kräuter wie Beifuß, Schnittlauch, Kümmel, Pfefferminze oder Wermut zeichnen sich demgegenüber durch geringere Wärme- und Lichtbedürfnisse aus, können meist auch in halbschattigen Lagen mit Erfolg angezogen werden. Sie haben allerdings überwiegend einen höheren Nährstoff- und Feuchtebedarf (s. Tab. Seite 146).

Keinesfalls dürfen Küchenkräuter einer möglichen Staub- und Schadstoffbelastung ausgesetzt sein, also nicht in der Nähe einer Straße oder anderer Emissionsquellen angebaut werden. Kräutergärten in der Stadt sollte man deshalb durch eine schützende Hecke abgrenzen.

Anlage eines Kräuterbeetes

Der Kräuterbedarf im Haushalt läßt sich auf bequeme Weise durch ein in Hausnähe angelegtes Kräuterbeet decken. Standorte an der Südseite des Hauses kommen dem Wärmebedürfnis vieler Kräuter sehr entgegen, zumal die Hauswand durch Reflexion und Speicherung von Wärme für ein ausgesprochen mildes Kleinklima sorgt. Diese Wirkung kann durch einzelne im Beet verteilte Steine noch verstärkt werden. Handelt es sich um kalkhaltige Steine, wird zugleich für eine dauerhafte Kalkversorgung der überwiegend kalkliebenden Kräuter gesorgt. Andernfalls muß der Boden eventuell gekalkt werden.

Die Vorbereitungen zur Anlage eines Kräuterbeetes trifft man am besten im Herbst. Stauden können noch im Herbst, aber auch im zeitigen Frühjahr gepflanzt werden. Sie sollten alle 3 bis 5 Jahre einen neuen Standort erhalten, während ein- und zweijährige Kräuter im Frühjahr jeweils an einem anderen Platz ausgesät werden. Die Zusammenstellung der Arten im Kräuterbeet richtet sich vor allem nach der Größe und den Lichtansprüchen, d. h. die besonders hohen Arten kommen immer an die Nordseite. Wuchsstarke Stauden werden in Abständen von mindestens 30 bis 40 cm gepflanzt, damit sie sich optimal entwickeln können. Freiflächen lassen sich vorwiegend für Einjährige nutzen.

Als Küchenkraut, Bienenpflanze, Sommerblume und Duftpflanze im Mischkultur-Gemüsebeet ist der Boretsch ein Beispiel für die vielfältige Verwendung von Gewürzpflanzen im Garten.

Kräuterspirale: Für jedes Kraut der optimale Platz!

Durch Bau einer Kräuterspirale können sehr verschiedenartige Standortverhältnisse an einem Ort geschaffen werden. Es entsteht ein Beet mit unterschiedlichen Kleinklimazonen und Böden, in dem fast alle Kräuterarten einen geeigneten Platz finden. Zugleich bietet eine solche spiralförmig aufgeschichtete Trockenmauer auch vielen typischen Mauerpflanzen und wärmeliebenden Kleintieren einen Lebensraum. Wer den ersten Schritt zur naturnahen Umgestaltung eines Gartens und zugleich zur Selbstversorgung gehen möchte, sollte vielleicht mit einer Kräuterspirale beginnen.

Kräuterspiralen brauchen einen sonnigen Platz, möglichst in Hausnähe. Ein Standort unterhalb einer Terrasse ist z. B. recht günstig. Benötigt wird eine kreisförmige Fläche mit einem Durchmesser von 2,5 bis 3 m. Vor Baubeginn wird vorhandener Mutterboden etwa spatentief abgegraben und der Grundriss abgesteckt (ausgehend von einem kleinen Teich auf der Südseite, s. Abb. Seite 149). Wie bei einer freistehenden Trockenmauer werden dann die Natursteine, eventuell auch Abbruchziegel, ohne Mörtel aufgeschichtet und von innen jeweils mit Gesteinsmaterial angefüllt. In der Mitte kann die Spirale eine Höhe von etwa 80 cm erreichen. Als Füllma-

Küchen- und Heilkräuter im Naturgarten (Auswahl)

	Standortansprüche Licht	Boden	**Wuchshöhe (cm)**	**Vermehrung** A: Aussaat S: Steckling T: Teilung W: Wurzelausläufer	**Ernte**	**Verwendung** D: Duft W: Würze A: Arznei	**Nahrungspflanze für Blütenbesucher**	**Sonstiges**
Einjährige Kräuter								
Basilikum	○	locker, humos	15 – 60	A ab V	VI – VIII	W	X	Lichtkeimer
Bohnenkraut	○	anspruchslos	20 – 40	A ab IV	V – VIII	W (Bohnen, Suppen), A	X	Lichtkeimer
Boretsch	○ – ◐	anspruchslos	60 – 80	A ab IV	V – IX	W (Salat, Quark), A	X (Bienen!)	selbstversamend
Dill	○	warm, kalkhaltig	50 – 120	A ab IV	VI – IX	W (helle Soßen)		Lichtkeimer, Ernte vor der Blüte
Kamille	○	anspruchslos	20 – 50	A ab IV	V – X	D, A	X	
Kapuzinerkresse	○ – ◐	anspruchslos	–	A ab IV	VI – IX	W (Salat)		Kletterpflanze (Kletterhilfe)
Kerbel	◐	frisch-feucht	30 – 50	A ab III	V – X	W (helle Soßen)	X	selbstversamend
Majoran	○	warm, locker	30 – 40	A ab V	VII – IX	W (Leberwurst), D, A	X	Ernte vor der Blüte
Ringelblume	○	anspruchslos	30 – 40	A ab III	VI – VIII	A (Tee, Salben)	X	selbstversamend
Zweijährige Kräuter								
Kümmel	○	tiefgründig, feucht	30 – 60	A ab IV	VI – IX	W (Brot, Kraut), A		Lichtkeimer
Petersilie	◐	humos, frisch	10 – 20	A ab III	IV – XII	W		
Mehrjährige Kräuter								
Beifuß	○ – ◐	anspruchslos	30 – 60	A ab IV T	VI – X	W (fette Fleischspeisen), A		
Beinwell	○ – ●	feucht	50 – 100	T	IV – VI	W (Salat), A	X	
Dost (Oregano)	○	warm, kalkhaltig, trocken	20 – 50	A ab V, T, W	VII – X	W (Pizza, Fleisch), D, A	X (Hummeln, Schmetter-	Winterschutz erforderlich

		haltig, trocken						
Estragon	○ – ◐	warm, frisch	60 – 100	W	V – IX	W (Tomaten, Fisch), D, A		
Fenchel	○	humos, kalkhaltig, frisch	80 – 200	A ab IV	VIII – IX	W (Kuchen, Salat, Gemüse), A	X	
Lavendel	○	trocken	30 – 60	A ab V, S	VII – VIII	W (Eintopf- und Wildgerichte), D, A	X (Hummeln!)	als Arznei vor Blüte ernten, Winterschutz
Liebstöckel	○ – ●	frisch, humos	80 – 150	A, T	V – X	W (Suppen)		
Meerrettich	○ – ◐	frisch, tiefgründig	50 – 120	A ab III, W	XII – III	W (Remoulade), A		Wurzelausläufer des Vorjahres pflanzen
Melisse, Zitronenmelisse	○ – ◐	humos, nährstoffreich	60 – 80	A, T, W	V – IX	W, D	X (Bienen!)	
Pfefferminze	○ – ◐	humos, feucht	40 – 80	W	VI – X	W (Kartoffel, Gelees), D, A	X	wuchernd, alle 2 bis 3 verjüngen
Pimpinelle, Bibernelle	○	anspruchslos	30 – 60	A ab V, A	V – X	W (Salat)	X	
Rosmarin	○	humos, kalkhaltig, locker	40 – 80	S	IV – VI	W (Gemüse, Suppen), D, A	X	im Haus überwintern
Salbei	○	humos, locker	40 – 70	S, T	VI – X	W (Wildgerichte, Kalbfleisch), D, A	X	
Schnittlauch	○ – ●	kalkhaltig, frisch-feucht	20 – 30	A ab III, T	IV – X	W		
Thymian-Arten	○	kalkhaltig, trocken	10 – 30	A, T, S	V – VII	W, D, A	X	Winterschutz
Waldmeister	◐ – ●	frisch, locker	10 – 30	T	III – IX	W (Bowle), D, A		Bodendecker unter Gehölzen
Wermut	○	anspruchslos	80 – 100	A, T	V – VIII	A		
Ysop	○	trocken, locker	40 – 80	T, S	VII – X	W (Saucen), D, A	X	

○ = sonnig, ◐ = halbschattig, ● = schattig

Auf der Kräuterspirale findet jedes Kraut einen optimalen Platz.

▷ Aufbau und Bepflanzung einer Kräuterspirale aus Natursteinen. Die Steine werden auf einem Schotter- oder Kiesfundament wie bei einer Trockenmauer aufgeschichtet und innen mit Lockergestein angefüllt.

terial ist kalkhaltiger Bauschutt besonders gut geeignet, da viele Kräuter kalkhaltige Böden bevorzugen. Mit Hilfe größerer Steinplatten können dabei auch Höhlen für Kleintiere eingebaut werden, die über Mauerritzen von außen zugänglich sein sollten.

Abschließend wird das Gestein mit verschiedenen Pflanzsubstraten etwa 20 cm dick abgedeckt. Für den oberen Bereich genügt dabei ein mageres Gemisch aus Kies, Sand und Gartenerde. Weiter abwärts bis zum Teich wird der Sandanteil immer weiter reduziert, der Humusanteil (Gartenerde und Kompost) zunehmend erhöht. Im Umkreis der Spirale sollte ein etwa 50 cm breiter Streifen bis an die Trockenmauer mit Schotter oder Kies abgedeckt und damit begehbar gemacht werden. So verhindert man, daß sich Wildkräuter zu stark ausbreiten und die Gesteinsflächen von außen zuwuchern. An einzelnen Stellen können aber auch durchaus mit etwas Humusboden Ansiedlungsmöglichkeiten für Pflanzen der „Mauerfuß-Gesellschaft“ geschaffen werden wie Wegmalve (*Malva neglecta*), Guter Heinrich (*Chenopodium bonus-henricus*) oder Schöllkraut (*Chelidonium majus*), Wildpflanzen also, die auch als Heilkräuter bedeutsam sind.

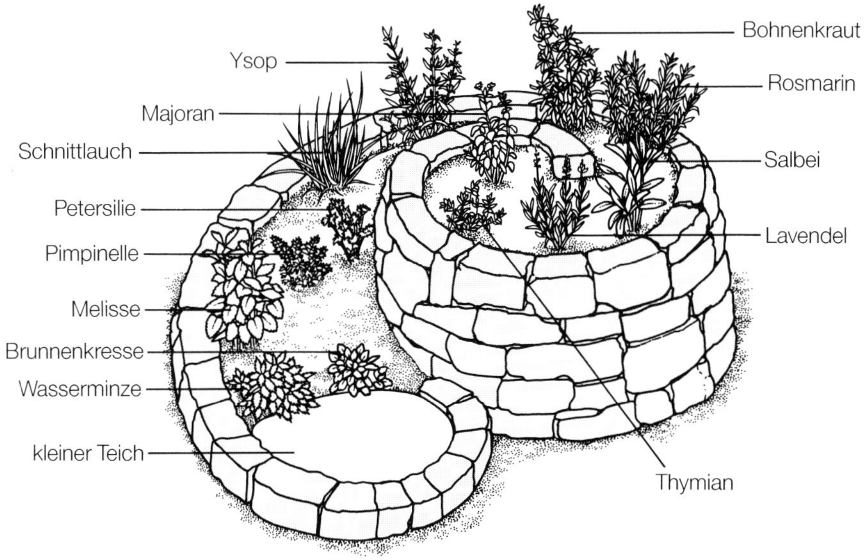
Ysop
Majoran
Schnittlauch
Petersilie
Pimpinelle
Melisse
Brunnenkresse
Wasserminze
kleiner Teich
Bohnenkraut
Rosmarin
Salbei
Lavendel
Thymian

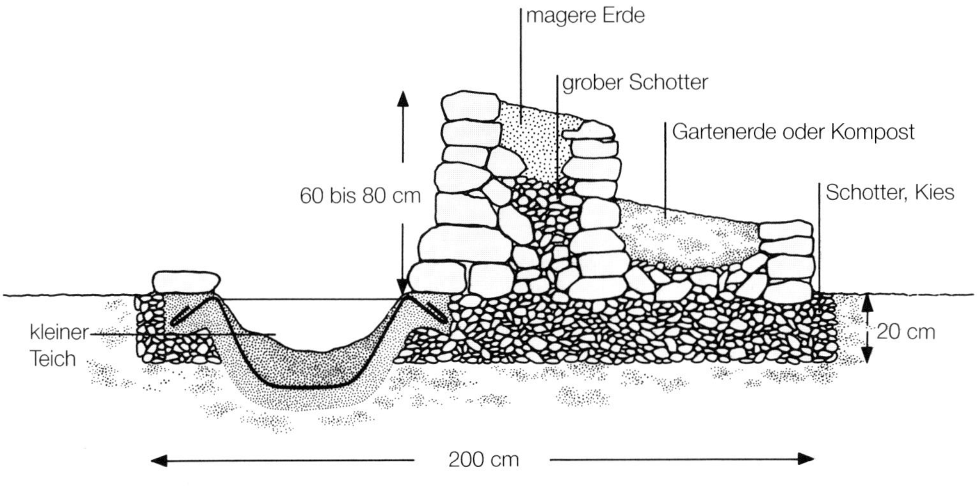
magere Erde
grober Schotter
Gartenerde oder Kompost
Schotter, Kies
60 bis 80 cm
kleiner Teich
20 cm
200 cm

Für den „Teich“ hebt man an der tiefsten Stelle eine Mulde aus und kleidet sie mit Folie aus. Statt dessen kann aber auch eine Kunststoffwanne oder ein Bottich eingegraben werden, der dann weitgehend mit Erde sowie Wasser gefüllt wird. So entsteht ein Sumpfbeet für feuchtigkeitsliebende Kräuter wie Wasserminze (*Mentha aquatica*) oder Brunnenkresse (*Nasturtium microphyllum*). In der daran anschließenden nährstoffreichen Pflanzzone können anspruchsvolle Arten wie Pfefferminze, Melisse, Bibernelle, Kerbel, Kümmel und Petersilie gepflanzt werden. Auf der Nordseite folgt ein halbschattiger Bereich, der besonders für Schnittlauch, aber auch für Kamille, Minzearten, Sauerampfer (*Rumex acetosa*) und Estragon geeignet ist. Da sich Liebstöckel schlecht mit anderen Kräutern verträgt, erhält es an der Nordseite vor der Mauer einen Einzelplatz. Der besonders sonnenexponierte, warme und trockene, obere Bereich der Spirale bleibt den wärmeliebenden Kräuterarten wie Thymian, Lavendel, Salbei, Dost, Weinraute (*Ruta graveolens*), Bohnenkraut und Rosmarin vorbehalten. Viele dieser Arten sind aber auch besonders frostempfindlich, brauchen also in unseren Breiten im Winter eine schützende Abdeckung. Rosmarin würde sogar trotz eines solchen Schutzes abfrieren, muß deshalb im Spätherbst herausgenommen und an einem kühlen, hellen und frostsicheren Platz im Haus überwintert werden.

Blumenbeete: Insektenparadiese

Die späten Blüten der Herbstastern und Fetthennen gehören im Oktober zu den wichtigsten Nektarquellen von Schmetterlingen, Bienen und anderen blütenbesuchenden Insekten. Für die mit besonders langen Rüsseln ausgestatteten Hummeln sind Lippenblütler wie Salbei, Ysop oder Katzenminze wichtige Nahrungsquellen. Auch Sommerblumen wie Zinnien, Ringelblume und Goldlack oder Prachtstauden wie Phlox, Prachtscharte und Sonnenhut sind als Nektarlieferanten für Blütenbesuche von Bedeutung; sie werden besonders von Faltern aufgesucht.

„Im Naturgarten verwenden wir ausschließlich heimische Pflanzen“, so lautet der Ratschlag in vielen Naturgarten-Büchern. Sollen wir also auf Herbstaster oder Goldlack verzichten, trotz ihrer Bedeutung für die heimische Tierwelt? Denn bei allen oben genannten Pflanzen handelt es sich um nichtheimische „Exoten“, die überwiegend aus südlichen Ländern stammen. Warum sollen in einem Naturgarten alte Kulturpflanzen ausgeschlossen bleiben, Pflanzen, die seit vielen Jahrhunderten in unseren Gärten heimisch sind, die vor allem wegen ihrer attraktiven Blüten von Menschen geschätzt und genutzt werden? Warum kann nicht auch ein „Naturgarten“ durch solche Farbtupfer, von denen zugleich viele Tiere profitieren, belebt werden? Warum sollen Naturgärtner darauf verzichten, im Sommer mit bunten Blumensträußen die Wohnung zu schmücken oder Freunden eine Freude zu machen?

Vorbild Bauerngarten

Die alten Bauerngärten mit ihrer bunt gemischten Pflanzengemeinschaft können auch für Blumengärten in der Stadt Vorbild sein. Beerensträucher, Schnitthecken oder Holzlattenzäune umgrenzen hier einen Gemüse-, Obst- und Blumengarten, in dem Mischkulturen von Gemüse und Kräutern in harmonischer Weise mit der Anpflanzung von Zierstauden und Sommerblumen verbunden werden. Bauerngärten zeigen, daß schon auf kleinster Fläche sehr lebendige, optisch reizvolle Gärten von hoher Produktivität geschaffen werden können. Wer einmal einen solchen Garten erlebt hat, wird kaum noch an der in vielen Hausgärten üblichen konsequenten Trennung von Gemüsepflanzen, Kräutern, Blumen und Wildpflanzen festhalten wollen. Leider sind Bauerngärten heute fast nur noch in Freilichtmuseen zu bewundern, wodurch aber erfreulicherweise zur Wiederbelebung der Bauerngartenidee beigetragen wird. Jeder Hobbygärtner hat hier die Möglichkeit, sich vor Ort über praktische Gestaltungs- und Bepflanzungsmöglichkeiten von Blumengärten zu informieren.

Beetstauden aus Bauerngärten

Bei der Anlage von Blumenbeeten im Naturgarten stützen wir uns vor allem auf die alten Blütenstauden der Bauerngärten, die vom Gärtner auch als Beetstauden oder Prachtstauden bezeichnet werden (s. Tab. Seite 158).

Beetstauden sind überwiegend Ergebnis langjähriger gärtnerischer Züchtung und Auslese; sie haben deshalb in der freien Natur in Konkurrenz zu Wildpflanzen meist keine Überlebenschance. Im Gegensatz zu Wildstauden benötigen Beetstauden einen ständig gepflegten, offenen Gartenboden und müssen vor zu starker Konkurrenz anderer Pflanzen, vor allem vor spontan auftretenden Wildkräutern, geschützt werden. Ihren Pflegeansprüchen wird eine Pflanzung in relativ klar gegliederten Beeten nach dem Vorbild des Bauerngartens am ehesten gerecht. Es muß sich auch um einen tiefgründigen, humosen und nährstoffreichen Boden in möglichst sonniger Lage handeln, der locker und luftdurchlässig,

▷ „Exotische" Herbstastern sind bedeutende Schmetterlingspflanzen im Naturgarten!

gut belebt und leicht zu bearbeiten sein sollte. Nur wenige Beetstauden gedeihen auf mageren und trockenen Böden.

Die Anlage eines Blumenbeetes mit Beetstauden beginnt also immer mit einer gründlichen Bodenvorbereitung. Je nach Bodenzustand sind strukturverbessernde Maßnahmen angebracht. Vorherige Gründüngungseinsaat, Kompostgaben sowie gründliche Lockerung sind immer sinnvoll. Vorhandene Wurzel„unkräuter" müssen sorgfältig entfernt werden. Die Pflanzung von sommer- und herbstblühenden Stauden erfolgt am besten im Herbst oder zeitigen Frühjahr; frühjahrsblühende Arten pflanzt man am besten nach der Blüte. Bei Kauf von Pflanzen in Topfballen kann von diesen Zeiten eventuell aber auch abgewichen werden. Zwiebeln und Knollen werden immer schon im Herbst (von Mitte August bis Mitte November) in die Erde gebracht.

Beetstauden entwickeln sich meist erst nach einigen Jahren zur vollen Größe und Schönheit. Die späteren Platzansprüche müssen schon bei der Pflanzung berücksichtigt werden. Informationen über Wuchsstärke und Größe werden also bei der Zusammenstellung von Pflanzungen zugrunde gelegt, genauso wie Blütenfarben und Blütezeiten.

◁ Staudenbeete verändern im Jahresverlauf ständig ihr Gesicht. Durch harmonische Zusammenstellung bieten sie vom Frühjahr bis zum Herbst immer ein buntes Bild (oben Mitte Mai, unten Ende Juni).

Kein Garten ohne Stauden!

Krautige Pflanzen, deren oberirdische Teile bis zum Winter absterben und die im und am Boden überdauern, bezeichnet man als Stauden. Manche Stauden verfügen über besondere Speicherorgane (Knollen, Wurzelsprosse oder Zwiebeln), mit denen sie die kalte Jahreszeit überstehen. Die Mehrzahl unserer Stauden überwintert aber mit Knospen oder Blattrosetten unmittelbar an der Erdoberfläche und treibt im Frühjahr aus dem Wurzelstock neu aus. Dabei können Stauden Höhen bis zu 3 m erreichen und sehr verschiedenartige Wuchsformen ausbilden. Für Pflanzungen im Garten steht eine unübersehbare Fülle von Arten und Sorten zur Verfügung, so daß für fast jeden Standort und Zweck Stauden verwendet werden können. Die große Auswahl eröffnet uns dabei die Chance, Stauden ihren Standortansprüchen und Wuchseigenschaften entsprechend in homogenen Pflanzengemeinschaften anzusiedeln und dabei den verschiedenen Lebensbereichen des Gartens zuzuordnen.

Bei der Pflanzung von starkwüchsigen Arten genügen etwa 2 bis 3 Pflanzen /m^2, schwächer wachsende Stauden können etwas dichter (5 bis 6 Pflanzen/m^2) gepflanzt werden. Für eine optimale Entwicklung und ansprechende Wirkung ist eine Gruppenpflanzung von 3 bis 5 Stauden sinnvoll. Besonders hochwachsende, dominierende Arten können aber auch als Solitärpflanzen verwendet werden.

Anlage eines Staudenbeetes

Bei der Anlage von Staudenbeeten geht man schrittweise vor. In ein Beet vor einer Hauswand werden dabei zunächst einige raumbestimmende Gehölze vor der Mauer so angeordnet, daß für die folgenden Stauden ein gutes Kleinklima geschaffen wird, z. B. durch Pflanzung eines Zierstrauches an der Hausecke. Im nächsten Schritt pflanzt man an einigen wenigen Stellen (nicht nur im Hintergrund!) höhere Leitstauden, je nach Charakter einzeln, z. B. Eibisch, Alant und Königskerze oder gruppenweise, z. B. Phlox, Herbstastern, Rittersporn. Die Zwischenräume im Hintergrund werden durch Vorsommerblüher wie Lupine oder Pfingstrose ergänzt, die dann im verblühten, unschönen Zustand verdeckt werden. Im Vordergrund sollten sommer- und vor allem die herbstblühenden Stauden dominieren. Bei der Auswahl wird auf gute Blühpartner zu den Leitstauden geachtet. Frühblüher können im rückwärtigen Bereich am besten den Gehölzen zugeordnet werden, besonders attraktive Gartenblumen unter den Zwiebel- und Knollenpflanzen wie Tulpen und

Hyazinthen eher im Vordergrund gepflanzt werden. Immer sollte man auch einige Sommerblumen einbeziehen.

Mit einer solchen Anordnung von Stauden in Verbindung mit einzelnen Gehölzen kann eine optimale Einbindung von Mauern, Gebäuden und Hecken in den Garten erreicht werden (s. Abb. Seite 152). Die Auswahl an geeigneten Pflanzen ist dabei so groß (in unsere Liste konnte nur ein kleiner Teil aufgenommen werden), daß im Jahresverlauf eine Pflanze die nächste in der Blüte ablösen kann, Blumenbeete von Frühjahr bis zum Herbst immer ein abwechslungsreiches Bild bieten.

Pflege von Staudenbeeten

Bei der Mehrzahl unserer Beetstauden handelt es sich um recht robuste Pflanzen, die in der Regel sehr lange an ihren Standorten bleiben können. Kommt es allerdings zu einem Nachlassen von Wuchs und Blühfreude oder einer Verkahlung, so sollten die Stauden herausgenommen, geteilt und neu gepflanzt werden.

Optimal entwickeln sich Beetstauden nur bei kontinuierlicher Pflege, zu der besonders der alljährliche Rückschnitt gehört. Hochsommer- und Herbstblüher werden im Interesse überwinternder Tiere erst im nächsten Frühjahr zurückgeschnitten. Ihre meist bräunlich gefärbten Samenstände bilden im Herbst auch einen optisch interessanten Kontrast zu spätblühenden Stauden und Sommerblumen, können das Gartenbild also durchaus beleben und zudem zum bewußteren Erleben der Jahreszeiten beitragen. Frühblühende Stauden wie Rittersporn oder Lupinen werden aber unmittelbar nach der Blüte zurückgeschnitten, um ein erneutes Austreiben und eine eventuelle zweite Blüte zu erreichen.

Zur Pflege von Staudenbeeten im Naturgarten gehört ohne Zweifel auch das „Unkrautjäten“, d. h. unerwünschte Pflanzen (die für unsere anspruchsvollen Stauden zur Konkurrenz werden können) müssen rechtzeitig entfernt werden. Mit besonderer Gründlichkeit muß man dabei gegen eventuell auftretende Wurzelunkräuter wie Quecke (*Agropyron repens*) oder Zaungiersch vorgehen, die sehr schnell in Pflanzungen einwandern und sich in den Wurzelstöcken der Stauden festsetzen können. Ist es zu einer solchen „Eroberung“ von Teilen eines Beetes gekommen, müssen alle Stauden herausgenommen, geteilt und nach restloser Entfernung aller Wurzelunkräuter neu gepflanzt werden. Zugleich muß der Boden mit Hilfe einer Forke oder Grabgabel gründlich von Wurzelunkräutern befreit werden.

„Flächeneroberer" unter den Wildkräutern können wir im Staudenbeet also nicht dulden – auf der anderen Seite sollte man aber auch nicht zu konsequent gegen spontan auftretende Kräuter vorgehen. Wildpflanzen wie Königskerze, Fingerhut, Kornblume oder Klatschmohn fügen sich sehr gut in Staudenbeete ein, und auch einige sich selbst versamende Sommerblumen wie Ringelblume, Boretsch oder Bartnelken sollten beim Jäten geschont werden.

Wildstauden im Blumengarten

In die beschriebenen Blumenbeete können auch einzelne Wildstauden einbezogen werden. Bei ihnen handelt es sich im Gegensatz zu den Beetstauden um in der freien Natur wachsende Stauden, die nicht züchterisch verändert wurden. Im Garten können je nach Standort und Bepflanzungsziel in Mitteleuropa heimische (bodenständige), aber auch aus anderen Regionen eingeführte Wildstauden verwendet werden.

Die Abgrenzung zu den Beetstauden ist nicht immer einfach. Viele Wildstauden werden auch in den Listen der Beetstauden geführt, da sie ihnen in Blütenpracht und Wuchsverhalten ähneln. Auch einige unserer alten Bauerngartenstauden gehören zu diesen „Wildstauden mit Beetstaudencharakter". Stauden wie Eisenhut, Alant, Diptam oder Geißbart lassen sich auch in anspruchsvollere Anpflanzungen einbeziehen (s. Tab. Seite 158, 159).

Dies gilt aber längst nicht für alle Wildstauden. Wildstauden zeichnen sich zwar durch geringe Pflegeansprüche aus, können aber aufgrund ihrer Wuchsstärke anspruchsvollere Pflanzen bedrängen bzw. sogar verdrängen. Viele Wildstauden zeigen ein ausgeprägtes Ausbreitungsverhalten, können sich aber auch aus Bereichen, die ihnen nicht zusagen oder in denen andere Wildstauden konkurrenzstärker sind, zurückziehen. In der Natur treten sie immer in Gesellschaft mit anderen Arten und mit Gehölzen auf und sind dort an ganz bestimmte Standortbedingungen angepaßt. Geeignete Standorte für bestimmte Wildstaudengesellschaften sind in fast jedem Garten vorhanden bzw. können durch Gestaltungs- und Pflanzmaßnahmen geschaffen werden. Im Schatten der Gehölze, am Gehölzrand, auf einer Trockenmauer oder am Ufer eines Teiches kann (wie in diesem Buch beschrieben) jeweils eine völlig andere Gemeinschaft von Wildstauden zu einer weitgehend sich selbst regulierenden Einheit zusammenwachsen.

Pflegemaßnahmen sind in solchen „Blumenbeeten" nach dem Einwachsen im Gegensatz zum Beetstaudenbeet nur noch in geringem Umfang nötig. Mit solchen Wildstaudenpflanzungen möchten wir immer eine möglichst geschlossene, „pflegeleichte“ Pflanzendecke aus gepflanzten, aber auch spontan hinzugekommenen Arten erreichen, während im Gegensatz dazu das Beetstaudenbeet, in das einzelne Wildstauden einbezogen werden, doch recht intensiv gepflegt werden muß.

Wildstauden können natürlich auch auf eigenen Wildstaudenbeeten angepflanzt werden, wobei sich dann einige besonders robuste und konkurrenzstarke Beetstauden wie Sonnenhut oder Herbstastern integrieren lassen. Wildstauden eignen sich besonders auch für lockere, relativ freie Randbepflanzungen von Wegen und Trittsteinen. Immer sollten Wildstauden aber einen Platz erhalten, der ihren natürlichen Ansprüchen weitgehend entspricht.

Kein Staudenbeet ohne Sommerblumen

Staudenbeete lassen sich durch Sommerblumen hervorragend ergänzen. Durch die Platz- und Pflegeansprüche unserer Beetstauden gibt es in den Beeten immer freie Flächen, insbesondere in neu angelegten, noch nicht voll entwickelten Staudenbeeten. Sommerblumen können solche Lücken schließen, den Boden beschatten und damit vor Austrocknung schützen. Vom Frühsommer bis zum Herbst bringt die Blütenvielfalt der Sommerblumen zusätzliches Leben in Staudenbeete, ohne daß die wuchsstärkeren Beetstauden durch Konkurrenz gefährdet werden. Sommerblumen bieten sich also für eine Vergesellschaftung mit Beetstauden geradezu an.

Es sollte sich dabei allerdings schon um Arten handeln, die von ihrem Charakter her den Stauden nahestehen (s. Tab. Seite 162). Auf typische Friedhofs- oder Balkonpflanzen sollte man im Staudenbeet besser verzichten. Auch gilt es, bei der Ergänzung durch Sommerblumen so behutsam vorzugehen, daß neben der Sommerblumenpracht auch noch die Stauden zur Geltung kommen!

Die für Sommerblumen vorgesehenen Stellen werden im Frühjahr mit Grabegabel oder Krail gründlich gelockert oder umgegraben. Nach der Bodenvorbereitung können die meisten Arten (je nach Wärmebedürfnissen) ab April oder Mai direkt ins Freiland gesät werden; einzelne Arten wie Löwenmaul oder Sommerastern werden aber besser vorgezogen und gepflanzt. Eine Vorkultur ist auch bei vielen zweijährigen Arten wie Goldlack oder Bartnelken sinnvoll. Nach Aussaat im Juni/Juli auf einem gesonderten Beet können die

Pflanzen im nächsten Frühjahr in das Staudenbeet gepflanzt werden. Viele ein- und zweijährige Sommerblumen vermehren sich aber auch durch Selbstaussaat. Arten wie Ringelblume oder Boretsch sogar so stark, daß sie nicht überall geduldet werden können, wenn sich eine vielfältige Pflanzengemeinschaft entwickeln soll.

Sommerblumen sind nicht nur in Staudenbeeten eine Bereicherung, auch an vielen anderen Stellen können sie das Gartenbild beleben. Im Gemüsegarten sollten sie z. B. nicht fehlen; Arten wie Studentenblume oder Ringelblume können z. B. sinnvoll in Mischkulturen einbezogen werden. Überall dort, wo wir nur wenig Platz zur Verfügung haben, bietet sich die Anlage kleinerer Sommerblumenbeete an – vielleicht am Rande eines Weges oder der Terrasse, im Vorgarten oder Innenhof. Auch Baumscheiben können sehr ansprechend mit Sommerblumen bepflanzt werden.

Beetstauden (Wuchshöhe in cm, Blüte, Standort)

Beetstauden für sonnige bis absonnige, kühlere Standorte
(Boden humos und nährstoffreich, frisch und durchlässig. Standort z. B. an der Westseite eines Hauses oder einer Hecke)

Eisenhut (*Aconitum*)	60 – 150, blau, violett u. a., VII – VIII
Frauenmantel (*Alchemilla mollis*)	W, 40, gelb, VI – VII
Akelei (*Aquilegia vulgaris*)	W, 50, blau, V – VI, benötigt sehr humosen Boden
Pfirsichblütige Glockenblume (*Campanula persicifolia*)	W, 80, blau, VI – VIII
Bergflockenblume (*Centaurea montana*)	W, 50, blau, V – VIII
Rittersporn (*Delphininum*-Hybriden)	80 – 160, blau, lila u. a., VI – VIII und IX – X, Rückschnitt nach der Blüte, Höhe und Farbe je nach Sorte verschieden
Tränendes Herz (*Dicentra spectabilis*)	W, 60, rosarot, IV – V
Herzblumen (*Dicentra eximia*)	20 – 30, rosa, V – VIII
Waldstorchschnabel (*Geranium sylvaticum*)	W, 60, rotviolett, VI – VII
Taglilie (*Hemerocallis*-Hybriden)	60 – 120, versch., VII – IX
Türkenbundlilie (*Lilium martagon*)	100 – 150, rot, VI – VII
Narzisse (*Narcissus pseudonarcissus*)	30 – 40, gelb, weiß u. a., IV
Himmelsleiter (*Polemonium caeruleum*)	bis 100, blau, VI – VIII. frisch-feuchter Boden
Kissenprimel (*Primula vulgaris*)	W, 10, schwefelgelb, II – IV
Lungenkraut (*Pulmonaria officinalis*)	W, 20, rotviolett, IV – V
Blausternchen (*Scilla bifolia, S. sibirica*)	W, 15, blau, IV
Märzveilchen (*Viola odorata*)	W, 10, blau, IV

Beetstauden (Fortsetzung)

Beetstauden für sonnige und warme Standorte
(Boden humos und nährstoffreich, frisch und durchlässig, Standort z. B. an der Südseite eines Hauses oder einer Hecke)

Eibisch (*Althaea officinalis*)	W, 140 – 200, hellila, VII – IX
Herbstastern (*Aster novae-angliae*)	80 – 150, dunkelviolett u. a., IX – X wertvolle Bienen- und Schmetterlingspflanze
Blaukissen (*Aubrieta*-Hybriden)	5 – 10, lila, blau u. a., IV – V, Nektarpflanze für Schmetterlinge
Knäuelglockenblume (*Campanula glomerata*)	W, 50, violett, VII
Margeritten (*Chrysanthemum leucanthemum*)	50 – 60, weiß, V – VI
Sommermargeritten (*Chrysanthemum maximum*)	60 – 100, weiß, VII – IX
Kugeldistel (*Echinops ritro*)	W, 100, blau, VI – IX, Solitärpflanze
Großes Schleierkraut (*Gypsophila paniculata*)	W, 50 – 100, weiß, VII – VIII, bevorzugt schwere Böden
Alant (*Inula helenium*)	W, 150, gelb, VII – VIII, Solitärpflanze
Kaiserkrone (*Fritillaria imperialis*)	100, gelb/orangerot, IV, Verpflanzen der Zwiebeln nach dem Einziehen, Solitärpflanze
Sonnenbraut (*Helenium*-Hybriden)	70 – 120, goldgelb u. a., VI – IX, früh- und spätblühende Sorten
Sonnenauge (*Helopsis helianthoides*)	130 – 170, orangegelb, VI – IX
Nachtviole (*Hesperis matronalis*)	W, 70, lila, V – VII, kurzlebig, versamt sich, Wildpflanzen in Dörfern
Habichtskraut (*Hieracium aurantiacum*)	W, 5 – 35, orangerot, VII – VIII
Prachtscharte (*Liatris spicata*)	W, 80, violett-rosa, VII – X, bedeutende Schmetterlingspflanze
Madonnenlilie (*Lilium candidum*)	80 – 120, weiß, VI – VII, Pflanzung VIII
Lupine (*Lupinus*-Polyphyllus-Hybriden)	80 – 100, verschieden, VI – VII
Brennende Liebe (*Lychnis chalcedonica*)	W, 100, feurigrot, VI – VII
Indianernessel (*Monarda*-Hybriden)	100 – 120, lachsrot, VII – IX, auch Halbschatten
Orientalischer Mohn (*Papaver orientale*)	70 – 90, rot, VI – VII
Pfingstrosen (*Paeonia*-Latifolia-Hybriden)	60 – 100, rot, rosa, weiß, VI, Solitärpflanze (1 Pflanze/m^2)
Sommerphlox (*Phlox*-Paniculata-Hybriden)	80 – 120, rosa, rot u. a., VI – VIII
Sonnenhut (*Rudbeckia*-Hybriden)	70 – 200, goldgelb, VIII – IX
Fetthenne (*Sedum telephinum*)	W, 50, rostrot, IX – X, Schmetterlingspflanze
Sommersalbei (*Salvia nemorosa*)	50, dunkelviolett, VI – VII
Goldrute (*Solidago*-Hybriden)	50 – 90, goldgelb, VII – IX je nach Sorte

Anmerkung: W = Wildstauden mit Beetstaudencharakter (heimische und ausländische Arten)

Wilde Ecken

Müssen Gärten eigentlich immer bis in den letzten Winkel hinein genutzt, gepflegt und aufgeräumt werden? Gibt es nicht auf fast jedem Gartengrundstück kleine Ecken, die der Natur überlassen werden können? Solche Kleinstlebensräume sind nicht nur Refugien für andernorts unerwünschte Wildpflanzen, sie werden auch von einer großen Zahl von Tieren als Unterschlupf genutzt. Viele räuberisch lebende Insekten wie Marienkäfer, Florfliege oder Ohrwurm finden hier „Stützpunkte", die sie als Ausgangspunkt für Beutezüge im Garten nutzen können. Naturnah belassene wilde Bereiche sind also für ein stabiles ökologisches Gleichgewicht im Garten von großer Bedeutung.

Toleranz gegenüber Zaungästen

Als Begleiter des Menschen hatten sie seit vielen Jahrhunderten Heimatrecht in unseren Dörfern, wurden aber aufgrund von Modernisierungsmaßnahmen sowie der Anlage „gepflegter" Gärten vielfach verdrängt. Wer kennt heute noch Wildpflanzen wie Eisenkraut (*Verbena officinalis*), Zaunrübe (*Bryonia alba*), Herzgespann (*Leonurus cardiaca*) oder Guter Heinrich (*Chenopodium bonus-henricus*)? Pflanzen, die noch von unseren Großeltern als Heil- oder Gewürzpflanzen geschätzt und genutzt wurden. Solche Pflanzen können sich an Wegrändern, Häusern oder am Gartenzaun ansiedeln und sollten dort toleriert werden. Werden z. B. am Haus Flächen befestigt, sollte vor der Mauer immer ein offener, 10 bis 20 cm breiter Streifen der Natur überlassen bleiben – schon kann sich ein „lebendiger" Mauerfuß entwickeln.

Ist an solchen Stellen Selbstansiedlung gewünschter Arten nicht zu erwarten, kann auch Aussaat oder Pflanzung sinnvoll sein; im Angebot von Samenhandlungen und Staudengärtnereien sind diese selten gewordenen Wildkräuter heute wieder enthalten. Das gilt auch für Arten, die meist noch überall anzutreffen sind, sich also in einer ungestörten Gartenecke von selbst ansiedeln können. Auch recht attraktive Blütenpflanzen und Nahrungspflanzen für blütenbesuchende Insekten gehören dazu wie Wegmalve, Johanniskraut (*Hypericum perforatum*), Natternkopf (*Echium vulgare*), Schöllkraut, Wegwarte (*Cichorium intybus*), Taubnessel (*Lamium*) oder Beifuß.

Zu einem Refugium für solche Zaungäste kann sich z. B. der oft vorhandene schmale Streifen Erde zwischen Gartengrenze (Hecke, Zaun) und Bürgersteig entwickeln, immer noch ein beliebtes Betätigungsfeld für Ordnungsfanatiker unter den Hobbygärtnern. Hier können sich auch vorüber-

Lesesteinhaufen

Locker aufgeschichtete Steinhaufen entwickeln sich wegen der vielen Lücken im Laufe der Zeit zu wertvollen Kleinlebensräumen. Für den Kern kann man auch Bauschutt oder Ziegel verwenden, für die Abdeckung aus optischen Gründen besser Natursteine. Die Hohlräume zwischen den Steinen werden vor allem von Insekten, aber auch von Eidechsen, Erdkröten oder Spitzmäusen als Versteck genutzt. An schattigen Stellen können sich Flechten, Moose und Farne ansiedeln.

gehend auf gestörte, regelmäßig umgebrochene Böden angewiesene Wildkräuter wie Klatschmohn oder Kornblume einfinden, gefolgt von Ruderalpflanzen wie Rainfarn (*Chrysanthemum vulgare*), Wilde Karde (*Dipsacus sativus*), Nachtkerze (*Oenothera*) oder anderen oben genannten Arten.

Daß Gärten durchaus ein attraktiver Lebensraum für Wildkräuter sein können, beweist eine Untersuchung, die in einer Kleingartenanlage durchgeführt wurde. In nur 14 Kleingärten konnten insgesamt über 300 Pflanzenarten nachgewiesen werden, und von ihnen gehörten etwa 100 Arten als Wildpflanzen zur heimischen Flora! Wildpflanzen wurden in Blumenbeeten, an Zäunen, Hecken und Wegrändern, vor allem aber im Bereich sogenannter „Gerümpelecken" wie Holzhaufen, Steinhaufen o. ä. angetroffen. Die Untersuchung macht deutlich, daß wir das Aufräumen im Garten also nicht übertreiben sollten. Das im Gemüsebeet sicher unerwünschte „Unkraut" kann in einer wilden Gartenecke durchaus als Bereicherung angesehen und geduldet werden.

Sommerblumen

Einjährige Sommerblumen (für überwiegend sonnige Beete)

Fuchsschwanz (*Amaranthus caudatus*)

Löwenmaul (*Antirrhinum majus*), Vorkultur

Boretsch (*Borago officinalis*), Bienenpflanze, versamend, Gewürzkraut, auch für Mischkulturen und Kräuterbeete

Sommerastern (*Callistephus chinesis*), Vorkultur

Ringelblume (*Calendula officinalis*), Bienen- und Heilpflanze, auch für Mischkulturen, versamend

Cosmea, Schmuckkörbchen (*Cosmos bipinnatus*)

Sonnenblume (*Helianthus annuus*)

Bechermalve (*Lavatera trimestris*)

Levkoje (*Matthiola incana*), Vorkultur

Zier-Tabak (*Nicotiana*), Schmetterlingspflanze, Vorkultur

Bienenfreund (*Phacelia tanacetifolia*), Bienenpflanze, auch für Gründüngung

Studentenblume (*Tagetes patula*), Vorkultur, auch für Mischkulturen

Zinnie (*Zinnia elegans*)

Zweijährige Sommerblumen (für überwiegend sonnige Beete)

Stockrose (*Alcea rosea*)

Maßliebchen (*Bellis perennis*)

Marienglockenblume (*Campanula medium*)

Goldlack (*Cheiranthus cheiri*)

Bartnelke (*Dianthus barbatus*)

Judas-Silberling (*Lunaria annua*), Schmetterlingspflanze

Vergißmeinnicht (*Myosotis*)

Muscateller-Salbei (*Salvia sclarea*), alte Heil- und Gewürzpflanze

Ein- und zweijährige Wildblumen für Blumenbeete (sonnige Lage)

Sommer-Adonisröschen (*Adonis aestivalis*), 30 – 50 cm, rot, VI – VII, RL!

Kornrade (*Agrostemma githago*), 30 – 100 cm, rosa, VI – VII, RL!, Samen im Herbst ernten, Aussaat ab April, Frostkeimer

Kornblume (*Centaurea cyanus*), 30 – 90 cm, blau, VII – X, versamend

Roter Fingerhut (*Digitalis purpurea*), 80 – 150 cm, rot, VI – VII, versamend (eventuell an geeignete Stellen verpflanzen), auch Halbschatten

Gemeine Nachtkerze (*Oenothera biennis*), 60 – 100 cm, gelb, VI – VIII

Klatschmohn (*Papaver rhoeas*), 30 – 80 cm, rot, V – VII

Mariendistel (*Silybum marianum*), bis 150 cm, rotviolett, VII – VIII, 2jährig, alte Heilpflanze

Schwarze Königskerze (*Verbascum nigrum*), 80 – 100 cm, gelb, V – IX, versamend (eventuell verpflanzen)

Großblütige Königskerze (*Verbascum densiflorum*), 150 – 200 cm, gelb, VII – IX, versamend (hoher Platzbedarf, an geeignete Stellen verpflanzen)

Anmerkung: RL! = auf der „Roten Liste“ der gefährdeten Arten in der BRD

Wildblumen im Staudenbeet

Die starkwüchsige Konkurrenz „wilder" Kräuter ist im Staudenbeet unerwünscht. Regelmäßiges Jäten ist deshalb notwendig, doch können wir dabei durchaus einige ein- und zweijährige Wildblumenarten verschonen. Einjährige wie Kornrade oder Klatschmohn finden hier im Gegensatz zu anderen Lebensbereichen des Gartens, in denen wir eine geschlossene Vegetationsdecke vorfinden, einen offenen Boden, den sie für Keimung und Entwicklung brauchen. Auch zweijährige Arten wie Königskerze oder Fingerhut können sich hier entwickeln. Alle in der Übersicht auf Seite 162 genannten Wildblumen lassen sich aufgrund ihres Charakters durchaus in Beetstaudenbeete einbeziehen. Samen werden im Fachhandel angeboten, können aber auch alljährlich im Garten gewonnen werden. Einige Arten versamen sich selbst, so daß sich durch „Wachsenlassen" und schöpferisches Jäten eine bunte Gemeinschaft aus Beetstauden und Wildblumen entwickelt. Zusammen mit Wiesenblumenarten (s. Seite 115) können die genannten Wildblumen aber auch in besonderen Wildblumenbeeten angesiedelt werden.

Brennesseln im Garten?

Duldung von Brennesseln im Garten dürfte für viele Hobbygärtner unvorstellbar sein! Vielfach wird diese ausgesprochen wertvolle Pflanze sogar noch mit der Giftspritze verfolgt. Wer denkt dabei denn schon daran, daß über 70 Insektenarten von der Wildpflanze Brennessel leben? Wer weiß, daß die Raupen vieler unserer schönsten Tagfalter wie Tagpfauenauge, Admiral oder Kleiner Fuchs auf Brennessel als Nahrungspflanze angewiesen sind? Aufgrund des hohen Gerbsäureanteils können Brennesseln im Nutzgarten zur Abwehr von Schadinsekten beitragen: Kaltwasserauszüge können direkt als Spritzmittel, Jauchen zur Düngung und Stärkung eingesetzt werden (s. Seite 70). Brennesselblätter lassen sich zudem in der Küche zu schmackhaftem „Spinat", Salat, wertvollem Tee und Saft verarbeiten. Daß die Große Brennessel zu unseren wertvollsten Heilpflanzen gehört, ist nahezu in Vergessenheit geraten.

Selbstverständlich haben die stark wuchernden Brennesseln als unerwünschte Konkurrenz in unserem Gemüse- und Kräutergarten nichts zu suchen. Auch im Vorgarten oder an der Gartengrenze könnte ihr Auftreten eher ein Ärgernis sein. Aber sicher findet sich an anderer Stelle ein Plätzchen, wo sich diese wichtige Nutzpflanze kontrolliert entwickeln kann, z. B. im Saum eines Gebüsches, an der Hauswand oder am Rande eines Reisighaufens.

Wildstauden am Gehölzrand

△ Im Naturgarten sind Brennesseln Nutzpflanzen. Nicht gerade im Gemüsebeet, aber am Rande der Gehölze oder vor einer Mauer kann sich auch die Große Brennnessel kontrolliert entwickeln, also problemlos geduldet werden.

▷ Gehölzrandbereiche können sich zum naturnahen Saum entwickeln. Im Frühsommer blüht hier der Rote Fingerhut.

Am Rande eines Gebüsches oder einer Hecke kann sich nicht nur die Brennessel entwickeln. Nach dem Vorbild des Waldrandes haben wir die Möglichkeit, eine Gemeinschaft lichtliebender Wildstauden anzusiedeln. Zwischen einem Rasen und der Gehölzpflanzung entsteht so eine saumartige Übergangszone, die für eine besonders vielfältige Tierwelt Lebensraum sein kann (s. Abb. Seite 98).

Ein Wildstaudensaum kann sich natürlich nur entwickeln, wenn wir auf gewohnte Pflegemaßnahmen verzichten. Die immer noch übliche Anlage scharfer Grenzen zwischen Rasenfläche, Stauden und Gehölzen, eventuell noch betont durch Kantsteine, kann nur gegen die Natur durchgesetzt werden, erfordert dabei einen hohen Pflegeaufwand. Auf das regelmäßige Abstechen der Rasenkanten können wir verzich-

Wildstauden für den Gehölzrand
(Saumpflanzen)

Eisenhut (*Aconitum napellus*)	G!
Geißbart (*Aruncus dioicus*)	
Beifuß (*Artemisia vulgaris*)	
Ochsenauge (*Buphthalmum salicifolium*)	
Glockenblumen (*Campanula*)	
Wegwarte (*Cichorium intybus*)	
Rainfarn (*Chrysanthemum vulgare*)	
Flockenblumen (*Centaurea*)	
Diptam (*Dictamnus albus*)	G!
Fingerhut (*Digitalis*)	G!
Wilde Karde (*Dipsacus sylvestris*)	
Storchschnabel (*Geranium*)	
Johanniskraut (*Hypericum perforatum*)	
Alant (*Inula helenium*)	
Felbrich, Gilbweiderich (*Lysimachia punctata*)	
Moschusmalve (*Malva moschata*)	
Wegmalve (*Malva sylvestris*)	
Dost (*Origanum vulgare*)	
Goldrute (*Solidago virgaurea*)	

Anmerkung: G! = aufgrund der Bundesartenschutzverordnung geschützte Art

ten, wenn wir am Gehölzrand anstelle anspruchsvoller Beetstauden oder Sommerblumen lichtliebende Wildstauden pflanzen oder dulden und dabei im Laufe der Zeit versuchen, eine standorttypische und stabile Staudengesellschaft des Gehölzrandes zu entwickeln. Wildstauden wachsen hier zu einer dichten Gemeinschaft zusammen; ihrer natürlichen Ausbreitung sind durch Rasen und Gehölzstreifen Grenzen gesetzt, so daß Pflegemaßnahmen auf ein Minimum beschränkt werden können. Auf der einen Seite verhindern die Gehölze durch den Schattendruck eine Ausdehnung der lichtliebenden Stauden, auf der anderen Seite können wir durch den Schnitt des Rasens oder der Wiese den Wildwuchs problemlos in Grenzen halten.

Jährlich werden die Stauden bis zum Boden zurückgeschnitten, am besten im Frühjahr kurz vor dem Neuaustrieb. Samen- und Fruchtstände sollten jedenfalls nicht schon – wie es oft geschieht – im Herbst „abgeräumt“ werden: Sie sind im Winter eine wichtige Nahrungsquelle für Singvögel und andere Gartentiere, bieten vielen Kleintieren einen geschützten Überwinterungsplatz.

Leben im Totholz: Reisighaufen

Wer einmal ein unbeabsichtigt liegengebliebenes Stück Holz nach einiger Zeit vom Boden aufhebt, wird sich wundern, welches Leben sich hier inzwischen eingefunden hat! Das alljährlich beim Gehölzschnitt anfallende Holz sollte deshalb an geeigneten Stellen im Garten zusammen mit Wurzeln, Laub oder eventuell vorhandenen Baumstubben zu einem Reisig- und Totholzhaufen aufgeschichtet werden. Zum Schutz vor Katzen läßt sich solch ein Totholzhaufen auch mit Pfählen und Maschendraht einfassen. Die optische Wirkung kann durch ein- oder mehrjährige Kletterpflanzen verbessert werden. Geeignete Plätze finden sich fast in jedem Garten, z. B. unter Bäumen, in einem lockeren Gebüsch oder am Rande einer Hecke.

An den zunächst etwas „unordentlichen" Anblick wird mancher sich sicher gewöhnen müssen, aber die Vielfalt des sich entwickelnden Lebens bringt reichlich „Entschädigung". Holzhaufen dienen freibrütenden Singvögeln wie Zaunkönig oder Rotkehlchen als Brutplatz, Amphibien und Reptilien oder Säugetiere wie Igel, Spitzmaus oder Mauswiesel finden einen Unterschlupf. Einen besonderen Wert hat totes Holz für die Insektenwelt. Viele Käfer und ihre Larven ernähren sich vom zerfallenden Altholz. Einzeln lebende Bienen und Wespen legen ihre Eier in den von anderen Insekten vorgebohrten Holzgängen ab. Auch Laufkäfer, Marienkäfer, Schlupfwespen oder Ohrwürmer leben im Holzhaufen; sie finden hier vor allem einen sicheren Überwinterungsplatz.

Totes, vermoderndes Holz sollte als wichtiges Glied im Stoffkreislauf der Natur also an geeigneten Stellen des Gartens verrotten können. Wer es als Abfall ansieht, wegwirft oder verbrennt, opfert damit einen Grundbaustein unserer heimischen Natur. Auch bei der immer noch verbreiteten Aufschichtung zu einem Osterfeuer wird meist vergessen, daß Tiere angelockt und beim Abbrennen getötet werden können.

Scheitert die Anlage eines Holzhaufens am fehlenden Platz, kann man Reisig auch bei der Anlage von Hoch- und Hügelbeeten verwerten, oder nach Zerkleinerung verkompostieren.

Flechtzäune aus Reisig

Brauchen wir im Garten abgrenzende Zäune, können diese auch aus Reisig erstellt werden. Zwischen etwa 1,50 m hohen Pfählen werden dabei Zweige und Astwerk regelrecht eingeflochten. Auf diese Weise wurden vor vielen Jahrhunderten vermutlich die ersten Zäune um Gärten angelegt; in manchem Museumsbauerngarten finden wir sie heute wieder. In Flechtzäunen können Vögel nisten und Kleintiere sich zurückziehen, besonders wenn sie zusätzlich mit einjährigen Kletterpflanzen wie Wicken, Zaunwinde oder Kapuzinerkresse eingegrünt werden.

Wege und Plätze naturnah

Auch in naturnahen Gärten können wir auf befestigte Flächen meist nicht verzichten. Fußwege erschließen verschiedene Gartenteile miteinander, schaffen Verbindungen zwischen Haus und Straße. Plätze dienen als erweiterter Außen-Wohnraum. Doch muß man dabei immer gleich zum beliebten Waschbeton oder zum Verbundsteinpflaster greifen? Müssen Böden durch Befestigung unbedingt „versiegelt" werden, so daß das Bodenleben erstickt und Niederschlagswasser nicht mehr versickern kann? Haben wir nicht schon genug versiegelte Flächen in unseren Städten – zum Schaden für Bodenleben, Wasserhaushalt und Stadtklima?

Die Flächenversiegelung und Bodenzerstörung in unseren Siedlungsräumen nimmt sogar noch weiter zu. Täglich werden in der Bundesrepublik etwa 150 ha freie Landschaft bebaut. Auch jeder Hausherr, der seinen Traum vom „Haus im Grünen" verwirklicht, beteiligt sich an diesem Verbrauch von Landschaft und Boden. Wir sollten deshalb die übriggebliebenen letzten Freiflächen, und zu diesen zählen besonders unsere Gärten, nicht auch noch mit Beton und Asphalt versiegeln. Solche Befestigungsmittel mögen vielleicht für den Autoverkehr notwendig sein, in Gärten und Parks haben wir aber die Chance, Wege und Sitzplätze naturfreundlich zu gestalten.

Ob mit „wassergebundener Decke", mit Holzpflaster oder Natursteinen – es gibt eine breite Palette von Möglichkeiten, Flächen naturnah zu befestigen. Die naturnahen Befestigungen bieten auch den Vorteil, daß sie sich auf harmonische Weise in einen naturnahen Garten integrieren lassen. Durch Ausschöpfung der verschiedenen Möglichkeiten und Einsatz von Phantasie und Kreativität kann sogar weitere Abwechslung in den Garten hineingebracht werden. Alle hier vorgestellten Befestigungen sind seit langem im Garten- und Landschaftsbau bewährte Praxis und können mit etwas Geschick selbst umgesetzt werden.

Denken Sie dabei aber immer daran, daß wirklich nur dort befestigt wird, wo es absolut notwendig ist. Dies gilt z. B. sicher für so intensiv genutzte Bereiche wie Terrasse oder Sitzplatz. Aber muß z. B. eine Auffahrt auf der ganzen Fläche

▷ Eine Alternative zur Flächenversiegelung: Weiche Wege im Garten.

befestigt werden? Genügt es hier nicht in den meisten Fällen, die Fahrspuren befahrbar zu machen? Muß wirklich jede Ecke im Garten durch einen ausgebauten Weg erschlossen werden? Oft wird schon durch eine Rasenfläche oder durch mit dem Rasenmäher freigehaltene Wiesenwege der Zugang in die verschiedenen Bereiche des Gartens gewährleistet. Wenn Gartenwege aber befestigt werden, genügt meist eine Breite von 50 cm. Nur Hauptwege wie z.B. die Verbindung zwischen Haus und Straße sollten 100 bis 150 cm breit sein.

Natursteinpflaster

Die Wahl der Befestigungsmethode wird vor allem vom Zweck bestimmt, wobei besonders die gewünschte Belastbarkeit eine Rolle spielt. Befahrbare Wege wie die Auffahrt brauchen einen massiven Unterbau und einen tragfähigen Belag. Hier wird der Boden 30 bis 40 cm tief ausgehoben und eine etwa 20 cm dicke Schicht aus grobem Gesteinsmaterial eingebracht. Solche Unterbauten sind grundsätzlich bei allen Befestigungen empfehlenswert. Grober Schotter oder Kies, Bruchgestein oder auch Bauschutt sind dafür geeignet, denn die Schicht soll lediglich den Abzug des Niederschlagswassers sicherstellen.

Als Deckschicht für befahrbare Wege sind Rasengittersteine oder Natursteine besonders geeignet. Handelt es sich aber um nur selten benutzte Zufahrten oder Stellplätze, genügt auch schon eine wassergebundene Decke aus feinem Schotter, die sich zu einem grünen Schotterrasen entwickeln kann. Natursteine werden immer mit einem Fugenabstand von mindestens 2 cm verlegt. Haben Sie keine Angst vor den sich dann ansiedelnden Wildkräutern! Im Rasenpflaster sind sie ausdrücklich erwünscht, denn es soll sich ein engmaschiges „grünes Netz“ entwickeln – aus ökologischen und optischen Gründen. Solche grünen Wege harmonieren sehr schön mit anderen Lebensbereichen im naturnahen Garten. Für viele Pflanzenarten der sogenannten Trittrasengesellschaft wie Wegerich oder Gänseblümchen sind sie ein Lebensraum, und Niederschlagswasser kann in den Fugen versickern.

Natursteine werden in einem geglätteten Sandbett so verlegt, daß sie zunächst etwa 2 cm über der vorgesehenen Höhe liegen. Anschließend wird Sand in die Fugen gefüllt und eingeschlämmt. Danach können die Steine auf die gewünschte Höhe verstampft werden. Die Randsteine bekommen einen besseren Halt, wenn vorher von außen Erde angefüllt und verfestigt wird.

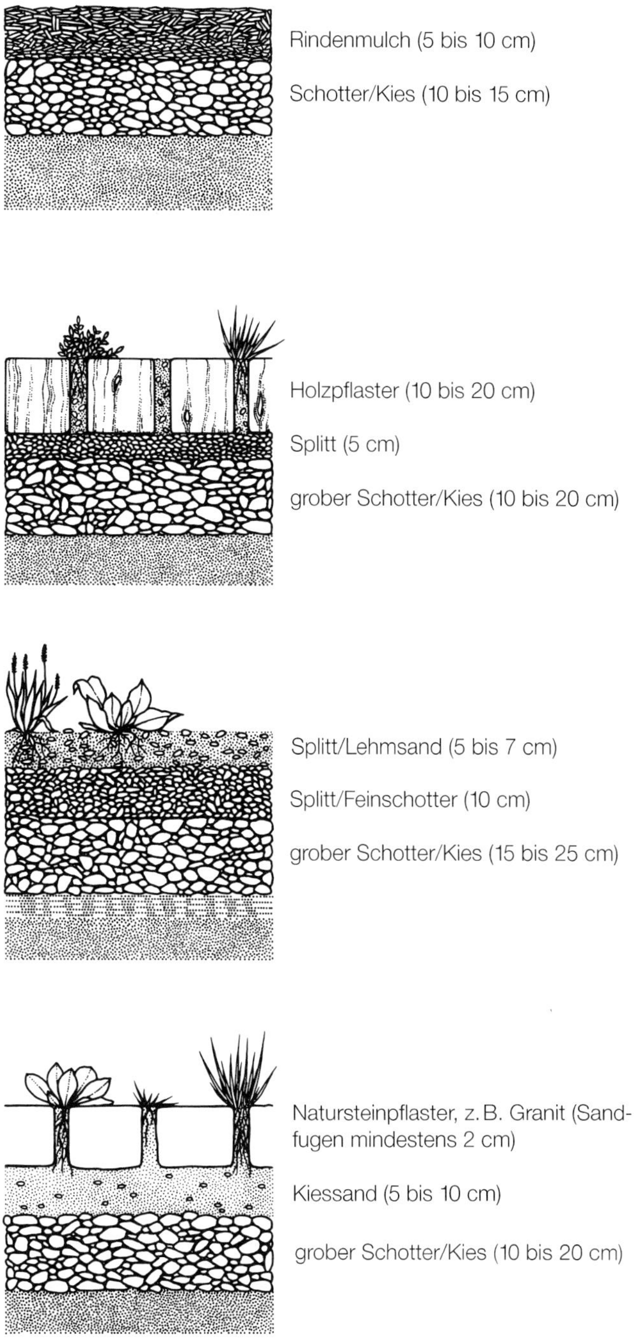

Naturnahe Wegbefestigungen: Mulchweg, Holzpflaster, wassergebundene Decke („Schotterrasen“) und Natursteinpflaster (von oben nach unten).

Gepflasterte Sitzplätze und Wege

Auf ähnliche Weise lassen sich auch die in verschiedener Form angebotenen Natursteinplatten, Ziegelsteine und Holzpflasterungen verlegen. Holzpflaster ist ebenfalls stark belastbar und optisch sehr ansprechend. Es wird in 10 bis 15 cm langen rundgeschälten Einzelstücken oder auf Platten vormontiert angeboten. Achten Sie aber unbedingt darauf, daß es sich um kesseldruckimprägniertes Holz handelt! Die Imprägnierung sorgt für eine Haltbarkeit von etwa 25 Jahren und verhindert einen Bewuchs mit Pilzen und Algen, während sich nichtimprägniertes Holz demgegenüber durch sehr geringe Haltbarkeit und wesentlich höhere Rutschgefahr auszeichnet.

Natursteinplatten sind besonders für Sitzplätze und Terrassen geeignet, wo sie am besten fugenlos verlegt werden. Mit ihnen können aber auch optisch ansprechende Trittplattenwege im Garten verlegt werden, z. B. als Verbindung vom Haus zum Gartenteich, wobei die Platten im Rasen in Abständen von etwa 20 bis 30 cm einzeln angeordnet werden. Für Plätze und Terrassen sind auch Ziegelsteine eine naturnahe Alternative, denn sie werden aus dem Naturprodukt Ton hergestellt. Es sollte sich aber immer um ungelochte und gebrannte Vollziegel („Straßenbauklinker") handeln. Für Platzbefestigungen werden sie fugenlos in ein Sandbett verlegt, wobei es meist genügt, sie mit der flachen Seite nach oben einzubringen. Hochkantverlegung erhöht zwar die Belastbarkeit, bietet sich deshalb z. B. einreihig am Rande der Fläche an, beansprucht aber auch beträchtlich größere Steinmengen. Bei der Befestigung eines Platzes können Ziegel auch sehr schön mit Natursteinen und Natursteinplatten kombiniert werden.

Weiche Fußwege

Für die nur gering belasteten Fußwege im Garten kann man aber immer auf Pflasterungen verzichten. Gut begehbar sind „wassergebundene" Wege oder Rindenmulchwege. Auch bei ihnen sollte immer ein Unterbau aus grobem Gesteinsmaterial eingebracht und verstampft werden. Bei Fußwegen genügt es aber, den Boden etwa 20 cm tief auszuheben. Die etwa 15 cm starke Schotterschicht kann dann mit Rindenmulch abgedeckt werden, der sich aber im Laufe der Zeit langsam zersetzt und nach etwa 2 Jahren erneuert werden muß.

▷ Wo man auf eine Wegbefestigung nicht verzichten will, kann man auch „auf dem Holzweg" durch den Garten gehen.

Eine dauerhaftere Lösung ist die wassergebundene Decke, bei der auf den Unterbau feiner Schotter oder Splitt mit etwas Lehmsand aufgebracht und verstampft wird. Wasser be-

wirkt dann zwar eine gewisse Bindigkeit und Verfestigung des Materials, aber Wasser kann auch versickern. Auf solchen Schotterwegen können sich nach einiger Zeit auch Pflanzen der Trittrasengesellschaft ansiedeln, so daß sich ein Schotterrasenweg entwickelt. Wir sollten diese Pflanzen nicht als „Unkraut" bekämpfen, sondern als Belebung dulden. Dort, wo Wege regelmäßig begangen werden, wird die Vegetation ohnehin in Grenzen gehalten. Ungenutzte Wege können allerdings auf diese Weise im Laufe der Zeit von der Natur zurückerobert werden.

Ähnlich angelegt werden Kieswege, die wir aus den alten Bauerngärten kennen. Hier wird auf den Unterbau feiner Gartenkies (Korngröße etwa 2 cm) aufgebracht. Kieswege sind nicht nur einfach und preiswert herzustellen, sie eignen sich auch als Spielfläche für unsere Kinder, denn sie sind veränderbar und lebendig. Auch auf dem Kiesweg breiten sich meist sehr rasch Pionierpflanzen wie Thymian, Mauerpfeffer, Hornklee (*Lotus*) oder Wegerich (*Plantago*) aus.

Übrigens: naturnahe Wege sind ein Lebensraum für Tiere. Nicht nur die lästigen Wegameisen leben hier, auch viele andere sehr „nützliche" Kleintiere wie Spinnen, Laufkäfer oder einzeln lebende Wespen finden hier eine Nistgelegenheit und jagen nach Beute.

Begrünen von Fassaden, Mauern, Zäunen

Luftverschmutzung und extremes Klima belasten Leben und Gesundheit von Stadtbewohnern. Nur das Grün der Pflanzen sorgt für einen gewissen Ausgleich und gilt deshalb als eines der wichtigsten „Lebensmittel" in unseren Städten. Doch vielerorts gibt es große Engpässe bei der Versorgung mit dem Lebensmittel „Grün" und anstelle notwendiger Anpflanzungen von Bäumen und Sträuchern werden die letzten Freiflächen immer stärker durch Bebauung beansprucht.

Wenn an dieser Stelle eine Begrünung von Gebäuden empfohlen wird, so soll damit diese Entwicklung keineswegs hingenommen werden. Grüne Wände können Grünanlagen, Parks, Alleen und Gärten nicht ersetzen. Grüne Wände sind aber eine weitere Möglichkeit, die weitgehend lebensfeindliche Stadtumwelt zu verbessern.

Grüne Wände als Umweltverbesserer!

Grüne Häuser haben viele Vorteile. Das durch reduzierte Luftfeuchtigkeit und höhere Temperaturen gekennzeichnete Stadtklima kann wirksam verbessert werden. Niederschlagswasser wird zurückgehalten und kann auf den Blattoberflächen verdunsten: Die Luftfeuchtigkeit nimmt zu, die Stadtentwässerung wird entlastet. Durch die Filterwirkung der Blattmasse werden Staub und Schadgase wirksam zurückgehalten. Zwischen Gebäude und Blattwerk bildet sich ein Luftpolster, das im Sommer vor extremer Hitze schützt bzw. durch die Verdunstungsfeuchtigkeit der Blätter zur Kühlung beiträgt. Im Winter wirkt eine immergrüne Fassade wärmedämmend.

Grüne Wände beleben Haus und Garten!

Kletterpflanzen sind ein unverzichtbares Gestaltungsmittel, wenn es um die Belebung monotoner Gebäude und Gärten geht. Selbst „Problembereiche“ wie Fassaden, Mauern, Zäune und andere Abgrenzungen lassen sich mit ihrer Hilfe begrünen und in einen naturnahen Garten einbeziehen. Wo es an Fläche zur Anlage eines Gartens fehlt, wird die Hausfassade zum „Garten“! Selbst verdichtete Stadtkerne können so optisch und ökologisch belebt werden: Für die Pflanzung von Kletterpflanzen reichen wenige Quadratmeter Freifläche am Haus, im Notfall genügt sogar ein an der Wand oder auf dem Balkon aufgestellter Kübel.

Fassadengrün bietet zudem der Tierwelt einen weiteren Lebensraum und trägt damit zur ökologischen Stabilisierung eines Gartens bei. Das Vorurteil, nur „Ungeziefer“ würde von diesem Angebot Gebrauch machen, ja sogar in unsere Häuser eindringen, ist unbegründet. Selbstverständlich halten sich wie im übrigen Garten an der Fassade einige Spinnen auf (auch ohne Kletterpflanzen!). Sie sind Teil des Naturhaushalts, haben als Insektenvertilger sogar eine sehr positive Funktion im Garten. Auch andere räuberisch lebende Insekten wie Schwebfliegen, Marienkäfer, Florfliegen oder Ohrwürmer finden in der grünen Wand Nahrung und Unterschlupf. Kletterpflanzen wie Blauregen oder Knöterich sind wertvolle Bienenpflanzen, andere Arten wie Geißblatt, Hopfen und Clematis werden von ganz bestimmten Schmetterlingsarten als Nahrungspflanzen benötigt. Von großer Bedeutung sind grüne Wände für unsere Singvögel, die im dichten Blattwerk gerne nisten und hier Nahrung suchen (Insekten, Beeren der Kletterpflanzen). Allein 23 Vogelarten ernähren sich z. B. von den Beeren des Wilden Weins!

Die eine oder andere Spinne, die eventuell den Weg ins Haus findet, sollte uns also nicht stören, denn mit der grünen Wand werden uns vielfältige Naturbeobachtungs- und Erlebnismöglichkeiten geboten!

▷ Wandbegrünung mit Kletterpflanzen belebt eintönige Gebäude: Der selbstklimmende „Wilde Wein“ erobert ein Haus ohne Kletterhilfe.

Kletterpflanzen schützen Mauerwerk und Fassaden!

Die Furcht vor einer Beschädigung hält immer noch manchen davon ab, Fassaden zu begrünen. Sofern das Mauerwerk intakt ist und die Begrünung fachgerecht ausgeführt wird, sind solche Befürchtungen jedoch unbegründet.

Grundsätzlich schützt das dichte Blattwerk der Kletterpflanzen ein Mauerwerk vor Witterungseinflüssen, insbesondere vor Feuchtigkeit. Aufgrund der geringeren Unterschiede zwischen Tages- und Nachttemperatur kommt es nicht mehr so leicht zu Rißbildungen. Die Lebensdauer intakter Wände läßt sich also durch die grüne Schutzschicht beträchtlich steigern.

Alle zur Verfügung stehenden Kletterpflanzen nehmen die benötigten Nährstoffe mit dem Wasser aus dem Boden auf und suchen mit ihren Kletterorganen an der Wand nichts als Halt. Selbstklimmende Kletterpflanzen wie Efeu oder Wilder Wein bilden dazu „Haftwurzeln“ bzw. Haftscheiben aus. Diese dienen ausschließlich der Anhaftung, auf keinen Fall aber der Nährstoff- und Wasseraufnahme. Ein Einwurzeln in die Fassade kann bei einem intakten Mauerwerk nicht stattfinden. Deshalb lassen sich unverputzte, gemauerte Fassaden auch völlig problemlos mit selbstklimmenden Kletter-

◁ Knöterich gehört zu den zahlreichen Kletterpflanzen, die auf Aufstiegshilfen am Gebäude angewiesen sind. Ihr Wachstum kann gezielt in die gewünschte Richtung gelenkt werden – Kletterpflanzen als architektonisches Gestaltungsmittel.

Einjährige Kletterpflanzen (Auswahl)

Pflanzenart	Lichtanspruch	Wuchsstärke, -höhe (m)	Blüte	Kletterhilfe	Aussaatzeit	Anmerkungen
Duftwicke (*Lathyrus odoratus*)	○	langsam 1 – 2	rot, rosa, u. a., VI – IX	Schnur, Draht, Reisig, leichtes Rankgerüst	ab IV	
Feuerbohne, Prunkbohne (*Phaseolus coccineus*)	○	schnell 3 – 5	rot VI – IX	Schnur, Stangen, Rankgerüst	ab Mitte V	Bohnen eßbar
Glockenrebe (*Cobaea scandens*)	○ – ◐	schnell 3 – 5	lila VII – IX	Schnur, Draht, Stäbe, leichtes Rankgerüst	ab III Vorkultur	
Japanischer Hopfen (*Humulus scandens*)	○ – ◐	schnell 3 – 4	gelb-grün VIII – IX	Draht, Stangen, Rankgerüst	ab IV Vorkultur	guter Sichtschutz
Kapuzinerkresse (*Tropaeolum-Hybriden*)	○	mittel 1 – 3	gelb, orange, rot VII – IX	leichtes Rankgerüst	ab IV	u. a. für Baumscheiben
Schwarzäugige Susanne (*Thunbergia alata*)	○	mittel 1 – 2	gelb, orange VI – X	Schnur, Stab, leichtes Rankgerüst	ab III Vorkultur oder Pflanzen kaufen	anbinden erforderlich
Trichter-, Prunkwinde (*Pharbitis purpurea*, syn. *Ipomoea purpurea*)	○	mittel 2 – 4	blau-rot VII – IX	Schnur, Stangen, leichtes Rankgerüst	ab V	
Zierkürbis (*Cucurbita pepo*)	○	schnell 2 – 5	gelb VII – IX	stabile Stangen, kräftiges Rankgerüst	ab IV Vorkultur	

Anmerkung: Alle Arten sind auf einen nährstoffreichen, humosen Boden und warme Standorte angewiesen.
○ = sonnig, ◐ = halbschattig

pflanzen begrünen, sofern keine Risse vorhanden sind. Schadhafte Wände müssen aber vor einer Begrünung instandgesetzt werden, da Haftorgane und Triebe in Hohlräume hineinwachsen und aufgrund des Dickenwachstums schwere Schäden herbeiführen können. Aus dem gleichen Grund sollte man bei mit Schiefer oder anderen Materialien verkleideten Wänden auf Selbstklimmer verzichten.

Probleme bei Putzfassaden

Aufgrund neuerer Erfahrungen kann ein solcher Verzicht auch bei mancher Putzfassade ratsam sein. Hier galt lange Zeit der noch in fast allen Fachbüchern enthaltene Grundsatz, daß bei einem einwandfreien Zustand der Außenhaut bedenkenlos auch selbstklimmende Kletterpflanzen verwendet werden könnten. Nach neueren Untersuchungen und Beobachtungen können die Haftorgane von Efeu oder Wildem Wein aber unter bestimmten Voraussetzungen auch in feinste Putzrisse eindringen: Wenn die Risse durch mehr als eine Putzschicht laufen, kann es danach aufgrund des Dickenwachstums also zur befürchteten Sprengwirkung kommen. Haftorgane können zwar weder Wasser noch Nährstoffe aufnehmen, also nicht wie echte Wurzeln wirken, aber Efeu z. B. besitzt sogenannte „plastische" Haftwurzelanlagen, bei denen feinste Wurzelhaare für die Verankerung an der Fassade sorgen. Deren Wachstum erfolgt immer in Richtug der Bereiche größerer Feuchtigkeit und vom Licht weg, d. h. sie sind in der Lage, auch in feinste Risse hineinzuwachsen und können hier sprengend wirken. Feinste Putzrisse lassen sich zwar durch Dispersions-Silikatbeschichtungen abdichten, aber solche Beschichtungen müssen je nach Beanspruchung spätestens nach 20 Jahren erneuert werden. Dauerhafte Begrünungen wären hier also wenig sinnvoll. Bautechnisch völlig intakte und tragfähige Putze sind nicht gefährdet, doch solche zählen eher zu den Ausnahmen. Die Mehrzahl unserer Putzbauten sei aufgrund umfangreicher Rißbildungen oder zu glatter Beschichtungen mit Selbstklimmern nicht zu begrünen, so lautet das Fazit der Untersuchungen.

Auch wenn weitere Untersuchungen zum Nachweis dieser Erfahrungen noch ausstehen, sollten diese Einwände bei jeder Begrünung berücksichtigt werden. Denn käme es wirklich in 10 bis 20 Jahren zu größeren Schäden, könnte das für den erhofften „Durchbruch" der Fassadenbegrünung ein schwerer Rückschlag sein. Bestehen also Zweifel, ob eine Hausfassade für Selbstklimmer geeignet ist, sollte ein Fachmann zu Rate gezogen werden. Handelt es sich um eine problematische Fassade, haben Sie immer noch die Möglichkeit, Klettergerüste anzubringen und Knöterich, Blauregen oder Clematis zu pflanzen. Wie die Übersicht zeigt, gehört die Mehrzahl unserer Kletterpflanzen ohnehin zu den Arten, die auf eine Kletterhilfe angewiesen sind. Entweder klettern sie windend oder schlingend wie Hopfen, Knöterich oder Blauregen an Drähten, Stäben oder dünnen Balken empor oder bilden wie Clematis Ranken aus, die sich um die Aufstiegshilfen legen. Haftorgane oder Wurzeln werden nicht ausgebildet, so daß eine Gefährdung der Fassade bei Verwendung dieser Arten ausgeschlossen ist!

Kletterpflanzen und ihre Verwendung

Eine große Auswahl robuster, widerstandsfähiger und dauerhafter Kletterpflanzen steht für die verschiedensten Begrünungsmaßnahmen zur Verfügung (s. Tab. Seite 186). Die Mehrzahl der Arten gehört zwar nicht der heimischen Natur an, ist aber an die extremen Lebensbedingungen in der Stadt gut angepaßt. Blüten, Blätter und Früchte dieser „Exoten“ sind durchaus als Nahrungsbasis für die Tierwelt von Bedeutung. Wenn es also um die Begrünung von Mauern geht, können wir auf die nichtheimischen Kletterpflanzen keinesfalls verzichten.

Bei der Auswahl spielt das Ziel der Begrünungsmaßnahme und der Standort eine entscheidende Rolle. Nicht jede Kletterpflanze eignet sich für jeden Zweck. Eine flächendekkende Fassadenbegrünung erreichen wir am besten mit Selbstklimmern (Efeu, Wilder Wein). Dies ist auch der preisgünstigste und einfachste Weg zum grünen Pelz. Geht es vor allem um das Ziel der Wärmedämmung im Winter, bleiben nur die immergrünen Arten. Für die Schattenpflanze Efeu eignen sich dabei jedoch nur Nordseite und Wetter- bzw. Westseite eines Gebäudes. Auf der besonnten Südseite sollte man besser auf ein immergrünes Pflanzenkleid verzichten und statt dessen laubabwerfende Arten pflanzen (z. B. Wilder Wein). Energiewirtschaftlich ist es durchaus wünschenswert, wenn die Wintersonnenstrahlen auf das Mauerwerk treffen können.

Aber wie dargelegt ist nicht jede Fassade für eine Begrünung mit Selbstklimmern geeignet. Werden stattdessen Schling- oder Rankpflanzen verwendet, müssen Kletterhilfen am Haus angebracht werden. Das ist zwar immer mit Mehraufwand und höheren Kosten verbunden, hat aber viele Vorteile. Wir können uns auf eine viel größere Auswahl von Kletterpflanzen stützen, also sehr vielfältige Begrünun-

Einjährige Kletterer

Ist eine dauerhafte Begrünung nicht möglich, kann man auf einjährige Kletterpflanzen ausweichen. Niedrige Zäune lassen sich sehr schön mit Feuerbohne (s. Abb. Seite 181), Kapuzinerkresse, Wicken oder Prunkwinde beleben. Auch für Balkon, Terrasse oder andere Plätze, an denen wir Pflanzkübel verwenden müssen, sind Einjährige eine reizvolle Alternative. Im Vergleich zu den Klettergehölzen handelt es sich aber um überwiegend sehr anspruchsvolle Kulturpflanzen, die intensiver Pflege bedürfen.

Einjährige Kletterpflanzen wie die Feuerbohne sind besonders für die Begrünung kleinerer Zäune oder eines Balkons geeignet.

gen mit verschiedenen Arten vornehmen und dabei viele ausgesprochen attraktive Blütengehölze wie Blauregen, Geißblatt oder Waldreben berücksichtigen. Vor allem kann mit Rankhilfen sehr gezielt begrünt werden, denn das Wachstum wird auf den Bereich der Kletterhilfe eingegrenzt. So kann man an bestimmten Stellen, z. B. neben dem Hauseingang, für einen dekorativen Blickfang sorgen. Pflanzen werden hier zum architektonischen Mittel: Bestimmte Bereiche einer Wand lassen sich verdecken, andere hervorheben. Auch die Kletterhilfe selbst kann dabei zur Auflockerung einer Fassade beitragen.

Auf Rankhilfen angewiesene Pflanzen eignen sich besonders gut für die Begrünung von Pergolen, Lauben und Zäunen, die ihnen als Kletterhilfen dienen. Insbesondere Geißblatt, Pfeifenwinde, Waldrebe, Blauregen, Akebie und Echter Wein sind für solche Zwecke geeignet. Zäune werden so als weiterer Lebensbereich in den Garten integriert. Die Wirkung einer Pergola als Gestaltungsmittel im Garten geht vor allem von den daran hochwachsenden Klettergehölzen aus! Manche Kletterpflanzen sind hier jedoch auf zusätzliche Aufstiegshilfen angewiesen (s. Seite 182).

Kletterhilfen für Dauerbegrünungen

Für dauerhafte Begrünungen benötigen wir Kletterhilfen, die Witterungseinflüssen standhalten und sich durch hohe Haltbarkeit auszeichnen. Eine auf Dauer stabile Befestigung wird am besten durch eine feste Verankerung im Mauerwerk mit Hilfe von verdübelten Messingschrauben bzw. -haken erreicht. Die folgenden Kletterhilfen können mit etwas handwerklichem Geschick in Eigenbauweise erstellt werden (s. Abb. Seite 183).

– Spanndrähte lassen sich auf einfache Weise anbringen und sind besonders kostengünstig. Rostgeschützter, am besten verzinkter Draht wird dabei mit Hilfe von Haken und Spannschlössern senkrecht und waagerecht über die zu begrünende Fläche möglichst straff verspannt. Spanndrähte sind auch besonders zur Anbringung an Lauben oder Pergolen geeignet. Viele Kletterpflanzen haben es schwer, an den relativ dicken Pfosten hochzuklettern – die Spanndrähte sind eine einfache zusätzliche Hilfe.

– Verzinkte Ketten, die in verschiedensten Formen und Größen angeboten werden, können ähnlich wie die Spanndrähte als Kletterhilfen dienen und werden besonders leicht überwachsen. Stärkere Ketten können auch von einer Überdachung (z. B. Balkon) frei herabhängen, müssen am Boden aber sehr fest verspannt werden, damit die Pflanzen nicht durch Windstöße gefährdet werden.

– Edelstahlstäbe mit einem Durchmesser von 4 bis 6 mm sind zwar besonders teuer, mit ihnen können aber besonders stabile und dauerhafte Rankhilfen erstellt werden. Sie sind ebenso wie die Spanndrähte besonders zur Anbringung an Betonpfählen geeignet.

– Baustahlmatten aus feuerverzinktem oder rostgeschütztem Stahl werden vom Handel inzwischen in vorgefertigten Formen als Kletterhilfen angeboten. Natürlich können auch Matten vom Bau verwendet werden, sie müssen aber unbedingt mit einem Rostschutzanstrich versehen werden.

– Holzgerüste bzw. Holzspaliere sind auch unbewachsen ein attraktives Gestaltungselement. Optische Aspekte sollten bei der Wahl der Kletterhilfe berücksichtigt werden, denn Kletterpflanzen brauchen oft viele Jahre, bis sie eine Fassade vollständig eingrünen, und viele Arten werfen im Winter das Laub ab. Holzgerüste können sehr abwechslungsreich sowohl quadratisch, rechteckig, als auch diagonal angeordnet werden; das Material wirkt optisch sehr ansprechend. Schon beim Hausbau sollte man solche Elemente deshalb mit einplanen. Wegen der benötigten Haltbarkeit muß aber immer

▷ Aufstiegshilfen für Kletterpflanzen: Holzgerüst, Spanndrähte und Baustahlmatte. Mit Hilfe von Abstandshaltern bleibt zwischen Kletterhilfe und Wand ein „Luftpolster" von etwa 5 bis 10 cm frei. Holzgerüste können auch unmittelbar an die Wand geschraubt werden, wobei die waagerechten Latten die Funktion des Abstandhalters übernehmen.

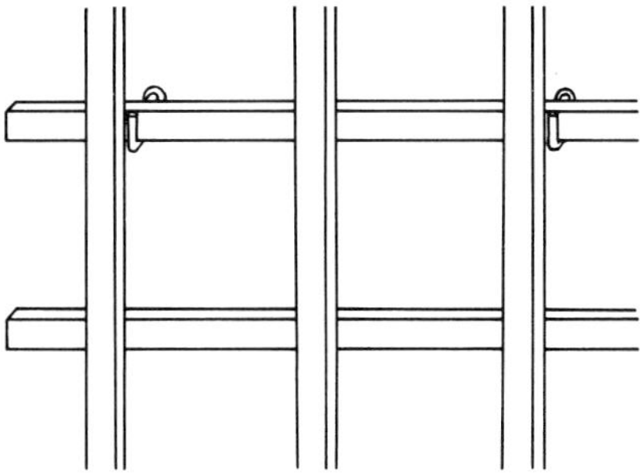

Leisten 20/40 oder 25/50, Abstand 40 cm, rechteckige oder diagonale Anordnung

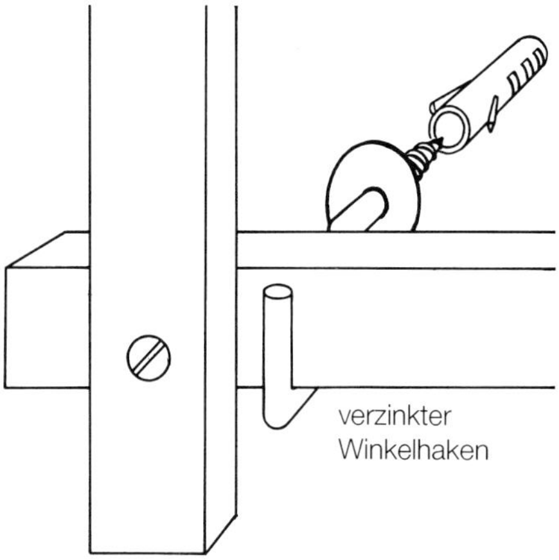

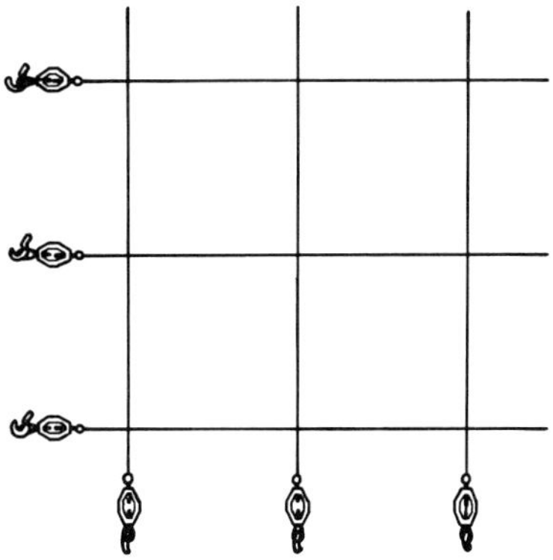

Spanndraht, Abstand 40 cm

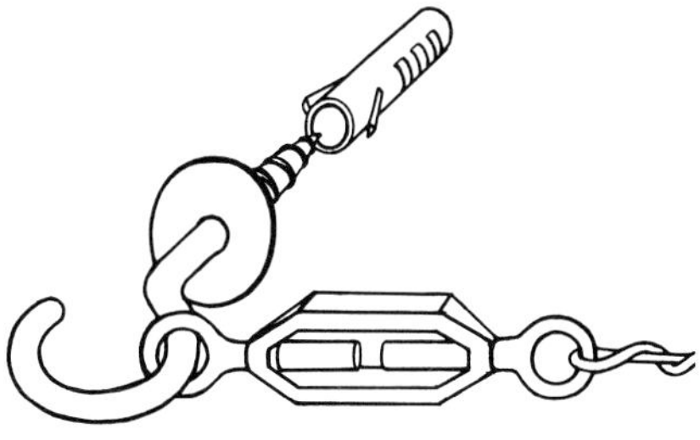

verzinkter Wäscheleine-Haken und Spannschloß

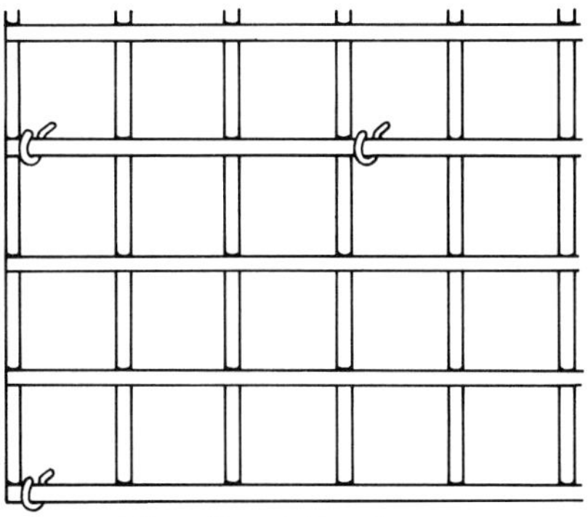

rostgeschützte Baustahlmatte
Abstand der Stäbe 10 bis 30 cm

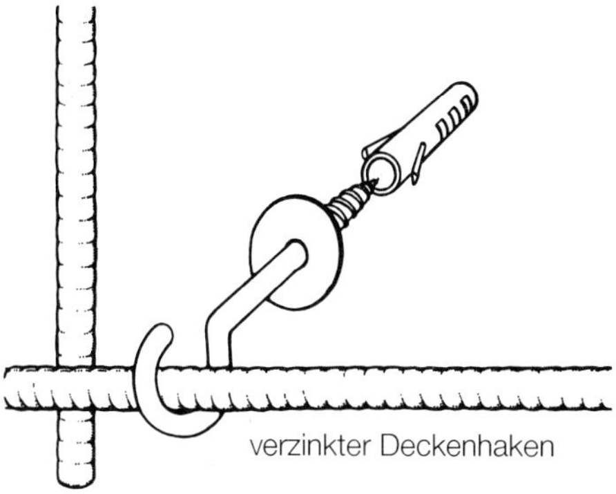

druckimprägniertes Hartholz verwendet werden. Die Lattenabstände sollten aus statischen Gründen 40 cm nicht überschreiten. Untereinander werden die Latten mit verzinkten Holzschrauben aus Stahl oder mit Holzschrauben aus Messing verbunden.

Bei der Anbringung aller Kletterhilfen ist darauf zu achten, daß ein Wandabstand von mindestens 5 cm, besser 10 cm eingehalten wird. Nur so kann sich zwischen Wand und Bewuchs das gewünschte Luftpolster bilden, und die Pflanzen erhalten einen gewissen Wachstumsspielraum. Im Handel werden sogenannte Abstandsdübel angeboten, die sich sehr gut einsetzen lassen. Wird ein Holzgerüst angeschraubt, können natürlich auch entsprechend große Holzstücke als Abstandshalter eingesetzt werden. Denken Sie immer auch daran, daß an leicht zugänglichen Stellen das Klettergerüst möglicherweise von Menschen als Aufstiegshilfe mißbraucht werden könnte. Dort kann es angebracht sein, bis zur Höhe von 2 m nur mit senkrecht verlaufenden Latten, Ketten oder Spanndrähten zu arbeiten.

Alle genannten Materialien sind über einen Baumarkt oder den Fachhandel leicht zu beschaffen. Auch vorgefertigte Aufstiegshilfen wie Matten, Drahtbalken, Pergolenbausätze und Holzspaliere sowie Schutzgitter werden angeboten, können aber oft nur direkt beim Hersteller bezogen werden.

Bei der Wahl der Kletterhilfe muß auch die Klettertechnik der jeweiligen Pflanze berücksichtigt werden. Ranker wie Clematis, Echter Wein, aber auch Wilder Wein (sofern keine Haftorgane ausgebildet werden) sind auf gitterartige Rankgerüste angewiesen. Blauregen, Knöterich, Geißblatt, Hopfen und andere windende Arten benötigen senkrecht angeordnete Hilfen (Drähte, Ketten, Latten usw.). Nur zur Verbesserung der Stabilität des Klettergerüstes sollten hier alle 40 cm Querverbindungen angebracht werden. Waagerecht ausgerichtete Gerüste sind hingegen für die Spreizklimmer unter den Kletterpflanzen besonders wichtig. Zu ihnen gehören die Kletterrosen, Brombeeren und Winterjasmin, die sich mit Hilfe spezieller Seitensprosse, Dornen oder Stacheln in die Höhe arbeiten.

Pflanzung und Pflege

Wie alle anderen Gehölze können ausdauernde Kletterpflanzen sowohl im Herbst, vom Laubfall bis zum Frosteinbruch, als auch im Frühjahr (März bis April) gepflanzt werden. Die Pflanzung direkt in das Erdreich ist einer Kübelpflanzung im-

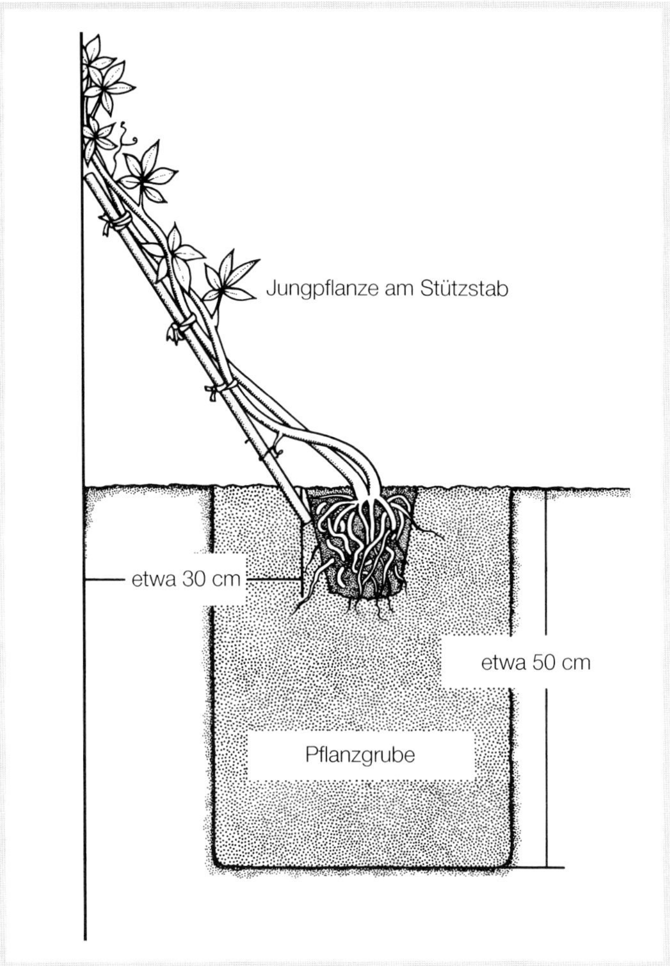

Pflanzung einer selbstklimmenden Kletterpflanze. Durch einen Stützstab werden die Triebe der Jungpflanze an die Hauswand bzw. gegebenenfalls an die Kletterhilfe geführt. Der Pflanzenballen muß mit der Bodenoberfläche abschließen, die Umgebung wird mit Mulchmaterial abgedeckt.

mer vorzuziehen. Allerdings muß man bei Pflanzungen am Haus immer damit rechnen, daß ein vollständiger Bodenaustausch notwendig wird. Befestigte Flächen sind meist mit einem Unterbau aus Kies oder Bauschutt versehen, der für ein erfolgreiches Gedeihen unserer Pflanzen absolut ungeeignet ist. Auch bei der Pflanzung im Garten bei besseren Bodenverhältnissen ist eine Verbesserung der Aushuberde mit Kompost sinnvoll. Das Pflanzloch wird mindestens 50 cm tief und 50 cm breit ausgehoben. Vor der Pflanzung kann durch Einbringen einer Dränageschicht aus Kies für einen guten Wasserabzug gesorgt werden.

Um eine möglichst dichte Begrünung zu erreichen, genügt es, in Abständen von 2 bis 3 m zu pflanzen. Vielfältige Bepflanzungen mit möglichst mehreren Arten sind wünschens-

Ausdauernde Kletterpflanzen (Auswahl)

	Lichtanspruch, Standort am Haus	Wuchsstärke, -höhe (m)	Blüte (sofern bedeutsam)	immergrün	selbstkletternd	Kletterhilfe: Baumstamm, Zaun	Kletterhilfe: Gitter, Strauch	Kletterhilfe: Spalier, Pfahl, Pergola	anfänglich anbinden	Anmerkungen
Akebie, Klettergurke (*Akebia quinata*)	○ – ◐ S O	schnell 6 – 8	violettrosa V					X	X	
Blauregen, Glyzine (*Wisteria sinensis*)	○ S	mittel 6 – 12	blau VI – VII					X	X	kalkmeidend, feuchtigkeitsliebend
Efeu (*Hedera helix*)	◐ – ● W O N	langsam 10 – 20		X	X	X			X	anfangs eventuell Kletterhilfe, zugleich Bodendecker, heimisch
Geißblatt, Jelängerjelieber (*Lonicera caprifolium*)	◐ W S O	mittel 2 – 6	gelb-weiß			X	X	X	X	heimisch, robust, rote Beeren
Geißblatt (*Lonicera henryi*)	○ – ● N W	mittel 3 – 4	rötlich-gelb VI – VII	X			X	X	X	schwarze Beeren
Geißblatt (*Lonicera heckrottii*)	○ – ● S W O	mittel 4	gelb-rot VI – IX				X	X	X	
Hopfen (*Humulus lupulus*)	○ – ◐	schnell 4 – 8				X	X			heimische Staude, langsames Anwachsen
Kletterhortensie (*Hydrangea petiolaris*)	◐ – ● W N O	langsam 6 – 8	weiß VI – VII		X	X		X	X	kalkempfindlich, langsames Anwachsen
Kletterbrombeeren (*Rubus*-Arten)	○ – ◐ W S O	schnell 2 – 3	weiß VI	X			X	X	X	Früchte, wuchernd
Knöterich (*Fallopia aubertii*)	○ – ◐ W S O	schnell 8 – 15	weiß VII – X					X	X	rascher Jugendwuchs, robust, gelegentlich zurückschneiden
Pfeifenwinde (*Aristolochia macrophylla*)	◐ – ● W N O	mittel 6 – 9					X	X		großes Laub, langsames Anwachsen
Strahlengriffel (*Actnidia arguta*)	○ – ◐ S	mittel 5 – 7	weiß-gelb V – VI				X	X	X	eßbare Früchte
Trompetenblume (*Campsis radicans*)	○ S	mittel 6 – 10	orange VII – IX	X				X	X	dekoratives Laub, benötigt geschützten Standort
Waldrebe (*Clematis vitalba*)	○ – ◐ W O	schnell 8 – 9	weiß VII – X			X		X		heimisch, kalkliebend
Waldreben (*Clematis*-Hybriden)	○ – ◐ W O	mittel 2 – 3	verschieden VI – IX				X	X	X	kalkliebend, Wurzelfuß beschatten
Weinrebe (*Vitis coignetiae*)	○ – ◐ W S O	mittel 5 – 6						X	X	nicht eßbare Früchte, kalkliebend, geschützter Standort
Winterjasmin (*Jasminum nudiflorum*)	○ S	langsam 2 – 4	gelb I – IV	X				X	X	kalkliebend, geschützter Standort, eventuell anbinden
Wilder Wein (*Parthenocissus quinquefolia*)	○ S	schnell 12 – 15				X		X	X	braunrote Herbstfärbung
Wilder Wein (*Parthenocissus tricuspidata ,Veitchii'*)	○ – ◐ S O	schnell 8 – 15			X				X	orangerote Herbstfärbung

Anmerkung: Alle Arten gedeihen am besten auf einem humosen, nährstoffreichen Boden. ○ = sonnig, ◐ = halbschattig, ● = schattig wert, doch sollte man dabei wuchsstarke und wuchsschwache Arten nicht unmittelbar nebeneinander pflanzen, da die stärkere Pflanze die schwächere unterdrücken kann.

Selbstklimmern wird das Anwachsen erleichtert, wenn sie anfangs noch eine Aufstiegshilfe erhalten und angebunden werden. Im ersten Jahr ist es besonders wichtig, regelmäßig zu wässern (besonders in trockenen Sommern). Die Abdekkung des Wurzelbereiches mit Mulchmaterial oder eine Unterpflanzung mit niedrigen Stauden schützt vor Wasserverlusten und wirkt sich wachstumsfördernd aus. Trotz aller Pflege sind Pflanzungen an der Straßenseite des Hauses, besonders wenn sie an stark begangenen Bürgersteigen liegen, vielen Gefahren ausgesetzt. Die im Fachhandel erhältlichen Schutzgitter können hier für eine wirksame Absicherung sorgen.

Haben die Pflanzen einmal eine Fassade erobert, können auch Schnittmaßnahmen erforderlich werden. Türen, Fenster und Regenrinnen müssen selbstverständlich freigehalten werden, was bei den ausgesprochen schnittverträglichen Klettergehölzen jedoch problemlos möglich ist. Auf Schnittmaßnahmen kann aber weitgehend verzichtet werden, wenn man schwachwachsende Arten auswählt. Dort, wo aus bestimmten Gründen ein zu starkes Wuchern unerwünscht ist, sollten also anstelle eines Knöterichs besser *Clematis*-Hybriden, Geißblatt oder Kletterhortensie gepflanzt werden.

Balkonbegrünung

In vielen Situationen ist eine Pflanzung in den Boden nicht möglich, aber trotzdem eine Begrünung machbar, wenn Kübel eingesetzt werden. Auf dem Balkon genügen schon größere Blumentöpfe und Blumenkästen, um einjährige Kletterpflanzen an einer Wand hochzuziehen. Für Terrassen, Innenhöfe oder andere versiegelte Bereiche am Haus bietet der Handel eine Vielzahl verschiedenster Pflanzkübel an, die auch für Klettergehölze geeignet sind. Viel Geld läßt sich aber sparen, wenn man sich einfache Baukübel (aus Kunststoff) besorgt und diese mit Holz verkleidet. Mit etwas Geschick können so optisch sehr ansprechende Pflanzgefäße erstellt werden. Wichtig ist hier aber das Ausschneiden von Wasserabzugslöchern. Für die Holzverkleidung sollte man immer auf das haltbare, druckimprägnierte Holz zurückgreifen. Die Behälter können quadratisch oder sechseckig in Größen zwischen 20 und 100 l zusammengebaut und auch mit einer Bodenplatte versehen werden.

Biologischer Pflanzenschutz

Ernteerfolg ohne Gift

Im Nutzgarten werden überwiegend anspruchsvolle Kulturpflanzen angebaut, die auf gärtnerische Pflege und Schutzmaßnahmen angewiesen sind. Im Unterschied zu naturnahen Lebensbereichen im Garten, in denen sich ein recht stabiles Gleichgewicht zwischen den robusten Wildpflanzen und der Tierwelt einstellt und Eingriffe kaum nötig sind, müssen wir unsere empfindlichen Gemüsepflanzen vor konkurrierenden Wildkräutern, fressenden Insekten, Schnecken und Krankheitserregern schützen. Leider setzen Gartenbesitzer dazu zum Teil immer noch hochgiftige chemische Spritzmittel ein, obwohl der Verzicht auf solche Mittel bei Ausschöpfung biologischer Pflanzenschutzmaßnahmen problemlos möglich ist.

Die chemische Industrie hat in den vergangenen Jahrzehnten viele tausend „Pflanzenschutzmittel" auf den Markt gebracht. Es gibt kaum ein Problem im Garten, das nicht sofort, schnell und wirksam gelöst werden könnte – versprechen die Produzenten und haben damit offenbar sogar Erfolg: Zur Zeit wird in der BRD ein Jahresumsatz von über 130 Mio. DM erwirtschaftet, weil Gartenbesitzer auf diese Problemlösung vertrauen. Jeder bundesdeutsche Hobbygärtner gibt noch immer durchschnittlich fast 20 DM im Jahr für chemische „Pflanzenschutzmittel" aus. Kann er aber seine Probleme auf diese Weise wirklich lösen?

Hat das, was da geschieht, überhaupt etwas mit „Pflanzenschutz" zu tun? Im wissenschaftlichen Sprachgebrauch werden die eingesetzten Mittel als Biozide oder Pestizide bezeichnet, was wörtlich übersetzt etwa „Tötungsmittel" lauten würde. Herbizide sind demnach also „Pflanzentötungsmit-

◁ Vielfalt an Pflanzen und Tieren sorgt im Nutzgarten für ein stabiles biologisches Gleichgewicht und ermöglicht Ernteerfolge ohne Verwendung von giftigen Pflanzenbehandlungsmitteln.

> „Schmeicheln wir uns indes nicht zu sehr mit unseren menschlichen Siegen über die Natur. Für jeden Sieg rächt sie sich an uns. Jeder hat in erster Linie zwar die Folgen, auf die wir gerechnet, aber in zweiter und dritter Linie hat er ganz andere, unvorhergesehene Wirkungen, die nur zu oft jene ersten Folgen wieder aufheben."
> (Friedrich Engels)

tel". Jeder, der diese Mittel einsetzt, will damit ja auch bestimmte Pflanzen vernichten und nicht schützen. Oft handelt es sich sogar um Breitbandmittel, mit denen z. B. auf einem Gehweg jeglicher Pflanzenwuchs abgetötet wird. Andere Mittel können ganz gezielt im Rasen gegen Wildblumen eingesetzt werden, denn Gräser bleiben verschont. In einer Zeit, in der schon über 35 % unserer Wildpflanzen als vom Aussterben bedroht auf „Roten Listen" stehen, sind solche Gifteinsätze wohl mehr als fragwürdig. Auch aus gärtnerischer Sicht gibt es kaum plausible Gründe, die zu solchen Pflanzenvernichtungsaktionen zwingen. Konkurrierende Wildkräuter können im Gemüsegarten oder Blumenbeet problemlos durch Kulturmaßnahmen wie Mulchen oder Hacken zurückgehalten oder herausgezogen werden. An anderen Stellen des Gartens, z. B. im Rasen, am Rande eines Gehölzstreifens, in den Fugen des Gehweges, am Zaun oder Wegrand, richten Wildkräuter keinerlei Schaden an. Viele von ihnen blühen ebenso schön wie unsere Sommerblumen und Blütenstauden, und sie können sogar als Heilkräuter genutzt werden.

Trotzdem gehören Herbizide im Bereich unserer Gärten sogar zu den am häufigsten eingesetzten Pestiziden: Von den genannten 20 DM jährlich werden fast 8 DM für Pflanzenvernichtungsmittel ausgegeben, von denen der größte Teil bei der Rasenpflege (!) eingesetzt wird. Der beliebte und immer noch häufige Herbizideinsatz auf Plätzen und Gehwegen ist übrigens nach einer Änderung des Pflanzenschutzgesetzes seit 1987 verboten: Auf Privatgrundstücken dürfen Herbizide danach nur noch auf Flächen eingesetzt werden, die gärtnerisch genutzt werden, eine Bestimmung, die hoffentlich bald durch ein Totalverbot ersetzt wird.

Auf Umweltgifte verzichten

Treten im Garten Blattläuse oder Kohlweißlingsraupen auf, versprechen die angebotenen Insektizide (Insektentötungsmittel) schnelle Hilfe. Unter ihnen gibt es einige auch für Menschen hochgiftige Präparate, die jeder Hobbygärtner problemlos kaufen und einsetzen kann. Daß der unkontrollierte Einsatz solcher Mittel im Garten immer noch rechtlich zulässig ist, trotz vieler Initiativen auch bei der jüngsten Novellierung des Pflanzenschutzgesetzes kein Verbot eingeführt werden konnte, wird als ein weiteres umweltpolitisches Trauerspiel in die Geschichte unserer Republik eingehen.

Sicher: alle eingesetzten Mittel werden einer gründlichen Prüfung unterzogen, bevor sie zugelassen werden. Doch

In was für einem Land leben wir, in dem auf der einen Seite per Verordnung die Pflanzung leicht giftiger Wildgehölze im Bereich von Kindergärten verboten wird – Gehölze, deren Beeren und Früchte überwiegend nur Verdauungsstörungen verursachen, deren Giftstoffe biologisch abgebaut werden, mit denen Kinder seit Menschengedenken Kontakt haben und denen sie auch heute in der freien Natur noch jederzeit begegnen können – auf der anderen Seite hochgiftige Pflanzenbehandlungsmittel von jedermann gekauft und eingesetzt werden können?

schon häufig ist es in der Vergangenheit vorgekommen, daß durch den Einsatz eines zugelassenen Mittels plötzlich unerwartete Umweltschäden aufgetreten sind. Viele Mittel mußten aus diesem Grund wieder aus dem Verkehr gezogen werden.

Es heißt auch, der Einsatz der Mittel sei unbedenklich, sofern sie unter Beachtung von Dosierungs- und Sicherheitsvorschriften sachgerecht angewendet würden. Doch kann man von jedem Laien erwarten, daß er diese sachgerechte Anwendung beherrscht, wenn selbst Fachleute dabei oft Probleme haben? Beim Einsatz im Gemüse- und Obstgarten sind z. B. oftmals längere Wartezeiten vor dem Verzehr von Pflanzenteilen einzuhalten – doch kann man wirklich in jedem Fall verhindern, daß Kinder frisch gespritzte Früchte und Blätter verzehren? Den Wartezeiten werden zudem sehr zweifelhafte Grenzwerte zugrunde gelegt, unter denen eine Gefährdung unserer Gesundheit vermeidbar sein soll. Viele Wissenschaftler äußern aber grundsätzliche Zweifel an solchen Werten, da unberücksichtigt bliebe, daß manche Giftstoffe im menschlichen Organismus angereichert und nur sehr langsam abgebaut würden. Auch durch Anreicherung in Böden und Grundwasser gefährden viele Pestizide unsere Umwelt und unsere Gesundheit.

Toleranz – ein erster Schritt zum biologischen Pflanzenschutz

Wenn „leben und leben lassen, verstehen und dulden, statt bekämpfen und ausrotten“ (Hermann Seiberth) heißt, müssen wir die traditionelle Unterscheidung in „Schädlinge“ und „Nützlinge“ in Frage stellen. Denn durch Vernichtung der einen Gruppe von Organismen stellen wir auch das Leben der anderen in Frage. Wer Insektizide gegen Blattläuse einsetzt, trifft damit auch zahllose Insektenarten, die als „Räuber“ von Blattläusen leben. Außer den bekannten Marienkäfern gehören dazu auch viele eher unbekannte Arten wie Florfliege, Schwebfliegenlarven, Raubfliegen, einzeln lebende Bienen und Wespen, Weichkäfer, Raubwanzen oder Blattlauslöwen. Welcher Gärtner kennt diese Tiere, hat sich einmal die Mühe gemacht, sie zu beobachten?

Sorgfältige Beobachtung des Geschehens im Garten ist also ein erster Schritt zum wirksamen (biologischen) Pflanzenschutz im Garten. Aber auch ein Mindestmaß an Toleranz gegenüber den sogenannten „Schädlingen“ gehört dazu. Wer etwa gegen die ersten auftretenden Blattläuse sofort mit einem Insektizid vorgeht, gibt den Gegenspielern keine Chance zur natürlichen Problemlösung. Im Gegenteil: während die sehr anpassungsfähigen, zur schnellen Massenvermehrung fähigen Blattläuse sich meist sehr schnell wieder von solchen Schlägen erholen, werden die Gegenspieler viel nachhaltiger getroffen. Einzelne Arten werden möglicherweise ganz aus dem Garten vertrieben. Die Folge: weitere Spritzeinsätze sind nötig, wenn der Ernteerfolg gesichert werden soll. Ein kostspieliger und umweltbelastender Teufelskreis!

Pflanzenschutz durch Artenvielfalt

Naturnahe Gärten bieten die Chance, aus diesem Teufelskreis auszubrechen. Dabei stützen wir uns auf ein biologisches „Grundgesetz", nachdem die biologische Stabilität (das „Biologische Gleichgewicht") eines Lebensraumes mit der Artenvielfalt zunimmt. Je vielfältiger die Nahrungsbeziehungen zwischen Tieren und Pflanzen in einem Garten sind, desto seltener kommt es zu Massenvermehrungen einzelner Lebewesen. Voraussetzung für eine artenreiche Tierwelt bzw. vor allem einer vielfältigen Insektenfauna ist aber eine abwechslungsreiche Gestaltung und Bepflanzung mit möglichst vielen, unterschiedlichen Lebensbereichen und Kleinstandorten. Dazu gehören als Nahrungsbasis besonders heimische Wildpflanzen sowie „wilde" Bereiche im Garten, die der Tierwelt als Nistplatz und Unterschlupf zur Verfügung stehen. Räuberisch lebende Insekten wie Ohrwürmer, Schwebflie-

„Biologisches Gleichgewicht"?

In Lebensgemeinschaften von Pflanzen und Tieren sind bei relativ gleichbleibenden Umweltfaktoren sowohl die Artenzusammensetzung als auch die jeweilige Zahl der Individuen relativ konstant. Im naturnahen Garten wünschen wir uns ein möglichst stabiles Biologisches Gleichgewicht, damit die auftretenden „Schädlinge" jeweils durch natürliche Gegenspieler zurückgehalten bzw. reguliert werden. Wir müssen uns aber immer darüber im klaren sein, daß sich niemals ein statisches, sondern immer nur ein dynamisches Gleichgewicht einstellt, d. h. die Zahl der Individuen einer Art kann mehr oder weniger stark schwanken; aufgrund von Störungen sind immer auch Massenvermehrungen möglich. Solche Schwankungen nehmen aber ab bzw. die Stabilität nimmt zu, je mehr verschiedene Organismenarten die Gartenlebensgemeinschaft bilden, je vielfältiger also ein Garten gestaltet und bepflanzt ist. Voraussetzung ist natürlich, daß der Stoffkreislauf zwischen den Produzenten (grüne Pflanzen), den Konsumenten (Tiere) und den Reduzenten (zersetzende Bodenlebewesen) möglichst nicht unterbrochen bzw. gestört wird (s. Seite 30ff.).

Blattläuse und eine Larve des Marienkäfers: Durch Einsatz von Geduld und Toleranz erübrigen sich Gifteinsätze!

gen oder Marienkäfer brauchen Hecken, Gebüsche, Wildkrautecken, Holz- und Steinhaufen als „Stützpunkte", in denen sie sich im Winter verbergen und schon frühzeitig im Jahr vermehren können. Nur so können sie dann im Sommer wirksam zur Regulierung von Blattläusen oder anderen Pflanzenfressern im Nutzgarten beitragen.

Zusätzlich sind eine ganze Reihe von gezielten Hilfsmaßnahmen für bestimmte Helfer in der Tierwelt möglich, die an anderer Stelle gesondert dargestellt werden (s. Seite 198).

Pflanzenschutz durch vorbeugende Kulturmaßnahmen

Das, was wir beim Umgang mit unseren eigenen Krankheiten lernen, gilt auch für unsere Kulturpflanzen: Vorbeugen ist besser als Heilen! Biologischer Pflanzenschutz ist vor allem ein vorbeugender Pflanzenschutz und beginnt wie dargestellt mit der Gestaltung und Bepflanzung eines Gartens, mit der Stärkung der biologischen Stabilität der Gartenlebensgemeinschaft. Werden im Nutzgarten zusätzlich alle vorbeugenden Kulturmaßnahmen wie naturgemäße Bodenpflege, Fruchtwechsel und Anbau von Mischkulturen (s. Seite 196) ausgeschöpft, können Schäden in zumutbaren Grenzen gehalten werden. Der Einsatz biologisch abbaubarer Spritzmittel bleibt auf absolute Ausnahmesituationen beschränkt (s. Seite 213).

Schon die richtige Wahl des Standortes und des Pflanzzeitpunktes sowie Bodenpflege und Düngung gehören zu den ersten vorbeugenden Pflanzenschutzmaßnahmen. Unsere überwiegend lichtliebenden Gemüsearten und Küchenkräuter können sich z. B. an einem Schattenplatz nur recht schwach entwickeln und sind dementsprechend empfindlich. Wer sich bei der Saatzeit zu schematisch an vorgegebene Zeiten hält und das aktuelle Wettergeschehen nicht berücksichtigt, muß mit späteren Schäden rechnen. Gerade das Warten kann in vielen Fällen lohnend sein. Die Möhrenfliege beispielsweise legt etwa Anfang Juni ihre Eier ab. Sind die Möhren dann noch nicht aus dem Boden, können ihnen die Larven der Möhrenfliege nichts anhaben. Späte Möhren werden deshalb am besten Mitte Juni bis Anfang Juli gesät, frühe Sorten jedoch so früh wie möglich (März). Blattlausgefährdete Kulturen kommen immer möglichst früh in den Boden. Bis zur Zeit erster Massenentwicklungen (meist ab Juni/Juli) haben sich dann etwa Dicke Bohnen schon so kräftig entwikkelt, daß die Schäden gering bleiben.

Ein optimales Wachstum wird auch ganz entscheidend durch den Zustand des Bodens bestimmt. Werden anspruchsvolle Kulturen etwa auf einem schweren, undurchlässigen und eventuell sogar staunassen Boden angebaut, darf man sich über Pilzkrankheiten nicht wundern. Auf ungeeigneten Böden angebaute, unzureichend ernährte, aber auch überdüngte Pflanzen zeichnen sich durch reduzierte Widerstandskraft gegenüber Krankheiten und Fraßinsekten aus. Naturgemäße Bodenpflege und Düngung – durch Mulchen, Kompost oder Gründüngung – trägt hingegen zur Stärkung der Abwehrkräfte bei. Der zusätzliche Einsatz kräftigender Kräuterbrühen (s. Seite 70) bringt eine weitere Verbesserung der Widerstandskraft. Auch die Wahl des Saatgutes kann ein Beitrag zum Pflanzenschutz sein. Inzwischen gibt es im Handel eine Vielzahl von Sorten, die gegen bestimmte Krankheitserreger (wie Mehltau) resistent sind.

Pflanzenschutz durch Fruchtfolge

Wird die gleiche Gemüseart über mehrere Jahre immer auf derselben Fläche angebaut, sind oft geschwächtes Wachstum, erhöhte Anfälligkeit und sinkende Erträge zu beobachten. Bodenmüdigkeit ist eingetreten, bedingt durch Ausscheidungen wachstumshemmender Stoffe und einseitigen Nährstoffentzug.

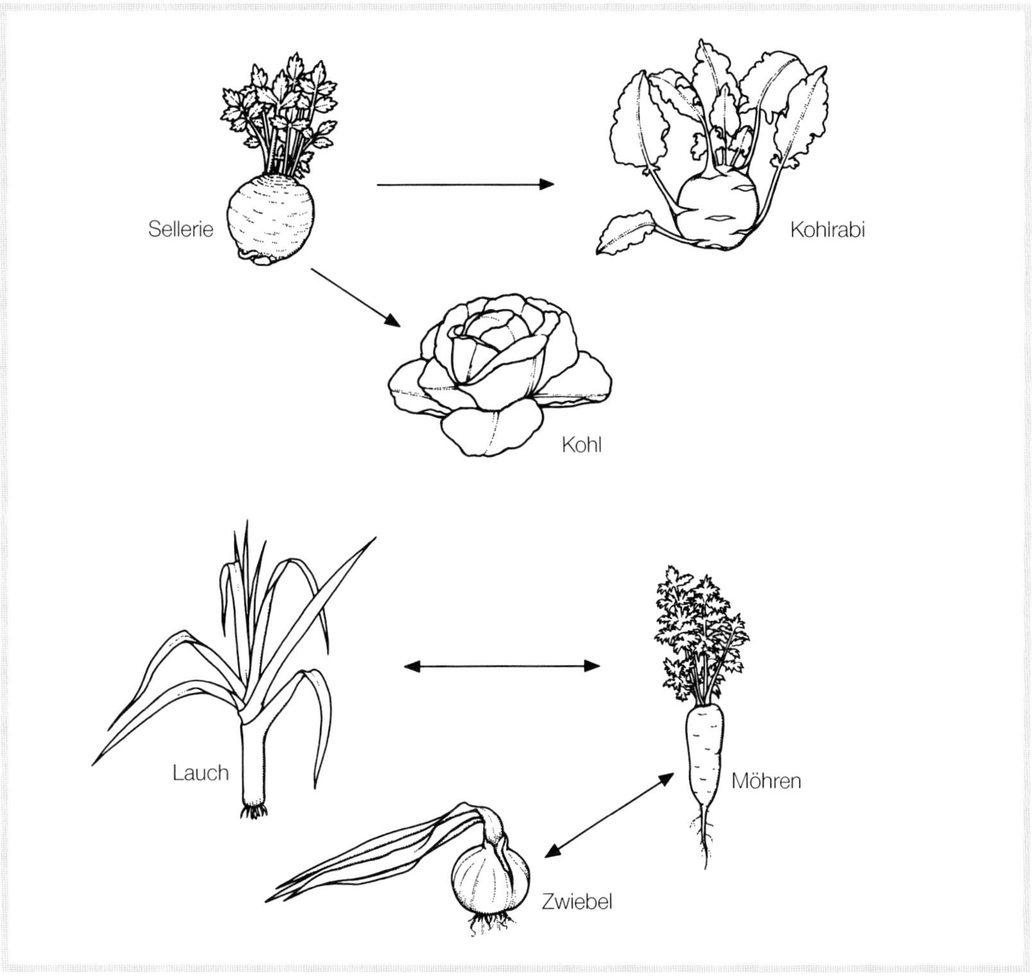

Nachbarschaftshilfe im Gemüsebeet: Sellerieduft wehrt Kohlweißlinge ab. Lauch, Zwiebel und Möhren schützen sich gegenseitig vor Möhren- und Zwiebelfliege.

Für die folgenden Gemüsearten empfiehlt sich deshalb ein jährlicher Wechsel der Anbaufläche: Bohnen, Erbsen, Gurken, Zucchini, Möhren, Rettich, Rote Beete, Sellerie, Spinat und Mangold.

Zum Ausgleich des einseitigen Nährstoffentzugs können Starkzehrer (Kohl, Gurken, Tomaten, Zucchini, Kartoffeln), Schwachzehrer (Bohnen, Erbsen) und Mittelzehrer (Möhren, Kohlrabi, Zwiebeln, Spinat, Salat) jeweils nacheinander angebaut werden.

Nach einem Befall mit Kohlhernie sollte man mindestens 5 Jahre am selben Platz keine Kohlarten mehr anpflanzen sowie auf Gründüngungspflanzen, die wie Gelbsenf oder Ölrettich zu den Kohlgewächsen gehören, verzichten.

Nachbarschaftshilfe im Gemüsebeet

In der freien Natur wachsen Pflanzen immer in einer Gemeinschaft, helfen und ergänzen einander. Ähnliche Erfahrungen können wir machen, wenn wir im Garten mehrere Gemüsearten in Mischung mit Küchenkräutern auf einem Beet anbauen. Durch geschickte Kombination können potentielle Schädlinge und Krankheitserreger abgewehrt sowie Ertrag und Qualität beträchtlich gesteigert werden.

Mischkultur berücksichtigt die unterschiedlichen Nährstoffbedürfnisse und das Wuchsverhalten der Pflanzen. Flach- und Tiefwurzler zusammengepflanzt sorgen für eine optimale Durchwurzelung; die Nährstoffreserven des Bodens können durch entsprechende Pflanzkombination optimal ausgenutzt werden.

Durch Duftstoffe und Wurzelausscheidungen können sich Pflanzen gegenseitig fördern und zugleich gegen manche „Gegner“ schützen. Viele anfliegende Schadinsekten orientieren sich am Geruch ihrer Wirtspflanze. Steht in unmittelbarer Nähe eine viel stärker duftende Pflanze, können sie so „verunsichert“ oder abgestoßen werden, daß sie, ohne Eier abzulegen, weiterfliegen (s. Abb. Seite 195). Wurzelausscheidungen mancher Kräuter (Tagetes, Ringelblume) wirken sogar direkt gegen „schädliche“ Fadenwürmer (Nematoden) im Boden.

Stark duftende Küchenkräuter können als besonders wirkungsvolle Abwehrpflanzen in den Mischkulturgarten einbezogen werden. Der Kräuterduft verbessert nicht nur die Widerstandskraft der Gemüsepflanzen und wehrt unerwünschte Besucher ab, auch der Geschmack wird verbessert und die Befruchtung gefördert. Viele Kräuter locken als sehr gute Nektarquellen Bienen und andere Blütenbesucher an, auf Befruchtung angewiesene Gemüsepflanzen wie Gurken oder Zucchini können davon profitieren. Einjährige Kräuter wie Dill, Bohnenkraut, Kerbel oder Boretsch werden in die Gemüsereihen mit eingesät. Boretsch breitet sich zwar stark aus, kann aber überall dort, wo er zur Konkurrenz für Gemüsepflanzen geworden ist, weggezogen und sinnvoll für Kräuterbrühen oder Mulchdecken verwendet werden.

Alle Kräuter, insbesondere die mehrjährigen Arten, sollte man so zahlreich wie möglich an den Rand des Gemüsegartens pflanzen. Auch Blumen wie Tagetes, Phlox oder Ringelblume sind als wertvolle Abwehrpflanzen gut geeignet. Nach Möglichkeit sollte der gesamte Nutzgarten von einem breiten „Schutzstreifen“ solcher Blumen und Kräuter umgeben sein. Mischkultur darf aber nicht als Patentrezept im Pflanzen-

▷ Vorbeugender Pflanzenschutz durch Gemüseanbau in Mischkulturen. Lauch wehrt Möhrenfliegen, Tagetes schädliche Nematoden (Fadenwürmer) im Boden ab.

schutz verstanden werden. Erst im Zusammenwirken mit anderen Maßnahmen wie Fruchtfolge, Bodenpflege, Standortwahl und Förderung der Artenvielfalt bringt Mischkultur die erwünschten Erfolge; sie kann aber niemals jegliche Schädigung durch Krankheiten oder Fraßinsekten verhindern. Schäden bleiben aber so meist unterhalb einer leicht tolerierbaren Grenze.

Einen Pflanzenplan austüfteln ...

Konsequenter Mischkulturanbau in Abstimmung mit dem Fruchtwechsel ist sicher etwas für die Tüftler unter den Hobbygärtnern. Ein jährlicher Pflanzplan gehört dazu und sicher auch ein wenig Praxiserfahrung, damit alles wie geplant funktioniert. Als Planungshilfe kann dabei die hier abgedruckte Tabelle dienen, wobei man von Reihe zu Reihe oder aber schon in der Reihe mischen kann.

... oder erst einmal probieren

Die folgenden „klassischen" Mischkultur-Beispiele sind besonders gut zum Probieren geeignet:
- Möhren mit Lauch, Zwiebeln oder Knoblauch (am besten in den Reihen mischen); gegenseitiger Schutz vor Möhrenfliege und Zwiebelfliege und aufeinander abgestimmtes Wuchsverhalten.
- Bohnenkraut in die Bohnenreihen mit einsäen: Wachstumsförderung, Aromaverbesserung und Schutz der Buschbohnen vor Schwarzer Bohnenlaus.
- Kohlarten mit Sellerie (abwechselnd in der Reihe) und Tomaten (in der Nachbarreihe) kombinieren; beide Gemüsearten tragen aufgrund ihrer starken Duftwirkung zur Kohlweißlingsabwehr bei.
- Der starke Geruch von zwischen Salat gepflanztem Kerbel vertreibt Ameisen und wehrt Schnecken, Blattläuse und Mehltau ab.
- Knoblauch zwischen Erdbeeren kann zur Abwehr von Pilzkrankheiten beitragen. Überhaupt kann Knoblauch an vielen Stellen im Mischkulturgarten angepflanzt werden.
- Basilikum im Gurkenbeet wehrt Mehltau ab.

Pflanzenschutz durch Artenvielfalt

Jeder Gärtner kennt Marienkäfer als ausgesprochen wirkungsvolle Blattlausjäger – doch wer achtet schon auf die unscheinbaren, aber genauso „nützlichen" Marienkäferlarven? In den wenigen Tagen ihrer Entwicklungszeit vertilgt eine dieser Larven bis zu 700 Blattläuse. Oder wer weiß, daß die oft bekämpften Wespen, ja sogar die gefürchteten Hornissen sich vorwiegend von pflanzenfressenden Insekten wie Raupen oder Blattläusen ernähren?

Mischkultur: Positive und negative Nachbarschaften im Gemüsebeet

+ günstig

− ungünstig

□ neutral

	Bohnen	Bohnenkraut	Dill	Endivien	Erbsen	Erdbeeren	Gurken	Kapuzinerkresse	Kartoffeln	Knoblauch	Kohlarten	Kohlrabi	Kopfsalat	Lauch	Möhren	Pfefferminze	Pflücksalat	Radies, Rettich	Rote Rüben	Sellerie	Spinat	Tomaten	Zucchini	Zwiebeln
Bohnen	●	+	+		−	+	+		+	−	+	+	+	−			+	+	+	+		+		−
Bohnenkraut	+	●											+				+		+					
Dill	+		●		+		+				+		+		+		+		+					+
Endivien				●							+			+										
Erbsen	−		+		●		+		−	−	+	+	+	−	+			+				−	+	−
Erdbeeren	+					●				+	−		+	+				+			+			+
Gurken	+		+		+		●		−	+	+	+	+	+				−	+	+		−		+
Kapuzinerkresse								●	+									+				+	+	
Kartoffeln	+				−		−	+	●	+		+				+			−	−	+	−		
Knoblauch	−				−	+	+		+	●	−				+				+			+		
Kohlarten	+		+	+	+	−	+			−	●		+	−		+	+	+	+	+	+	+		−
Kohlrabi	+				+		+		+			●	+	−				+	+	+	+	+		+
Kopfsalat	+	+	+		+	+	+				+	+	●	−	+	+		+	+	−		+		+
Lauch	−			+	−	+	+				−	−	−	●	+				−	+		+		+
Möhren			+		+					+			+	+	●	+	+	+				+		+
Pfefferminze									+		+		+		+	●						+		
Pflücksalat	+	+	+								+				+		●	+	+			+		
Radies, Rettich	+				+	+	−	+			+	+	+		+		+	●			+	+		−
Rote Rüben	+	+	+				+		−	+	+	+	+	−			+		●			+		+
Sellerie	+						+		−	+	+	−	+							●		+		
Spinat						+			+		+	+						+			●	+		
Tomaten	+				−		−	+	−	+	+	+	+	+	+	+	+	+	+	+	+	●	+	+
Zucchini					+			+															●	+
Zwiebeln	−		+		−	+	+				−	+	+	+	+			−	+			+	+	●

Zur Regulierung pflanzenfressender Lebewesen („Schädlinge“) steht im Garten eine große Zahl recht unauffälliger Helfer zur Verfügung. Neben den Singvögeln spielen dabei die Insekten eine entscheidende Rolle. Ein recht stabiles biologisches Gleichgewicht kann sich einstellen, wenn das Heer der Helfer ausreichende Lebensbedingungen vorfindet. Die Anlage von Lebensräumen, Duldung von Wildpflanzen und „wilden“ Ecken gehört ebenso dazu wie der Verzicht auf Insektizide. Zusätzlich können wir bestimmte Tiere durch gezielte Hilfsmaßnahmen wirksam fördern.

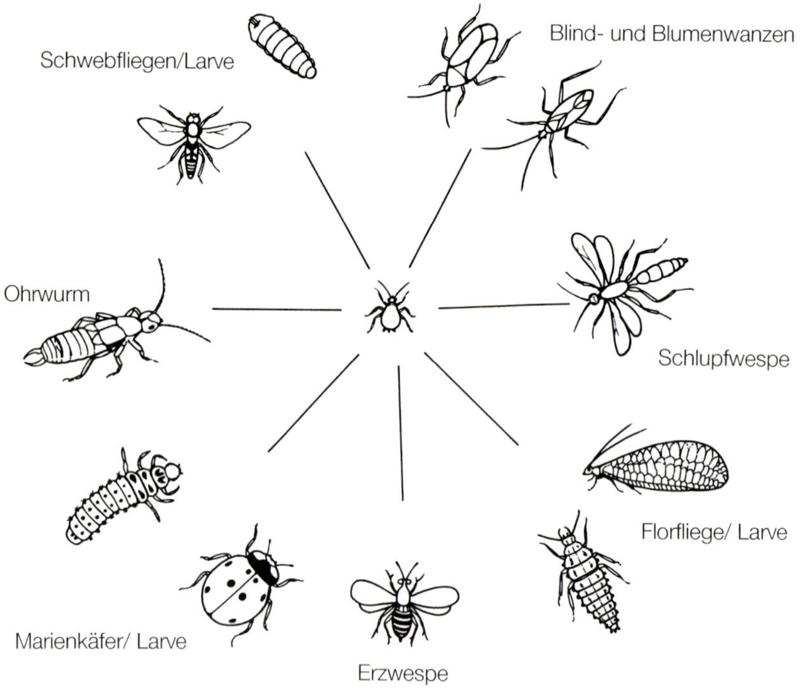

Förderung von Schwebfliegen durch Wildblumen

Schwebfliegen sind in jedem Garten mit vielen Arten vertreten. Sie gehören zu den häufigsten Blütenbesuchern, sind durch die an Wespen oder Bienen erinnernden Tarnfarben deutlich von anderen Fliegen zu unterscheiden, stechen aber keineswegs. In jedem Blumengarten können sie im Sommer sehr schön bei der Arbeit beobachtet werden. Während die Fliegen vom Nektar verschiedener Blütenpflanzen leben, ernähren sich die nicht einfach zu findenden, unscheinbaren Larven vorwiegend von Blattläusen. Aufgrund des hohen Nahrungsbedarfs und einer raschen Generationsfolge werden sie zu den bedeutendsten Blattlausvertilgern im Garten gezählt.

Die Häufigkeit ihres Auftretens hängt allerdings auch sehr stark vom Blütenreichtum eines Gartens ab! Schon ein klei-

◁ Pflanzenschutz durch Artenvielfalt: Zahlreiche im Garten lebende Insekten ernähren sich als „Räuber" von Blattläusen. Das Bild zeigt nur einige beispielhafte Arten.

▷ Durch Ansiedlung von Wildblumen, z. B. der Kornrade, werden Schwebfliegen gefördert. Die Larven der Schwebfliegen leben von Blattläusen.

nes Blumenbeet mit nektarliefernden Sommerblumen (Ringelblumen, Zinnien) und dazu passenden Wildblumen ist eine wirksame Hilfe für diese unschätzbaren Helfer. Zu den besonders wichtigen Nektarquellen für Schwebfliegen zählen alle Doldenblütler wie Bärenklau (*Heracleum*), Giersch, Wiesenkerbel (*Anthriscus sylvestris*) oder Wilde Möhre (*Daucus carota*), die an möglichst vielen Stellen des Gartens geduldet werden sollten. Einjährige Nahrungspflanzen wie Kornrade oder Kornblume können in Sommerblumenbeete integriert werden. Auch viele Küchenkräuter wie Dost, Minze und Thymian gelten als wertvolle Schwebfliegenpflanzen.

Pflanzenschutz mit Hilfe von Ohrwurmtöpfen

In großer Zahl versammeln sich Ohrwürmer gerne in den als Nisthilfe angebotenen Ohrwurmtöpfen, die dann gezielt zur Blattlausbekämpfung im Garten eingesetzt werden können. Der „Gemeine Ohrwurm" ist zwar ein Allesfresser und knabbert gelegentlich auch an Blüten. Überwiegend ernährt er sich aber von Blattläusen, Spinnmilben und den Eiern verschiedener Insekten. Als nachtaktive Tiere sind Ohrwürmer am Tage auf dunkle, feuchtwarme Verstecke angewiesen, verbergen sich dabei am Boden in der Laubschicht, unter loser Baumrinde oder in Blüten. Mit Holzwolle gefüllte Tontöpfe werden als „Luxusunterschlupf" aufgesucht.

Ohrwurmtöpfe können schon von Kindern zusammengebaut werden (s. Seite 272). Ein Stück Holz oder ein Stück kräftiger Maschendraht wird mit einer durch den Tontopf (Durchmesser 10 cm) gezogenen Kordel so am Baum aufgehängt, daß die Holzwolle nicht herausfallen kann (s. Abb. Seite 203).

Ohrwurmtöpfe werden im Frühjahr zunächst im Bodenbereich einer Hecke, eines Gebüsches oder Holzhaufens deponiert, denn in der schützenden Laubschicht überwintern die Ohrwürmer. Die Weibchen legen im Herbst und Frühjahr am Boden ihre Eier ab und betreiben anschließend Brutpflege. Im Winter werden die Eier bewacht, im Frühjahr die geschlüpften Larven mit Nahrung versorgt. Ab Ende Mai/Anfang Juni machen die Tiere von den angebotenen Unterschlupfmöglichkeiten schnell Gebrauch, so daß die Töpfe ab jetzt ganz gezielt überall dort aufgehängt werden können, wo stärkerer Blattlausbefall zu beobachten ist. Bei der Anbringung in Bäumen muß darauf geachtet werden, daß die Töpfe Stamm- oder Astkontakt haben. Sofern der Abstand zwischen Ast und Topf nicht größer als 5 cm ist, können Ohrwürmer ihren Unterschlupf aber auch über die Kordel verlassen bzw. wieder erreichen. Ist kein Blattlausbefall mehr feststellbar, sollte man die Töpfe wieder in die Hecke oder an anderer Stelle außerhalb des Nutzgartens aufhängen, da die Tiere als Allesfresser bei Nahrungsmangel auch an Knospen und Blättern fressen. Ohrwürmer gehören also zu den zahlreichen Tierarten, die sich sowohl als „Nützlinge", als auch als „Schädlinge" betätigen können. Das Beispiel macht die Fragwürdigkeit solcher Unterscheidungen deutlich!

Nisthilfen für Wespen?

So manchen Gartenbesitzer können sie im Sommer zur Verzweiflung bringen, wenn sie beim sonntäglichen Kaffeetrinken auf der Terrasse an der Obsttorte naschen. Wer aber ihre Lebensweise kennt, sieht die Wespen trotz punktueller Belästigungen mit anderen Augen! Denn durch Mitwirkung bei der Blütenbestäubung und Dezimierung „schädlicher" Insekten betätigen sich alle Wespen als Helfer des Gärtners.

Unter den Wespen gibt es – wie bei ihren nahen Verwandten, den Bienen – staatenbildende (soziale) und einzeln lebende (solitäre) Arten. Bei den in großer Zahl auftretenden „Plagegeistern" handelt es sich meist um staatenbildende Fal-

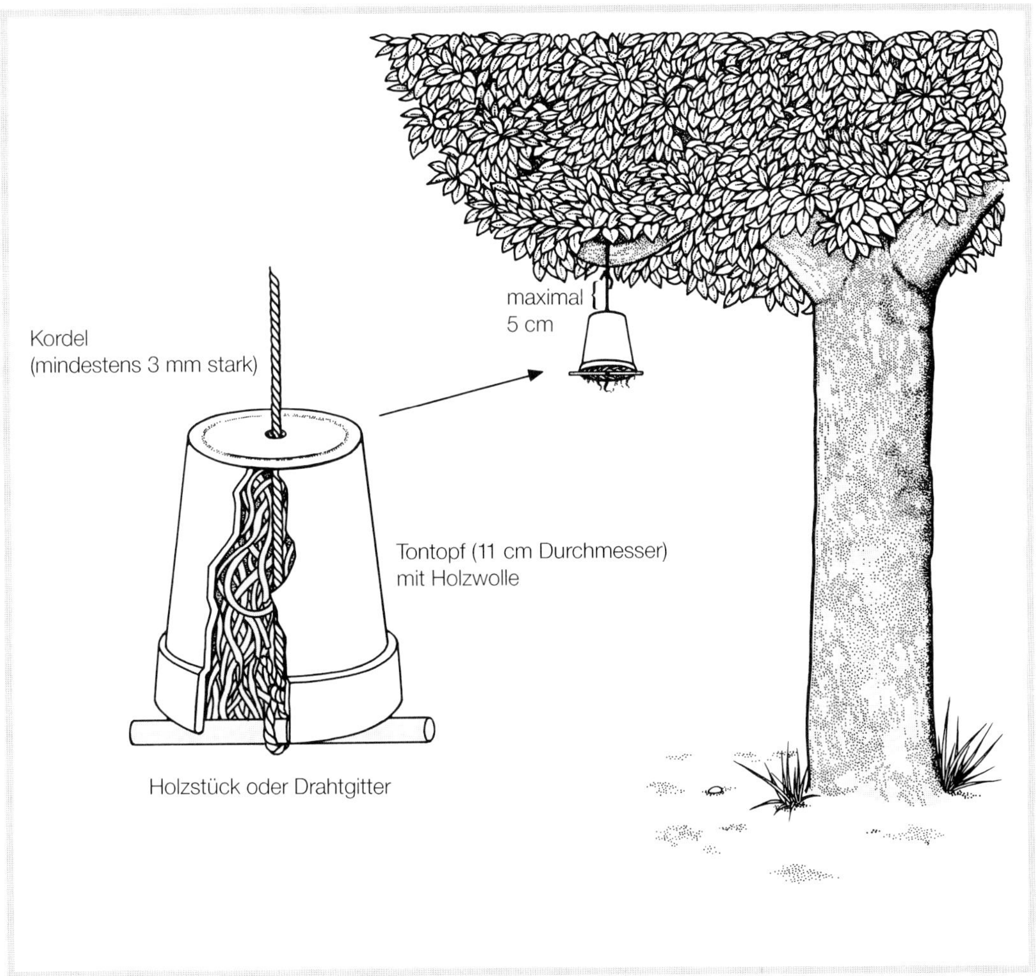

Mit Holzwolle gefüllte Tontöpfe dienen Ohrwürmern als Unterschlupf.

tenwespen. Im Gegensatz zum mehrjährigen Staat der Honigbiene sind die Staaten dieser Wespen allerdings einjährig. Sie werden im Frühjahr von der überwinternden Königin gegründet und sterben im Spätherbst ab. Auf der Suche nach Nektar, Pflanzensäften und Honigtau beteiligen sich die Königinnen im Frühjahr an der Bestäubung unserer Obstgehölze. Nach Bau eines Nestes in einem Hohlraum (in der Erde, in hohlen Bäumen aber auch an den Dachbalken des Speichers) entwickelt sich rasch ein Wespenstaat von einigen Dutzend bis zu über 3 000 Tieren. Für die Entwicklung der Wespenlarven müssen die Arbeiterinnen in dieser Zeit eine Unmenge von Raupen und anderen Insekten heranschaffen. Sie sind damit so beschäftigt, daß es bis zum Spätsommer kaum zu Belästigungen durch diese Wespen kommt. Dann stellt die Königin die Eiablage ein, und das arbeitsaufwendige Füttern der Larven entfällt. Die Arbeiterinnen haben jetzt Zeit, sich an Obst oder anderen süßen Speisen zu „vergnügen".

In einer relativ kurzen Zeit bis zu ihrem Tod können Wespen also lästig werden, eine ernsthafte Gefahr geht aber in der Regel nicht von ihnen aus. Außerhalb ihres Nestes ergreifen Wespen bei Gefahr oder Störung meist die Flucht. Nur bei sehr heftigen Bewegungen bzw. einer plötzlichen Bedrohung werden sie zu Abwehrstichen gereizt. Vor allem eine Gefährdung ihres Nestes kann heftige Verteidigungsaktionen auslösen. Nester am Haus oder im Garten sollten deshalb ruhig beobachtet, aber niemals angegriffen und zerstört werden.

Nistkasten für Hornissen

Geht wirklich einmal von einem Wespennest z. B. aufgrund der Nähe einer Terrasse Gefahr aus, sollte keinesfalls zur Selbsthilfe gegriffen werden. In solchen Fällen ist über die zuständige Naturschutzbehörde oder eine Umweltberatung Rat und Hilfe erfahrener Fachleute einzuholen. Dies gilt besonders für die Nester der Hornisse, einer Faltenwespe, die als „besonders geschützte Tierart" in die Bundesartenschutzverordnung aufgenommen wurde. Hornissen sind aufgrund fehlender Nistmöglichkeiten, aber auch als Folge von Bekämpfungsaktionen vielerorts bereits ausgestorben. Dabei entspricht die den Hornissen immer noch zugesprochene Gefährlichkeit keinesfalls den Tatsachen! Ein Stich der Hornisse ist nicht wesentlich gefährlicher als der Stich einer anderen Wespe oder der Honigbiene. Biologen haben festgestellt, daß selbst kleinere Tiere wie die Mäuse mehrere Hornissenstiche unbeschadet überstehen können. Zudem sind Hornissen von Natur aus friedliche Tiere, die sich sogar berechenbarer verhalten als andere Wespen oder Honigbienen. Sie ernähren sich als ausgesprochene Insektenjäger bis zu 90% von anderen Insekten und verfüttern diese in großen Mengen an ihre Larven.

Hornissen kann durch Bau eines Nistkastens wirksam geholfen werden. Es genügt ein jeweils 35 cm breiter und tiefer sowie 50 cm hoher Holzkasten mit einer 12 × 2 cm großen Einflugöffnung (s. Abb. Seite 205). Wie beim Bau von Vogelnistkästen verwendet man dazu am besten ungehobeltes und gut getrocknetes Holz mit einer Stärke von 24 mm. Die Öffnung wird mit einem dünnen Blech als Spechtschutz gesichert. Da die Insekten auf Chemikalien sehr empfindlich rea-

Hornissen werden zu Unrecht verfolgt. Im Garten sollten wir diesen wichtigen „Nützlingen" durch Bereitstellen eines Nistkastens helfen.

gieren, darf nicht mit Imprägniermitteln und Leim gearbeitet werden. Hornissen sind sehr wärmeliebend – der Kasten muß deshalb an einem sonnigen Platz in etwa 4 m Höhe aufgehängt werden. Dabei ist zu beachten, daß die Insekten eine freie Anflugmöglichkeit benötigen. Im Herbst sterben Hornissenvölker wie die Völker aller staatenbildenden Wespen ab. Eventuell benutzt eine Königin das Nest zur Überwinterung; es sollte deshalb erst etwa Ende April des nächsten Jahres zum Reinigen entfernt werden.

Holzstücke – Nistplatz für Solitärwespen

Die Mehrzahl unserer Wespen- und auch Wildbienenarten bildet keine Staaten, sondern lebt einzeln. Biologen bezeichnen sie deshalb auch als Solitärwespen und -bienen. Die Weibchen dieser Arten bauen Brutröhren in morschem Holz,

▷ Mit einfachen Nisthilfen aus Holz oder hohlen Zweigen können einzeln lebende Bienen und Wespen gefördert werden.

alten Zaunpfählen, hohlen Pflanzenstengeln, Steinspalten, Sandgruben oder Wegen und versorgen ihre Brut ohne die Mithilfe ihrer Artgenossen. Als Nahrungsvorrat für die Larven werden bei den Solitärwespen gelähmte Insekten (insbesondere Raupen) in die Brutkammern eingebracht, die danach mit Lehm oder Harz verschlossen werden. In der freien Natur haben sich die Lebensmöglichkeiten dieser interessanten und „nützlichen" Tiere in den vergangenen Jahrzehnten drastisch verschlechtert. Von den Grabwespenarten wurden 39 % in die bundesweit geltende „Rote Liste" der gefährdeten Tiere und Pflanzen aufgenommen, von den Wegwespen sogar schon 51 %. Ursache dafür ist neben dem Einsatz giftiger Pestizide vor allem die Beseitigung geeigneter Nistplätze. Auch im Siedlungsraum finden Solitärwespen und -bienen kaum noch Nistmöglichkeiten, da ältere Gebäude, Holzschuppen oder Bruchsteinmauern zunehmend durch moderne Bauwerke ersetzt werden.

Im Garten haben wir aber die Möglichkeit, diesen Insekten unter Berücksichtigung ihrer Lebensweise mit sehr einfachen Nisthilfen aus Holz oder hohlen Pflanzenstengeln zu helfen.

Angebohrte Holzklötze, Baumscheiben und Stämme, möglichst aus Hartholz (Eiche, Buche, Akazie, Obstbäume), werden von den Solitärwespen und -bienen als Nistplätze angenommen (s. Abb. Seite 207, 208). Damit möglichst vielen verschiedenen Arten geholfen wird, sollte man verschieden starke Bohrungen einbringen (zwischen 1 und 10 mm Durchmesser und einer Tiefe von 5 bis 10 cm). Hohle Stengel, Holunderzweige oder Schilfhalme, gebündelt aufgehängt, sind eine ebenso wirksame Nisthilfe. Alle Nisthilfen werden an einem sonnigen und geschützten Platz so angebracht, daß kein Niederschlagswasser in die Röhren eindringen kann. Bei günstigen Bedingungen werden sie selbst auf einem Balkon in der Stadt von den Insekten besiedelt! Manche Arten benutzen auch die Ritzen einer Trockenmauer oder eine offene Sandfläche (eines Weges oder Steinhügels) zum Nestbau.

Vogelschutz im Garten

Eine Menge von bis zu 75 kg Insekten (mit Larven und Eiern) kann ein Meisenpaar bei zweimaliger Brut im Verlaufe eines Jahres vertilgen bzw. an seine Jungen verfüttern! Zum Speisezettel fast aller im Garten lebenden Singvögel gehören vor allem Insekten, wobei die zur Massenentwicklung neigenden Pflanzenfresser (Raupen, Blattkäfer u. a.) als leicht verfügbare Nahrung bevorzugt werden. Vogelschutz im Gar-

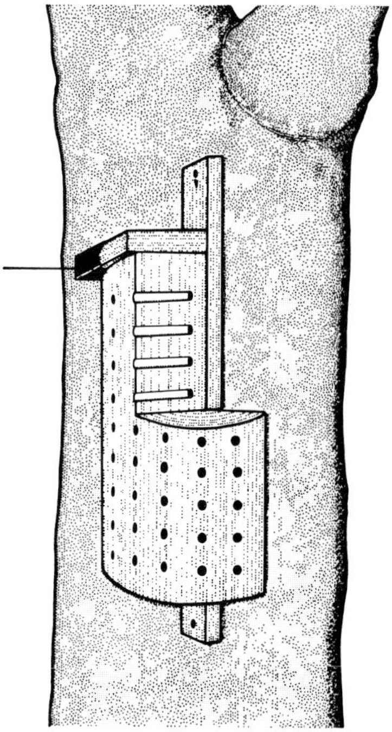

Hartholzklotz mit Abdekkung als Wetterschutz und bis 10 cm tiefen, 1 bis 10 mm starken Bohrungen.

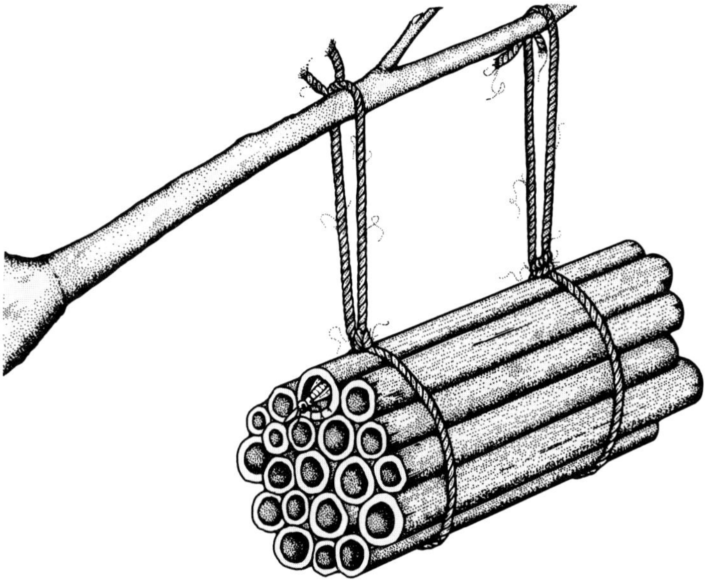

Gebündelte Zweige von Holunder, Schilfrohr- oder Bambusstämme.

ten ist also ein wirksamer Beitrag zum vorbeugenden Pflanzenschutz.

Wirksamer Vogelschutz beginnt mit einer naturnahen Gestaltung des Gartens! Je vielfältiger ein Garten gestaltet und bepflanzt ist, desto mehr Vogelarten finden hier eine „ökologische Nische", d. h. alle Umweltfaktoren, die sie zum Leben brauchen. Singvogelarten wie Rotkehlchen, Heckenbraunelle oder Gelbspötter nisten als Freibrüter gerne in Hecken und Gebüschen. Besonders sichere Nistplätze finden sie in dornenreichen Gehölzpflanzungen. Bei Heckenpflanzungen sollten deshalb Sträucher wie Schlehe, Weißdorn und Wildrosen berücksichtigt werden.

Dichte Reisig- und Totholzhaufen sind ein beliebter Nistplatz des Zaunkönigs. An Sträuchern und Bäumen können

„Luxushotel" für einzeln lebende Bienen und Wespen.

Meisen sind wichtige „Regulatoren“ in der Gartenlebensgemeinschaft. Durch Bau von Nistkästen können wir Höhlenbrütern helfen.

zusätzlich Nisttaschen und Nistquirle angebracht werden. Beim Nistquirl werden längere Zweige von Weißdorn, Johannisbeere oder Wildrosen gebündelt im Bodenbereich um den Baum gebunden. Für Nisttaschen (s. Seite 211) eignen sich besonders Fichten- und Kiefernzweige. Etwa 10 Zweige werden in ungefähr 2 m Höhe mit Draht um den Baum gebunden, so daß eine Nistunterlage für Nischenbrüter entsteht, die manchmal auch von Baumläufern angenommen wird.

Singvögel ernähren sich nicht nur von Insekten. Zur Nahrungsgrundlage vieler Arten gehören auch Früchte und Körner. Das Samenangebot einer Wiese lockt viele Körnerfresser wie Kernbeißer, Girlitz, Buch- oder Grünfink in den Garten. Die Samenstände der Stauden sollten möglichst erst im Frühjahr entfernt werden, da sie den kargen Winterspeisezettel der Singvögel bereichern, ebenso wie beerentragende Wildgehölze (Eberesche, Kornelkirsche, Sanddorn oder Schneeball), die möglichst zahlreich gepflanzt werden sollten. Denken Sie auch an den Wasserbedarf der Vögel: Zur „ökologischen Nische“ aller Vogelarten gehört eine Wasserstelle zum Baden und zur Flüssigkeitsaufnahme. Jeder naturnah angelegte Gartenteich ist ein beliebter Vogeltreffpunkt, doch wo dafür der Platz fehlt, genügt auch schon eine künstliche Vogeltränke. Es sollte sich dabei um möglichst großflächige aber nur flache Gefäße handeln (2 bis 5 cm tief). Geeignet sind flache Schalen aus Kunststoff oder Eternit, aber auch halbierte Autoreifen (s. Seite 128).

Bau von Nistkästen für Höhlenbrüter

Durch Beseitigung alter Bäume und die moderne Architektur ist das Angebot an Nistgelegenheiten für höhlenbrütende Vogelarten in den letzten Jahren immer geringer geworden. Nistkästen im Garten können dazu beitragen, deren Wohnungsnot zu lindern. Die Ansprüche der Vogelarten an Kastengröße und Flugloch sind zum Teil sehr verschieden (s. Tab. Seite 212). Wenn die Gartengröße es zuläßt, sollten im Interesse der Vielfalt möglichst viele verschiedene Kästen angeboten werden. Dabei kann man sich auf im Handel angebotene Kästen aus Holzbeton oder Holz stützen, aber auch recht einfach Nistkästen im Eigenbau herstellen. Beim Bau von Nistkästen sind die folgenden Hinweise zu beachten:

– Das verwendete Holz muß gut getrocknet, ungehobelt und mindestens 20 mm stark sein. Bewährt haben sich Bretter aus Nadelholz. Weichhölzer, Sperrholz oder Spanplatten sind hingegen absolut ungeeignet.

– Auf einen Schutzanstrich kann man verzichten; auch ohne eine solche Behandlung haben die Kästen eine Lebensdauer von einigen Jahren. Durch Hobeln der Außenseite (auf keinen Fall der Innenseite!) und Anstrich mit einem biologischen Holzschutzmittel kann die Lebensdauer erhöht werden.

– Die Bretter werden nach den in der Tabelle angegebenen Größen zugeschnitten, dünn mit Holzleim bestrichen und mit Nägeln (40 bis 45 mm) zusammengesetzt. Der Zusammenbau erfolgt in der Reihenfolge: Rückwand, Seitenteile, Boden, Dach. Damit Niederschlagswasser besser abgehalten wird, sollte das in der Vorderwand eingebrachte Einflugloch nach innen leicht ansteigen und der Boden etwas höher liegen, als Rückwand und Seitenteile. Zusätzlich wird als Spechtschutz ein dünnes Blech angebracht.

▷ Verschiedene Nisthilfen für Vögel. Die Nistkästen können im Handel bezogen, aber auch im Eigenbau erstellt werden (s. Seite 212).

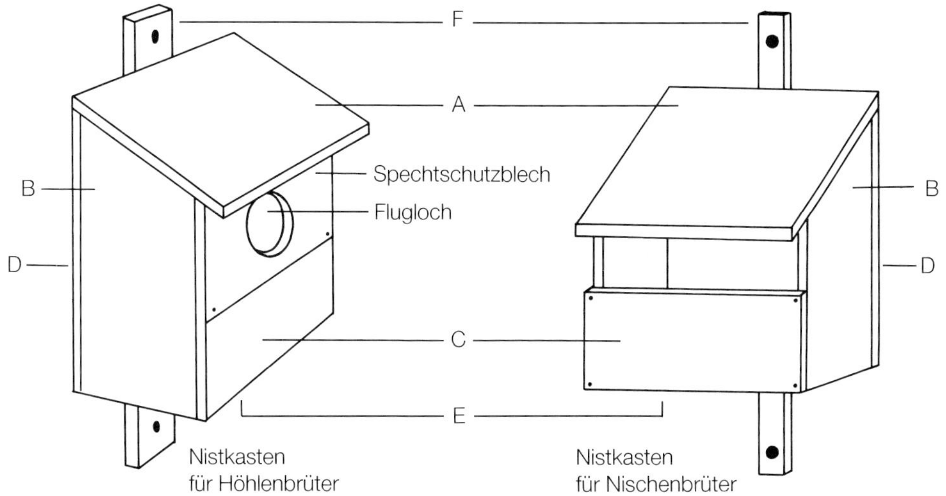

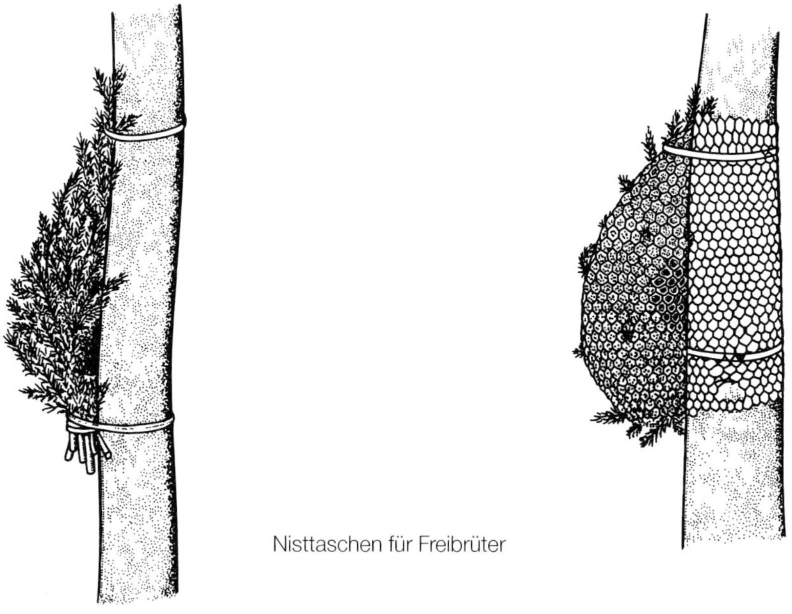

Nisttaschen für Freibrüter

Bau von Vogelnistkästen (Maße der Bauteile in cm)

Modell	**Dach (A)** Breite × Tiefe	**2 × Seitenteil (B)** vordere (hintere) Höhe × Tiefe	**Vorderteil (C)** Höhe × Breite	**Rückwand (D)** Höhe × Breite	**Boden (E)**	**Aufhängeleiste (F)** Länge × Breite	**Flugloch-Durchmesser**	**Abstand Flugloch/ Dach**
Meisenkasten	20 × 22	24 (27) × 18	24 × 14	27 × 14	14 × 14	47 × 4	2,8[1]/3,3[2]/4,5 × 3[3]	5
Starenkasten	22 × 26	30 (34) × 20	30 × 16	34 × 16	16 × 16	58 × 4,5	4,5 – 5	5,5
Kleiner Eulenkasten	24 × 30	35 (40) × 22	35 × 18	40 × 18	18 × 18	66 × 5	6,5 – 7[4]/8,5[5]	6
Großer Eulenkasten	31 × 40	44 (50) × 29	44 × 25	50 × 25	25 × 25	80 × 6	12	9
Halbhöhle	20 × 20	14 (17) × 14	8 × 16	17 × 12	12 × 12	40 × 4	–	–

1 bis 5: Fluglochdurchmesser für bestimmte Vogelarten bei gleicher Kastengröße (siehe unten)

Höhlenbrüter

Meisenkasten:

Blau-, Hauben-, Nonnen-, Tannenmeisen (1)
Kohlmeisen, Wendehals, Feldsperling, Trauer-, Halsbandschnäpper (2)
Gartenrotschwanz, Kleiber (3)

Starenkasten:

Star, Sperlingskauz

Kleiner Eulenkasten:

Wiedehopf, Zwergohreule, Steinkauz (4)
Rauhfußkauz, Hohltaube (5)

Großer Eulenkasten:

Waldkauz

Nischenbrüter

Halbhöhle:

Hausrotschwanz, Bachstelze, Grauer Fliegenschnäpper (gelegentlich: Rotkehlchen, Zaunkönig)

– Für die jährliche Reinigung müssen Nistkästen zugänglich sein. Vorderseite oder Dach werden deshalb so angebracht, daß sie abgeklappt aber auch fest verschlossen werden können. Als einfacher Öffnungsmechanismus dienen zwei Nägel, die auf gleicher Höhe durch die Seitenwand in die zu öffnende Vorderwand geschlagen werden (eine Verriegelung wird durch zwei weitere Nägel ermöglicht, die umgebogen werden). Bei größeren Kästen ist der Einbau von Scharnieren eine bessere Lösung.
– Die Aufhängeleiste wird mit Hilfe von Holzschrauben fest angeschraubt. Für die Befestigung am Baum verwendet man am besten nichtrostende Nägel oder Schrauben aus Aluminium. Die Aufhängung erfolgt in 2 bis 4 m Höhe auf der Ost- oder Südseite eines Baumes. Nistkästen dürfen nie extremen Witterungseinflüssen – wie starkem Wind, Schlagregen und voller Sonneneinstrahlung – ausgesetzt werden. Sie sollten auch niemals aufgehängt werden, wenn in der Umgebung noch Pestizide eingesetzt werden: Selbst vergiftete Insekten werden noch gefressen und verfüttert. In den Garten gelockte Vögel und ihre besonders gefährdete Brut können auf jämmerliche Weise zugrunde gehen!

Biologische Pflanzenbehandlungsmittel

Alle vorbeugenden Maßnahmen des biologischen Pflanzenschutzes können ein Massenauftreten mancher „Plagegeister" nicht immer unterbinden. In einem solchen Notfall kann es angebracht sein, direkte Gegenmaßnahmen zu ergreifen. Voraussetzung sollte aber immer die eindeutige Identifizierung des Schaderregers sein, denn oft sind Schäden auf ungünstige Standort-, Boden- und Ernährungsverhältnisse zurückzuführen.

Vor Einsatz eines Pflanzenbehandlungsmittels sollte man eventuell mögliche biotechnische oder physikalische Abwehrmaßnahmen ausschöpfen. Einem Befall durch Blattläuse kann man z. B. oft schon erfolgreich durch Abspritzen mit einem starken Wasserstrahl oder Abknipsen befallener Pflanzenteile begegnen. Leimringe an Obstbäumen oder Kohlfliegenkragen sind eine ähnlich wirksame Gegenmaßnahme. Die nachfolgende Übersicht gibt Aufschluß über die Vielfalt möglicher Abwehrmaßnahmen, weist auch auf Präparate hin, die im Einzelfall als „letzte Hilfe" eingesetzt werden können.

So wird z. B. der Wirkstoff „Pyrethrum" unter verschiedenen Handelsbezeichnungen für den Einsatz gegen Insekten angeboten. Solche Pflanzenextrakte sind biologisch abbaubar und somit relativ umweltverträglich, mit ihrem Einsatz wird aber immer in die Gartenlebensgemeinschaft eingegriffen. Pyrethrum tötet z. B. unter den Insekten nicht nur die „Schädlinge", sondern auch die „Nützlinge". Obwohl es als „biologisches" Mittel bezeichnet werden kann, wurde es einer Giftklasse zugeordnet, müssen Anwendungshinweise und Wartezeiten bei einem Einsatz genau beachtet werden. Die Bezeichnung „Bio" darf also nicht dazu verleiten, entsprechende Mittel rücksichtslos einzusetzen, ihre Verwendung als unbedenklich einzustufen.

Im Naturgarten bleibt der Einsatz biologischer Pflanzenbehandlungsmittel als absolute Ausnahme auf den Notfall beschränkt. Zunächst wird man immer versuchen, Probleme durch Ausschöpfung aller vorbeugenden Maßnahmen zu vermeiden. Dabei können auch manche der lange Zeit als „Unkraut" aus den Gärten verdrängten Wildpflanzen helfen: Von Brennessel oder Schachtelhalm lassen sich zur Stärkung und Krankheitsabwehr Jauchen, zur unmittelbaren Bekämpfung von Schaderregern Spritzmittel (Tee oder Kaltwasserauszug) herstellen. Eine Übersicht über solche Präparate und Rezepte finden Sie im Kapitel „Naturgemäße Düngung" (s. Seite 70); manche dieser Kräuterextrakte werden auch im Handel angeboten. Die folgende Übersicht informiert über Wirkstoffe und Präparate des biologischen Pflanzenschutzes. Hinweise zum Einsatz finden Sie auf Seite 218 und 219.

Biologische Pflanzenbehandlungsmittel (Übersicht)

Pyrethrum

Aus Margeritenblüten gewonnenes Kontaktgift gegen Schadinsekten, die direkt getroffen werden müssen. Da Tiere oft an den Blattunterseiten sitzen, ist der Einsatz nicht einfach.
Giftklasse: 5 oder 5S
Bei Einsätzen können auch Nutzinsekten getroffen werden. Deshalb sollte man Pyrethrum nur im äußersten Notfall verwenden und dann zur Zeit der Dämmerung spritzen. Tagaktive Räuber wie Marienkäfer haben sich dann zurückgezogen, Nachtjäger wie Ohrwürmer halten sich meist noch in ihren Verstecken auf.
Pyrethrum verursacht kaum Rückstandsprobleme, da es meist innerhalb von 48 Stunden abgebaut ist. Trotzdem sind die vorgeschriebenen Wartezeiten unbedingt einzuhalten.
Wartezeiten: 7 Tage bei Gemüseanbau, 3 Wochen bei Obstgehölzen.
Handelsbezeichnungen: Spruzit, Parexan, Derro, Oscorna-Insektenschutz, Substral-Blattlausfrei u. a. Im Angebot sind

über 15 Mittel für verschiedene Einsatzbereiche. Deshalb müssen unbedingt die Packungshinweise beachtet werden. Auf die Verwendung von angebotenen bienengefährlichen Pyrethrum-Präparaten muß unbedingt verzichtet werden! Beim Einsatz in der Nähe von Gewässern ist Vorsicht geboten: Pyrethrum gilt als starkes Fischgift und gefährdet nicht nur Fische, sondern auch alle Kleinlebewesen und Amphibien.

Schmierseife und Brennspiritus
Beide Mittel können in Mischungen zur kurzfristigen Blattlausbekämpfung eingesetzt werden; sie wirken ähnlich den Mineralölen.
Giftklasse: keine
Wartezeit: 3 Wochen
Konzentration: 150 bis 300 g Schmierseife auf 10 l Wasser (in heißem Wasser auflösen) gegen Blattläuse
100 bis 300 g Schmierseife, 1/2 l denaturierter Spiritus, je 1 Eßlöffel Salz und Kalk auf 10 l Wasser bei starkem Befall gegen Raupen.

Bacillus Thuringiensis
Bakterienpräparat, das gegen verschiedene Schmetterlingsraupen eingesetzt werden kann. Die Raupen nehmen das auf die Blätter aufgebrachte Bakterialpulver bei der Nahrungsaufnahme auf und verenden nach relativ kurzer Zeit.
Giftklasse: keine
Wartezeit: 7 Tage im Gemüse und Obstbau
Handelsbezeichnungen: Bactucide, Bactospeine, Biotrol, Dipel, Thuricide, Neudorffs Raupenspritzmittel u. a.

Neudosan
Selektiv wirkendes Insektizid gegen Blattläuse, Spinnmilben und Weiße Fliege, bestehend aus Kaliumsalzen natürlicher Fettsäuren. Biologisch abbaubares und nützlingsschonendes Spritzmittel.
Handelsbezeichnung: Neudosan (Neudorff)

Quassia
Aus dem tropischen Bitterholz „Quassia“ gewonnenes Fraß- und Kontaktgift gegen Schadinsekten, vor allem Raupen.
Giftklasse: keine
Wartezeit: 7 Tage

Mineralöle
Mittel auf Mineralölbasis gegen Schadinsekten. Durch eine Ölschicht auf der Insektenhaut werden die schützende Wachsschicht zerstört sowie Atmungsorgane verstopft.
Giftklasse: 5S oder keine
Wartezeit: 3 Wochen
Handelsbezeichnungen: Promanal (nur in der BRD), Bioco-Spritzmittel, Amalgerol, Natasan

Bio-S
Mischung aus Steinmehlen, Algen, feingemahlenen Kräutern wie Schachtelhalm, Zwiebelgewächsen und Brennesseln sowie 24% Netzschwefel. Das Mittel kann besonders im Obstbau vorbeugend gegen Pilzkrankheiten wie Echtem Mehltau oder Schorf eingesetzt werden.
Giftklasse: keine
Wartezeit: 3 Wochen
Handelsbezeichnungen: Bio-S, Ledax-san

Schwefel
Einsatz besonders im Obstbau zur direkten Bekämpfung von pilzlichen Schaderregern wie Schorf und Mehltau, wobei sich eine Anwendung in Verbindung mit pflanzlich-mineralischen Mitteln bewährt hat. Schwefel kann auch „Nutzinsekten“ wie Raubmilben, Marienkäfer und besonders Raubwanzen gefährden.
Giftklasse: keine
Wartezeit: 3 Wochen
Handelsbezeichnungen: Sofril, Sufralo, Thiovit, Elosal-Supra, Hepar-sulfuris (Schwefel + Pottasche) u. a.

Mineralische Pflanzenpflegemittel (Übersicht)

Gesteinsmehle
Gesteinsmehle werden aufgrund ihres hohen Gehaltes an Spurenelementen vor allem zur Bodenverbesserung angewendet, können als Stäubemittel aber auch vorbeugend gegen verschiedene Pilzkrankheiten sowie bei feuchtem Wetter gegen Schadinsekten eingesetzt werden.
Handelsbezeichnungen: Steinmehl, Urgesteinsmehl, Basaltmehl, Diabasmehl, Quarzitstaub, Stäubemittel, Ledax-humin, Diabasmehl u. a.

Tonerdemehl
Tonerdemehle sind vor allem ein Bodenverbesserungsmittel für leichte Böden oder ein wertvoller Kompostzusatz. Auf-

Der Rainfarn (*Tanacetum vulgare*) eine häufige Wildstaude städtischer Brachflächen und Wegränder. Im Garten findet sie am Gehölzrand einen geeigneten Standort. Pflanzenteile können zu stärkenden und pilzabwehrenden Pflanzenschutzmitteln verarbeitet werden (s. Seite 70).

grund ihrer Quellfähigkeit eignen sie sich sehr gut als Bindemittel bei Pflegespritzungen oder beim Stammanstrich im Obstbau.
Handelsbezeichnungen: Bentonit, Opalit, Kaolit u. a.

Algenextrakte
Extrakte aus Grün- und Braunalgen, die aufgrund hoher Gehalte an Mineralstoffen und Spurenelementen zur Wachstumsförderung und Verbesserung der Abwehrkräfte eingesetzt werden.
Handelsbezeichnungen: Ledax-al (Algifert), Ledax-rosal (Polymaris, Mischung mit Kräutern, Hefe und organischen Düngemitteln)

Preicobact-Baumanstrich
Mischung aus Lehm, Kuhfladen, Stein- und Algenmehl, Schachtelhalm und Holzasche, die mit Wasser angerührt als Baumanstrich im Obstanbau verwendet wird. Der Baumanstrich dient zur Rindenpflege und als Frostschutz, hemmt die Moos- und Flechtenbildung und kann Schildläuse abwehren.
Handelsbezeichnungen: Preicobact, Ledax-stamm

Biologische Pflanzenschutzmaßnahmen im Überblick (Auswahl)

Krankheitserreger und Schadorganismen	Vorbeugende Maßnahmen	Direkte Abwehrmaßnahmen
Apfelwickler (Obstmade)	Förderung natürlicher Gegenspieler, insbesondere der Singvögel (Nistkästen usw.) Befallene Früchte aufsammeln, bevor Raupen in den Boden abwandern Wellkarton-Fangkragen am Stamm in etwa 20 cm Höhe anbringen, regelmäßig kontrollieren und verbrennen	Anbringen von Leimringen (September bis Dezember), verbrennen Winterspritzung mit Promanal Baumanstrich mit Preicobact Bacillus thuringiensis-Präparate
Blattläuse	Förderung natürlicher Gegner (Insekten u. a.) naturgemäße Bodenpflege (lockern, mulchen) regelmäßig mit Brennesseljauche gießen Spritzen mit Brennesselkaltwasserauszug	Pflanzen mit kräftigem Wasserstrahl abspritzen befallene Triebe abknipsen und vernichten Einstäuben mit Steinmehl oder Algenkalk Spritzen mit 2%iger Schmierseifenlösung harte Notwehr durch Einsatz von Pyrethrum oder Rotenon Spritzen mit Neudosan (nützlingsschonend)
Blutläuse (an Obstgehölzen)	widerstandsfähige Sorten und Unterlagen wählen Förderung natürlicher Gegner (Schlupf- und Zehrwespen u. a.) Kapuzinerkresse auf Baumscheibe sähen größere Wunden gut ausschneiden und mit Wundpflegemitteln behandeln	Blutlauskolonien gründlich abbürsten Spritzung mit Promanal (vor Öffnung der Knospen) stark befallene und verkrüppelte Zweige entfernen Spritzen oder Einstreichen stark befallener Äste mit 2%iger Schmierseifenlösung (evtl. Zusatz von Spiritus) harte Notwehr durch Einsatz von Pyrethrum
Erdflöhe (bei Radies, Kohl und Rettich)	Boden gleichmäßig feucht halten Bodenabdeckung mit Mulchmaterial oder Boden häufig hacken Mischkulturpflanzung mit Kerbel, Spinat, Salat, Buschbohnen	Boden abwechselnd mit Algenkalk und Steinmehl bestreuen
Echter und falscher Mehltau, Grauschimmel (Begünstigung durch Überdüngung, Schwächung und feuchte Witterung)	im Obstanbau resistente Sorten wählen nicht zu eng pflanzen naturgemäße Bodenpflege in Erdbeerbeeten Mulchdecke aus Stroh nach der Ernte Boden mit Algenkalk oder Steinmehl bestreuen regelmäßig mit Schachtelhalm-Brühe spritzen	mehltaubefallene Blätter und Triebe entfernen und vernichten harte Notwehr durch Spritzen mit Bio-S bzw. Ledax-san oder Bio-Blatt
Frostspanner (Obstgehölze)	Förderung natürlicher Gegner (Singvögel)	Winterspritzung mit Promanal Leimringe von September bis Dezember anbringen, verbrennen harte Notwehr durch Rotonon oder Bacillus thuringiensis-Präparate
Kohlweißling (Kohl)	Kohl in Mischkultur mit Sellerie, Tomaten und stark duftenden Kräutern anpflanzen Spritzen mit Kräuterbrühen (Rainfarn, Wermut, Tomatenblätter)	Eier, Puppen und Raupen absammeln im Jungraupenstadium mit Bacillus thuringiensis-Präparaten spritzen harte Notwehr mit Pyrethrum
Kohlfliege	Pflanzung nach der Eiablage (Blütezeit der Roßkastanie); zwischen Ende April und Anfang Mai deshalb nicht pflanzen Jungpflanzen tief setzen und gut angießen keinen frischen Mist verwenden (lockt Fliegen an) Mulchen mit stark duftenden Kräutern Mischkultur mit Tomaten	befallene Pflanzen entfernen Wurzelhals während der Eiablage mit Schmierseifenlösung spritzen Kohlfliegenkragen (runde, wetterfeste Pappscheiben) um Stengel legen und nach Eiablage entfernen
Möhrenfliege	frühe Aussaat (März) und späte Aussaat (ab Mitte Juni) kann Befall vermindern (Eiablage Anfang Juni) Anbau in offener, windausgesetzter Lage keine Verwendung von frischem Mist 4jährigen Fruchtwechsel einhalten Möhren in Mischkultur mit Zwiebel und Lauch anbauen	Pflanzen mit Knoblauch-Zwiebel-Brühe begießen Abstreuen der Reihen ab Mitte Mai mit Etermut

(Triebspitzendürre bei Schattenmorelle)	Blütenspritzung mit Meerrettich (300 g auf 10 l Wasser) bei zu dichtem Behang Früchte ausdünnen	entfernen Blütenspritzung zweimal wöchentlich mit Bio-S bzw. Ledax-san
Obstbaumkrebs	keine krebsanfälligen Sorten pflanzen Schnittstellen, Rindenrisse und sonstige Wunden mit Wundpflegemitteln behandeln	krebsbefallene Früchte, Triebe und Äste entfernen Krebswunden am Stamm bis in das gesunde Holz ausschneiden und mit Wundpflegemitteln behandeln
Rote Spinne, Spinnmilben (Überwinterung in Ritzen von Bäumen oder Bohnenstangen sowie dem Wurzelhals von Obstbäumen)	Förderung natürlicher Gegner durch Unterschlupfangebote (Töpfe mit Holzwolle u. a. für Raubwanzen, Raubmilben, Florfliegen u. a.)	mit kaltem Wasser abspritzen Spritzen mit Schachtelhalmtee (an Sonnentagen) oder Stäuben mit Gesteinsmehl (an feuchten Tagen) Winterspritzung mit Promanal harte Notwehr mit Pyrethrum oder Neudosan (nützlingsschonend)
Schildläuse (an Obstbäumen)	gute Baumpflege	Abbürsten befallener Stämme und Äste Winterspritzung mit Promanal Stammanstrich mit Preicobact
Schorf (an Obstbäumen)	keine schorfanfälligen Sorten wählen	befallene Äste und Zweige ausschneiden und Schnittstellen mit Wundpflegemitteln behandeln
Schnecken (Nacktschnecken)	Förderung natürlicher Gegner (Laufkäfer, Igel u. a.) abwehrende Kräuter wie Salbei, Ysop, Kapuzinerkresse oder Thymian um Gemüsebeete pflanzen kein frisches Mulchmaterial verwenden, mit Farn- und Tomatenblättern mulchen, im Notfall auf Mulchen verzichten Sägemehl oder Steinmehl um gefährdete Kulturen streuen (Wirkung nur bei trockener Witterung) gefährdete Kulturen mit Schneckenzäunen schützen oder auf Hochbeeten anbauen	Auslegen von frischen Salatblättern oder Brettern als Köder und Absammeln der Tiere Becher mit Bier als „Schneckenfalle" in den Boden einbringen (Nachteile: können Schnecken in den Garten locken und zur Falle für nützliche Laufkäfer werden)
Wühlmäuse	Förderung natürlicher Gegner wie Mauswiesel und Hermelin (Angebot von Unterschlupfmöglichkeiten wie Hecken und Reisighaufen) Hügel- und Hochbeete sowie Obstbäume bei Pflanzung durch feinen Maschendraht schützen (maximal 30 mm Maschenweite) stark riechende Pflanzenteile in Gänge einbringen (Kaiserkrone, Thuja, Knoblauch, Wolfsmilch)	Rohrfallen einsetzen: Gang öffnen und abwarten, bis Wühlmaus ihn wieder zuwühlt; Falle möglichst exakt in Gang an der Seite der festgestellten Wühlaktivitäten einschieben, mit Grassode abdecken und Gang hinter der Falle offen lassen; Tier geht aufgrund des Bestrebens, einen „zugigen" Gang zu schließen, in die Falle harte Notwehr durch pflanzliche Giftköder (Quiritox), bei deren Einsatz die angegebenen Vorsichtsmaßnahmen genau beachtet werden müssen!
Zwiebelfliege	Zwiebeln nicht in frisch gedüngte Böden pflanzen bzw. säen, Flugzeit der Fliegen (Mitte April bis Mai) meiden Mischkulturanbau mit Möhren	

Wichtiger Hinweis: Bei jedem Einsatz von Pflanzenbehandlungsmitteln unbedingt die Anwendungshinweise und Wartezeiten beachten!

Planung, Beispiele, Probleme

Umstellung und Umgestaltung

Ohne Mut zu Veränderungen läßt sich ein Naturgarten heute kaum realisieren. Nur die wenigen Besitzer eines Neubaugrundstückes sind in der glücklichen Lage, ihren „Traumgarten" völlig neu planen und entwickeln zu können. Viele übernehmen vom Vorbesitzer ein Grundstück und müssen sich mit einem vorhandenen, eingewachsenen Garten auseinandersetzen. Andere haben vielleicht selbst in den 60er oder 70er Jahren mit viel Engagement einen Garten angelegt und stellen heute fest, daß vieles nicht mehr ihren Vorstellungen entspricht, manche Anpflanzung sogar einer naturnahen Umgestaltung im Wege steht. Wer hätte denn auch vor 20 Jahren gedacht, daß die an der Grundstücksgrenze gepflanzten Fichten einmal so hoch hinaus wachsen würden, daß jetzt wegen des Schattens die Anlage wünschenswerter Biotope gar nicht möglich ist? Mit solchen oder ähnlichen „Altlasten" muß sich heute fast jeder Hobbygärtner auseinandersetzen, der den Weg zum Naturgarten gehen möchte.

Grundvoraussetzung für die Umstellung eines „konventionellen" in einen ökologischen Garten ist zunächst eine geistige Umstellung. Selbst ein schon überzeugter Naturgärtner wird sich immer wieder damit auseinandersetzen müssen, denn überlieferte Vorstellungen von Gartenkultur sind doch sehr tief im Bewußtsein verankert. Wer z. B. jahrzehntelang im Nutzgarten mit dem Spaten gearbeitet, alljährlich seine Beete auf die gleiche Weise bestellt hat, der dürfte mit der Umstellung auf eine naturgemäße Bodenbearbeitung ohne Spaten zunächst größte Schwierigkeiten haben. Wer regelmäßig im Herbst unter Gehölzen aufgeräumt und den Boden umgegraben hat, braucht sicher einige Zeit, um sich an eine

◁ Ohne Mut zu Veränderungen lassen sich Naturgärten heute kaum realisieren. Doch ein Kahlschlag ist nur in Ausnahmefällen sinnvoll. Besser ist es, mit kleineren Schritten und behutsamen Eingriffen die Umstellung und Umgestaltung zu beginnen.

> „Umstellung und Umgestaltung zum Naturgarten lassen sich niemals in einer bestimmten, vorgegebenen Zeit abschließen, ein naturnaher Garten ist niemals „fertig“, sondern „eine ständige Herausforderung für die schöpferische Phantasie.“
> (Klaus Spitzer)

Laubdecke am Boden zu gewöhnen. Wer viele Jahre immer nur darauf geachtet hat, alle „Unkräuter“ aus dem Garten zu verdrängen, muß jetzt mit einer grundsätzlich anderen Einstellung an die Gartenpflege herangehen.

Naturgärtner werden zwar gestaltend und pflegend tätig, müssen aber auch bereit sein, an bestimmten Orten die spontane Ansiedlung von Wildpflanzen zuzulassen bzw. sogar zu fördern. Ziel einer Umstellung zum naturnahen Garten sind möglichst stabile Pflanzengemeinschaften, die bei noch so guten Kenntnissen von Standorten und Pflanzenarten niemals nach Plan realisiert werden können, sondern sich mit Hilfe der Natur entwickeln müssen. Naturgärtner schaffen mit Pflanzmaßnahmen und behutsamen Eingriffen in vorhandene Anpflanzungen dafür nur die Grundlagen, müssen dabei aber immer auch „die Natur machen lassen“. Sehr viel Einfühlungsvermögen in natürliche Zusammenhänge, umfangreiche Kenntnisse, aber auch Mut zum Experiment und vor allem sehr viel Geduld gehören dazu.

Mit kleinen Schritten Umstellung beginnen

Wer eine unbefriedigende Situation vorfindet, sollte also möglichst keinen Kahlschlag vornehmen, sondern geduldig mit der Zeit arbeiten. Zunächst ist es wichtig, die vorgefundene bzw. vorhandene Gartensituation im Verlauf mindestens eines Jahres intensiv zu beobachten, die vorhandenen Standorte, Lebensbereiche und Pflanzen kennenzulernen. Mit welchen Lichtverhältnissen haben wir es z. B. zu tun? Wann blühen welche Pflanzen? Stimmen Standort-, Bodenverhältnisse und Pflanzungen überein? Wo sind Veränderungen und Eingriffe wünschenswert, notwendig, sinnvoll? Kann es angebracht sein, bodenverbessernde Maßnahmen – eventuell auf der Grundlage einer Bodenuntersuchung – durchzuführen?

Mit zunächst kleinen Schritten kann man dann eine Umstellung und Umgestaltung einleiten. Ohne besonderen Aufwand läßt sich z. B. die Pflege bestimmter Bereiche verändern:

– Die Bodenbearbeitung zwischen den Gehölzen wird eingestellt; das Herbstlaub bleibt liegen und bildet eine bodenschützende Streuschicht.

– Ein schmaler Rasenstreifen vor den Gehölzen wird nur noch einmal im Jahr gemäht, so daß sich eine saumartige Übergangszone entwickeln kann. Voraussetzung ist die Herausnahme eventuell vorhandener Kantensteine.

– Lücken in Staudenbeeten werden durch Aussaat oder

Pflanzung von Sommerblumen geschlossen, so daß intensive Pflegemaßnahmen wie Hacken und Jäten eingeschränkt werden können.

– Selbstverständlich verzichten wir auf den Einsatz von Pestiziden.

Bioanbau im Nutzgarten braucht Zeit

Auch im Nutzgarten beginnt die Umstellung bei den Pflegemaßnahmen: Durch Einsaat von Gründüngungspflanzen oder Abdeckung mit Mulchmaterial sowie Verwendung von Komposterde sind erste Schritte zur Bodenbelebung und damit zum naturgemäßen Anbau möglich. Wer allerdings eine bisher konventionell bearbeitete Fläche auf biologischen Anbau umstellen möchte, muß viel Geduld aufbringen und mit Problemen in den ersten Jahren rechnen. Bis es zur gewünschten Aktivierung des Bodenlebens kommt, der Nährstoffbedarf der Kulturpflanzen vor allem durch organische Humusstoffe gedeckt wird, muß je nach Bodenzustand und Bodenart einige Jahre naturgemäß gearbeitet werden.

Biologischer Anbau stützt sich zudem auf wohlüberlegte Aussaat- und Pflanzplanungen, unter Berücksichtigung von Bodenverhältnissen, Wahl der Pflanzzeit und Kombinationen von Gemüse- und Kräuterarten untereinander. Eine anspruchsvolle, komplexe Anbauweise wird niemand von heute auf morgen erfolgreich praktizieren können. In der Umstellungsphase müssen die Anbaupläne immer wieder überprüft und auf Grundlage der gemachten Erfahrungen (bzw. eventueller Fehlschläge) verändert werden.

Die Bereitschaft zum Experiment gehört dazu und auch der Verzicht auf die eine oder andere Gemüseart, mit der man einfach kein Glück hat. Kommt es trotz aller Bemühungen zum massenhaften Auftreten von Krankheitserregern oder Fraßinsekten, wird biologischer Anbau nicht in Frage gestellt: Oft sind solche Probleme auf extrem ungünstige Witterungsbedingungen (und dementsprechend schlechtes Wachstum) zurückzuführen, in vielen Fällen müssen sie auch als „Wink mit dem Zaunpfahl" verstanden werden, weisen uns auf Planungs- und Bepflanzungsfehler hin, die im nächsten Jahr ausgebügelt werden können. Besonders für den Nutzgarten gilt, daß wir unsere Erwartungen an einen ökologischen Garten nicht zu hoch schrauben dürfen. Immer noch haben wir es mit einem nur schwer zu steuernden Teil der Natur zu tun, der auf sehr komplexe Art und Weise funktioniert, uns keinen Fehler verzeiht, immer wieder zum Nachdenken und Lernen zwingt.

„Die Fähigkeit, heute anders zu denken als gestern, unterscheidet die Klugen von den Starrköpfigen."
(John Steinbeck)

„Es ist nicht genug zu wissen, man muß es auch anwenden; es ist nicht genug zu wollen, man muß es auch tun!"
(Johann Wolfgang von Goethe)

„Wer zu den Quellen will, muß gegen den Strom schwimmen."
(Sprichwort)

Umgestaltung durch behutsame Eingriffe

Auch eine Umgestaltung kann man mit zunächst kleineren, einfachen Maßnahmen und Projekten beginnen. Ohne großen Aufwand läßt sich das biologische Leben im Garten durch Anlage „wilder Ecken" wie Reisig- oder Steinhaufen beleben. Auch das Anbringen diverser Nisthilfen für Singvögel und Insekten oder die Pflanzung von Kletterpflanzen an Mauern und Zäunen sind erste, einfache Schritte zur Umgestaltung. Störende Koniferenanpflanzungen werden niemals komplett abgeholzt, sondern im Laufe der Zeit langsam ausgelichtet und durch Anpflanzung von Laubgehölzen belebt. Auch langfristig muß nicht alles, was dem Idealbild eines Naturgartens widerspricht, entfernt werden. Der eine oder andere Nadelbaum kann durchaus das Bild einer Wildhecke beleben, von der Fichtenreihe an der Grundstücksgrenze können durchaus, sofern nicht andere Nutzungswünsche dem entgegenstehen, in einer Ecke einige Bäume als „Fichtengebüsch" stehen bleiben – für freibrütende Vögel ein geeigneter Nistplatz und Unterschlupf im Winter. Zwischen dem idealen Naturgarten und den vorgefundenen Pflanzungen kann es durchaus zweckmäßige Kompromisse geben.

Die Realisierung größerer Projekte – wie Anlage eines Tei-

Umstellung im „Ziergarten": Das Herbstlaub bleibt unter den Gehölzen am Boden liegen. Nach Entwicklung eines humosen „Waldbodens" können ganz gezielt schattenliebende Stauden wie Schlüsselblumen, Schneeglöckchen oder Winterling angepflanzt werden.

Umstellung im Nutzgarten: Durch Mulchen werden Wildkräuter unterdrückt und der Boden belebt.

ches oder Bau von Trockenmauern – erfordert besonders sorgfältige Vorbereitungen. Wie bei der Neuanlage eines Gartens kommt es hier vor allem auf eine Abstimmung mit Wünschen der Benutzer an (s. Seite 226). Naturgärten können aus einer großen Vielfalt von Lebensbereichen und Pflanzen bestehen, sofern diese einer gewünschten Nutzung des Gartens nicht entgegenstehen. Immer wird man angesichts der Vielzahl der Möglichkeiten eine Auswahl treffen müssen, und nicht alles, was schön und wünschenswert ist, findet in jedem Garten einen Platz. Es gibt keinen Modellnaturgarten, zu dem ein ganz bestimmtes Inventar gehört. Naturnahe Gartengestaltung orientiert sich vielmehr immer an den durch Gartengröße, Lage, Standort und Nutzungswünschen vorgegebenen Bedingungen.

Gartenplanung

Als Außenwohnraum soll ein Garten vor allem Freiraum für verschiedene menschliche Aktivitäten wie Spielen, Gärtnern, Bewegen, Erholen und Natur erleben sein. Die Realisierung von Nutzungswünschen hängt natürlich immer von den vorhandenen Möglichkeiten ab, vor allem von der Größe des Gartens. Genauso muß sich aber auch die Gestaltung und Bepflanzung an den vorgesehenen Nutzungen orientieren, d. h. auch der naturnahen Entwicklung sind enge Grenzen gesetzt. Bevor also ein Garten mit verschiedenen Biotopen und Nutzbereichen verplant wird, sollte man sich über die Interessen, Wünsche und Bedürfnisse der Hausbewohner im klaren werden (und zwar aller Hausbewohner, denn der Garten wird später nicht nur vom „Bauherrn“ und „Familienoberhaupt“ genutzt).

Gleichgültig, ob ein Garten völlig neu geplant werden kann oder ein vorhandener bzw. übernommener Garten umgestaltet werden soll: Zunächst ist es sinnvoll, alle Wünsche an die Gartennutzung zu sammeln, unabhängig von ihrer Realisierung und Machbarkeit. Lassen Sie dabei möglichst ohne „Denksperre“ Ihrer Phantasie freien Lauf – und motivieren Sie auch Ihre Kinder zum Mitmachen bei einem solchen „Brainstorming“ („Gehirnsturm“), bei dem ohne Infragestellung und Diskussion zunächst alle Gedanken und Ideen festgehalten werden.

Beispielhafte Wunschliste

Ergebnis der Ideensammlung ist eine Wunschliste, die zum Beispiel bei einer 5köpfigen Familie wie folgt aussehen kann:

– Der Vater, Biologielehrer und in einem Naturschutzverband tätig, möchte aus dem Garten vor allem eine „Naturoase“ mit verschiedenen Biotopen machen; u. a. sollen Teich, Trockenmauer, Wiese und Hecke angelegt werden.

– Seine Frau, Hausfrau und Mutter, hat eher eine praktische Nutzung des Gartens vor Augen, möchte sich gärtnerisch betätigen, den Garten aber auch zur Erholung und Entspannung nutzen. Sie wünscht sich einen Gemüsegarten, Blumen- und Kräuterbeete und Obstbäume, aber auch eine Sitzecke und einen Spielbereich für den 5jährigen Sohn.

– Der älteste Sohn, 13 Jahre alt und Mitglied in einem Sportverein, wünscht sich auch am Haus Möglichkeiten zur sportlichen Betätigung. Er schlägt vor, eine Rasenfläche für Federball und andere Spiele anzulegen sowie eine Tischtennisplatte aufzustellen.

– Die 11jährige Tochter möchte im Garten vor allem spielen,

würde dabei gerne in einer Gartenecke eine Hütte bauen. Außerdem wünscht sie sich ein kleines Stück Land, das sie als eigenen kleinen Garten gestalten und bepflanzen kann.
– Im Gespräch werden weitere Wünsche geäußert und in die Liste aufgenommen: Grillplatz, Möglichkeit zum Wäschetrocknen, Sandkasten, Schaukel, Laube und Schwimmbekken.

Diese beispielhafte, sicher nicht unbedingt typische Auflistung macht deutlich, daß Wünsche stark voneinander abweichen können und sich in der Regel auf dem vorhandenen Grundstück nicht vollständig realisieren lassen. Steht z. B. nur ein kleiner Reihenhausgarten zur Verfügung, wird jedes Familienmitglied starke Abstriche von seiner Wunschliste machen müssen. Die ohnehin nur sehr begrenzt mögliche Anlage von Biotopen wird sich auf einer Fläche von vielleicht nur 100 bis 150 m^2 kaum mit den gewünschten Freizeitaktivitäten vertragen und auch für einen Nutzgarten bliebe dann nicht mehr viel Platz. Je kleiner der Garten, desto schwieriger also die Planung und desto größer ist der Zwang zum Verzicht auf bestimmte Nutzungen.

Mit Hilfe eines Gartenplanspieles kann sich die Familie nach Erstellung einer Wunschliste darüber Klarheit verschaffen, die eigenen Wünsche auf die vorgegebene Grundstückssituation übertragen, mit anderen Wünschen abwägen und sich im Verlauf des Spieles vielleicht auf ein grundsätzliches Gartenkonzept einigen.

Planungshilfe: Gartenplanspiel

Gartenplanspiele helfen nicht nur bei der Planung – sie machen auch viel Spaß und sind ein geeignetes Mittel, Kinder in den Planungsprozeß einzubeziehen.

Vor Beginn des Spiels müssen zunächst Daten gesammelt werden. Das Grundstück wird dazu mit einem Bandmaß ausgemessen, alle wichtigen Elemente wie Haus mit Fenstern und Türen, Wege, Straße, Zufahrt, vorhandene Bäume und Sträucher in eine Grundrißskizze eingezeichnet. Auch eventuelle Höhenunterschiede sollten festgehalten werden. Mit Hilfe der Grobskizze fertigt man dann am besten auf Millimeterpapier einen genauen Lageplan (Maßstab 1:100, d. h. 1 cm auf dem Plan entspricht 1 m auf dem Grundstück), der für alle Mitspieler vervielfältigt wird.

Als weiteres Spielmaterial benötigt man Bögen aus dünnem Karton, Scheren und Farbstifte. Verschiedenfarbiger Karton erleichtert die Arbeit, setzt aber auch einer kreativen Farbgebung und Gestaltung Grenzen – besonders Kindern

„Der ökologisch denkende, empfindende und handelnde Gartengestalter schafft Gärten nicht in einem Arbeitsgang nach festgelegtem Plan, sondern arbeitet geduldig mit der Zeit."
(Klaus Spitzer)

macht es oft viel Freude, wenn sie ihre Ideen mit Farbstiften zum Ausdruck bringen können.

Nun hat jeder Mitspieler zunächst die Aufgabe, seine Gartenwünsche bzw. die gewünschten Gartenelemente maßstabsgerecht auf Karton aufzuzeichnen, auszuschneiden und auf seinem Lageplan unterzubringen. Von Vorteil ist es, wenn die Gruppe sich vorher bei bestimmten Elementen auf die gleiche Farbgebung geeinigt hat, z. B. auf Blau für Wasserflächen, Dunkelgrün für Gehölze, Hellgrün für Rasen bzw. ergänzt durch bunte Punkte für Wiese, Gelb für Sandflächen, Grau für Steine und befestigte Flächen oder Rot für Spielgeräte. Ein Spielleiter sollte darauf achten, daß alle Elemente auch mit einer realistischen Größe (also Bäume im ausgewachsenen Zustand) berücksichtigt werden – schon beim Planspiel sollte man sich in eine spätere Entwicklung des Gartens hineindenken.

Für den weiteren Verlauf des Spiels gibt es verschiedene Möglichkeiten. Alle Mitspieler können zunächst ohne Diskussion ihre Wunschgärten wie ein Puzzle zusammenfügen und dann in der Gruppe vorstellen. Nach intensiver Diskussion und eventueller Einigung auf wichtige, unverzichtbare Elemente kann man dann versuchen, ein gemeinsames Gartenkonzept zusammenzustellen. Die Puzzle-Methode bietet dabei die Möglichkeit, den Plan im Verlauf des Gesprächs immer wieder zu verändern, neue Ideen einzubringen oder vorhandene Bereiche in Gedanken umzugestalten.

Ein vorläufiges Diskussionsergebnis kann durch Aufkleben der Puzzle-Teile zunächst fixiert werden, muß aber noch lange nicht als „der" Gartenplan in die Tat umgesetzt werden. Möglicherweise wurden im Spieleifer zunächst wichtige Einflußfaktoren übersehen, vielleicht trägt auch das Spiel selbst zur Produktion neuer Ideen bei, regt zum weiteren Nachdenken an. Mehrere Spielrunden können also sinnvoll sein, und parallel dazu auch eine Beratung durch Fachleute sowie das Einholen weiterer Informationen.

Ziel der Planung ist ein Gestaltungs- und Bepflanzungsplan, der als Orientierungshilfe für die Entwicklung des Gartens in den nächsten Jahren dienen kann, niemals aber auf die Fixierung eines „fertigen" Gartens hinauslaufen sollte. So wie Menschen sich verändern, ihre Wünsche und Interessen sich weiterentwickeln, genauso muß auch ein Garten die Chance zur Entwicklung erhalten, muß dabei – auch im Sinne sich verändernder Nutzungsinteressen – veränderbar sein.

Wird ein Garten neu angelegt, beginnt man am besten mit der Planung und Realisierung zentraler Elemente wie Hecken, Bäume und Rasenflächen. Weitere Bereiche wie Teich, Blumenbeete oder Steingarten können im Laufe der Zeit hinzukommen.

Mit besonderer Sorgfalt muß man deshalb auch das „Gerüst" des Gartens, die Gehölzpflanzung planen. Bäume und Sträucher bestimmen den Charakter eines Gartens, brauchen aber bis zur Wahrnehmung einer solchen raumbestimmenden Funktion besonders viel Zeit. Spätere Veränderungen wie Ersatz und Neupflanzung sind hier immer besonders problematisch. Wer einen Garten neu anlegt, beginnt also am besten mit der Planung und Realisierung zentraler Elemente. Dazu gehören außer der Gehölzpflanzung auch Wege, Sitzplatz, die Rasenfläche oder ein eventueller Nutzgarten. Andere Elemente können dann im Laufe der Zeit ergänzt werden.

Chance: Neubaugrundstück

Wer Besitzer eines Neubaugrundstückes ist, hat die Chance, in seinem Garten eine besonders vielfältige Struktur zu planen. Durch Anlage von Wällen, Hügeln und Mulden kann er z. B. für viel Abwechslung sorgen. Besonders wichtig ist es, auf eine gleichmäßige Verteilung des Mutterbodens zu verzichten: mit Sand, Kies und Rohboden schaffen wir z. B. optimale Standorte für Magerwiesen und Steingärten, während der nährstoffreiche Mutterboden nur für anspruchsvolle Anpflanzungen wie Gemüsebeete oder Gehölze verwendet werden sollte.

Beispielhafte Gärten

Gärten sollten „geduldig mit der Zeit" entwickelt, niemals in einem Arbeitsgang nach einem festen Plan geschaffen werden (s. Seite 228 oben). Alle nachfolgend vorgestellten Planskizzen sind zudem als Anregung zum Nachdenken, nicht aber zum Nachahmen zu verstehen. Wer einen Garten plant, sollte sich nicht an einem idealen „Modellgarten" orientieren, sondern muß immer von seiner eigenen, ganz spezifischen Gartensituation und den Nutzungswünschen ausgehen. Am Beispiel ausgewählter Gartensituationen werden nachfolgend Gestaltungsmöglichkeiten diskutiert.

Großer Hausgarten – „Traumgarten"?

Die ganze Vielfalt der in diesem Buch dargestellten Naturgarten-Elemente läßt sich realisieren, wenn man der glückliche Besitzer eines großen Hausgartens ist. Gärten ab einer Größenordnung von 800 bis 1 000 m^2 eröffnen den Bewohnern ausgesprochen vielfältige Nutzungs- und Erlebnismöglichkeiten, unser Gestaltungsbeispiel macht das deutlich. Doch wer verfügt schon über ein so großes Grundstück, werden viele Leser nicht zu Unrecht einwenden. Handelt es sich also nur um eine „konkrete Utopie", eine zudem nicht einmal wünschenswerte? Denn würde die Inanspruchnahme solcher Gartenflächen künftig zur Regel, hätte das einen sprunghaften Anstieg des Verbrauchs von freier Landschaft zur Folge.

Zunächst verdeutlicht das Beispiel also, daß wir in der Regel zu einer sorgfältigen Auswahl der Gestaltungselemente gezwungen sind. Die folgenden Gestaltungsskizzen von Reihenhaus- und Kleingärten bringen dann eine beispielhafte Auswahl. Jeder Naturfreund muß sich darüber im klaren sein, daß sich bestimmte Biotopbereiche nur ab einer bestimmten Mindestgröße und entsprechenden Standortvoraussetzungen optimal entwickeln können. In unserem Hausgarten sind beide Faktoren eingeflossen, d. h. Flächenansprüche bestimmter Lebensbereiche werden dokumentiert, auf Lichtansprüche wird aufmerksam gemacht. Andere Faktoren wie Boden oder Umgebung bleiben unberücksichtigt.

Überwiegend auf Besonnung angewiesen sind z. B. Gemüse- und Kräutergarten, Beetstauden und Sommerblumen, Steingarten, Rasen, Wiese und Teich. Bei der Planung solcher Bereiche spielen also die Lage des Hauses oder Einflüsse der Umgebung (Hochhäuser, Großbäume) eine wichtige Rolle. Eigene Gehölzanpflanzungen müssen mit solchen Nutzungen abgestimmt werden. In unserem Beispiel wurde deshalb im Bereich von Gemüse- und Kräutergarten auf Bäume und freiwachsende Hecken verzichtet. Hier über-

▷ Gestaltungsbeispiel eines größeren Hausgartens. Naturnahe Lebensbereiche lassen sich mit zahlreichen Nutzungsansprüchen weitgehend ohne „Reibungsverluste" verknüpfen.

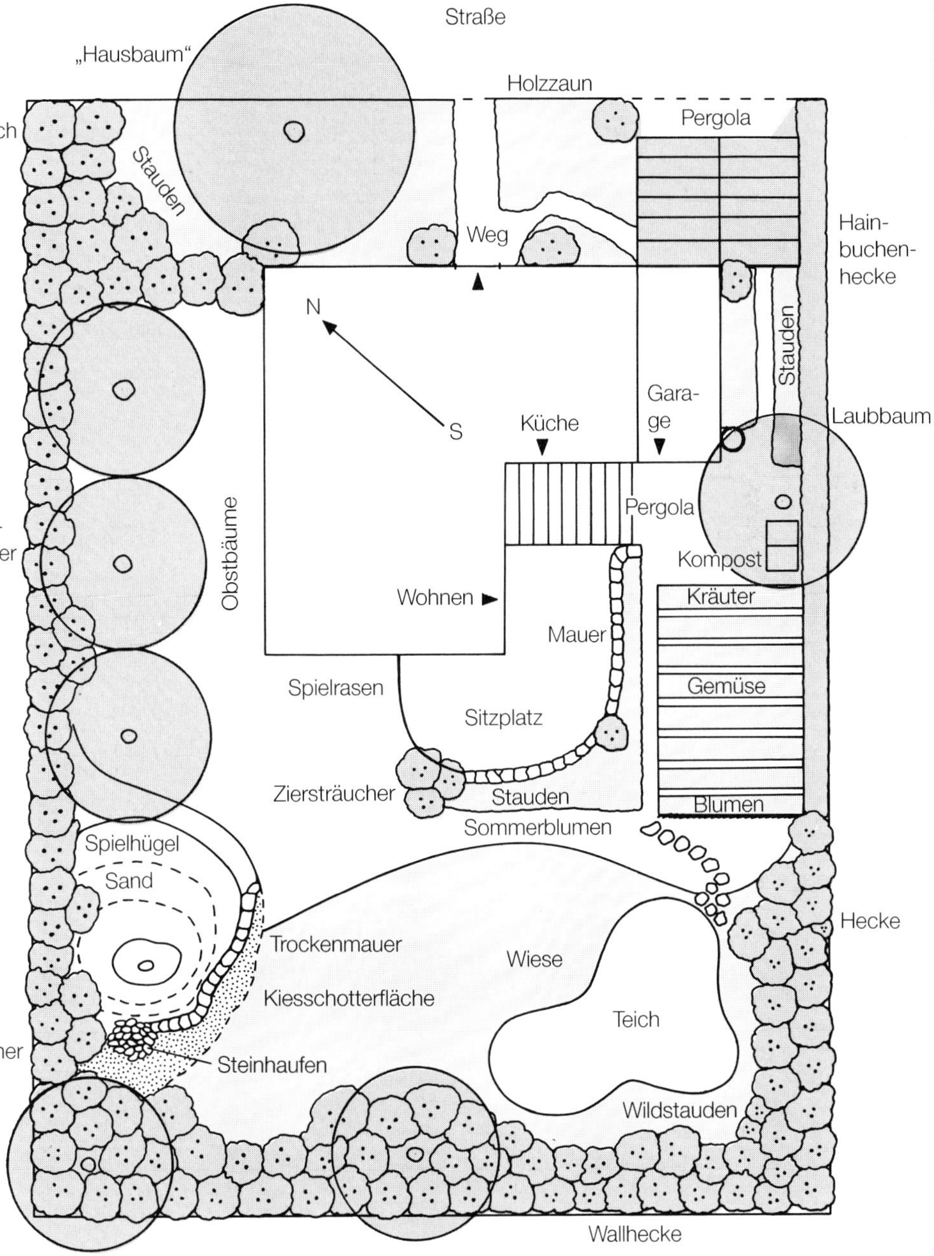
Straße
„Hausbaum"
Holzzaun
Pergola
Gebüsch
Stauden
Weg
Hain-
buchen-
hecke
N
S
Stauden
Küche
Gara-
ge
Laubbaum
Pergola
Beeren-
sträucher
Obstbäume
Kompost
Wohnen
Kräuter
Mauer
Spielrasen
Gemüse
Sitzplatz
Ziersträucher
Stauden
Blumen
Sommerblumen
Spielhügel
Sand
Hecke
Trockenmauer
Wiese
Kiesschotterfläche
Teich
Wild-
sträucher
Steinhaufen
Wildstauden
Wallhecke
30 m

nimmt eine auf 1,5 bis 2 m Höhe geschnittene Hainbuchenhecke die Schutzfunktion.

Für die Wildhecke an der Südseite wurde eine Mindestpflanzbreite von 3 m zugrunde gelegt; fehlt es dafür an Platz (wie z. B. an der Nordwestseite des Grundstücks), kann auch eine einreihige Strauchpflanzung „Heckenfunktion" übernehmen, wobei teilweise auf Beerensträucher zurückgegriffen wird.

Eine Blumenwiese kann sich nur auf relativ großer Fläche optimal entfalten, in unserem Fall den Biotopbereich aus Hecke, Teich und Trockenmauer wirkungsvoll ergänzen. Der Flächenbedarf (mindestens 100 m^2) macht aber auch deutlich, daß man in kleineren Gärten je nach Nutzungswünschen besser auf eine Wiese verzichtet, statt dessen Wildblumenbeete oder einen Wildstaudensaum am Gehölzrand anlegt.

Die Gliederung und Raumgestaltung des Gartens orientiert sich an durchschnittlichen Nutzungsinteressen einer Familie mit Kindern. In unmittelbarer Nähe des Hauses steht zunächst ein Nutzgarten für Anbau von Gemüse, Kräutern und Blumen zur Verfügung. Nutzgartenbereiche werden besonders häufig aufgesucht, brauchen auch eine intensive Pflege und sollten also immer gut erreichbar sein. Komposthaufen und Wasserstelle sind einbezogen und Gartengeräte können in unmittelbarer Nähe untergebracht werden. Immer noch findet man vielerorts Nutzbeete in einer Gartenecke versteckt, warum eigentlich? Wer Nutzgärten nach dem Vorbild alter Bauerngärten anlegt und bepflanzt, also Gemüseanbau mit Kräutern, Blütenstauden und Sommerblumen kombiniert, kann aus ihnen optische Attraktionen machen.

Vom etwas erhöhten Sitzplatz kann man also sowohl das Leben im „Bauerngarten" beobachten, als auch einen Blick in den eigentlichen „Naturgarten" werfen. Um Beobachtungen von der Terrasse aus zu ermöglichen, wurden Großgehölze bewußt in die Randbereiche des Grundstücks gesetzt; ein Gestaltungsmittel, das den Gartenraum auch größer erscheinen läßt, als er in Wirklichkeit ist.

Außerhalb des etwas abgegrenzten und geschützten Nutzgartens wurde an der Südseite ein größerer Biotopbereich, an der Westseite ein „Aktivbereich" eingeplant. Selbstverständlich dürfen die Lebensräume auch betreten werden. Kinder z. B. können individuell den Hügel gestalten oder in einer Gartenecke eine Hütte bauen. Auf eine Möblierung mit den üblichen Spielgeräten wurde bewußt verzichtet, statt dessen sind genügend Freiräume vorhanden, die Kindern und Erwachsenen kreatives Gestalten und phantasievolle Aktionen ermöglichen.

„Handtuchgarten“ am Reihenhaus

Sehr oft sind dem Traum vom „Naturgarten“ sehr enge Grenzen gesetzt. Die immer knapper werdenden städtischen Freiflächen zwingen zu relativ geschlossenen Bauweisen, und meist bleibt dann nur ein sehr kleines Stück Land als Garten übrig. Die Größe solcher „Handtuchgärten“ an Reihenhäusern orientiert sich immer an der Hausbreite, und oft zeichnen sie sich auch durch eine ungünstige, langgestreckte Form aus. Die geringe Größe und das enge nachbarschaftliche Miteinander zwingen zur Einschränkung der individuellen Gestaltungsfreiheit. Das kann aber auch von Vorteil sein, denn die auf den Gartenbesitzer zukommende Arbeit und der Pflegeaufwand hält sich deutlich in Grenzen, und die notwendigen Absprachen mit den Nachbarn können eine Intensivierung sozialer Beziehungen in der Siedlung mit sich bringen.

Eine deutliche Abgrenzung des Gartens zum Nachbarn hin ist bei den meist nur 6 m breiten Gärten nicht möglich. Wer dort eine freiwachsende Wildhecke pflanzen möchte, müßte dafür fast die Hälfte seines Gartengrundstücks opfern! Auch eine Baumpflanzung bereitet Schwierigkeiten: Wenn die gesetzlich vorgeschriebenen Grenzabstände eingehalten werden sollen, können in solchen „Handtuchgärten“ bestimmte Baumarten oft überhaupt nicht gepflanzt werden. Großbäume sind hier meist auch fehl am Platze, da sie die Nutzungsmöglichkeiten gleich mehrer Grundstücke doch sehr stark einschränken können. Wer aber z. B. einen kleinen Laubbaum (auch einen Obstbaum) pflanzen möchte, ist auf die Kooperation mit den Nachbarn angewiesen, denn Bäume sollten im Sinne einer optimalen räumlichen Gestaltung niemals in Grundstücksmitte plaziert werden.

Das Beispiel „Baumpflanzung“ macht deutlich, daß man sich als neuer Besitzer eines Reihenhausgartens immer zunächst mit den Nachbarn an einen Tisch setzen sollte. Neben der Pflanzung von Bäumen sollte man dabei vor allem über eine gemeinsame Gestaltung der Grenzbereiche sprechen. Durch Bepflanzung der Grenzen mit einer Schnitthecke oder einer Strauchreihe kann man für die individuelle Gestaltung beträchtlichen Raum gewinnen. Im Interesse des Zusammenlebens sollten bei solchen Grenzbepflanzungen oder auch in eventuell vorhandenen Zäunen immer Durchlässe, z. B. ein gegebenenfalls zu verschließendes Tor eingebaut werden.

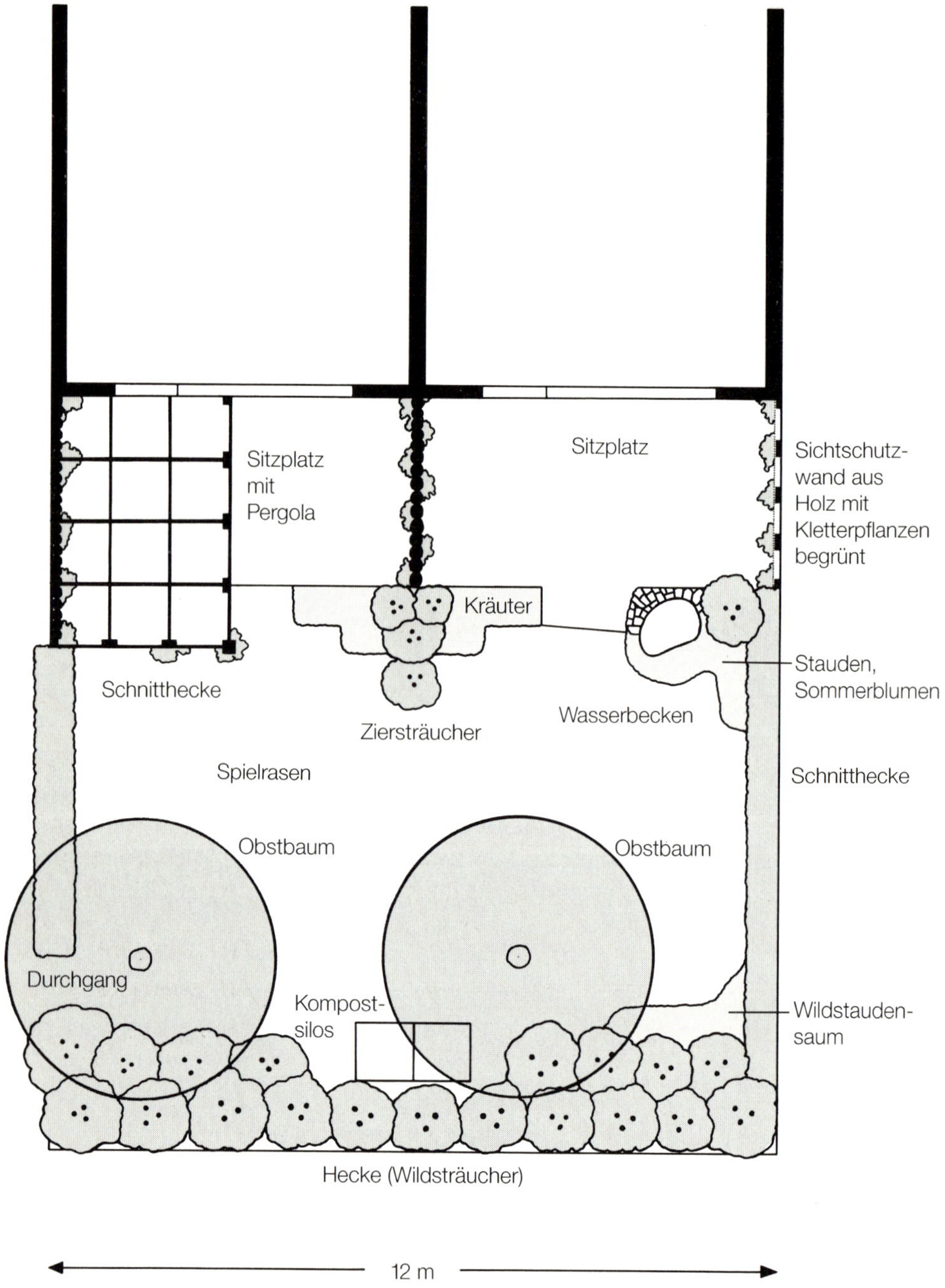
Sitzplatz
mit
Pergola
Sitzplatz
Sichtschutz-
wand aus
Holz mit
Kletterpflanzen
begrünt
Kräuter
Stauden,
Sommerblumen
Schnitthecke
Ziersträucher
Wasserbecken
Spielrasen
Schnitthecke
Obstbaum
Obstbaum
Durchgang
Kompost-
silos
Wildstauden-
saum
Hecke (Wildsträucher)
12 m

Der Flächengewinn ist natürlich besonders groß, wenn ein ganzer Abschnitt der Abgrenzung geöffnet und in diesem Bereich eine gemeinsam zu nutzende Grünfläche geschaffen wird (s. Abb. Seite 234). Voraussetzung für eine solche Lösung sind weitgehend übereinstimmende Nutzungsinteressen und ein Respektieren der nun unsichtbaren Grenze (Mitbenutzung darf also nicht mit „darüber verfügen" verwechselt werden; auch für die Bearbeitung und Pflege sollte der jeweilige Grundstücksbesitzer verantwortlich bleiben). Wenn z. B. zu beiden Haushalten Kinder in etwa dem gleichen Alter gehören, kann eine solche Öffnung der Grenzen besonders sinnvoll und wichtig sein. Treten im Laufe der Zeit aber Probleme auf, kann durch Pflanzung einer Hecke oder Anlage eines einfachen Holzzaunes wieder eine Abgrenzung des eigenen Grundstücks realisiert werden.

Auch bei einem teilweisen Verzicht auf Abgrenzen kann immer ein hausnaher Teil des Gartens individuell gestaltet und deutlich gegenüber dem Nachbargrundstück abgegrenzt werden. Auf solche geschützten Gartenwohnbereiche bzw. Freiluft-Wohnzimmer wird mit Recht niemand verzichten wollen, und hier möchte man natürlich seine eigene Intimsphäre gewahrt wissen. Es muß dabei nicht unbedingt eine Mauer sein, durch die ein Individualbereich geschützt und abgegrenzt wird, eine große Auswahl optisch sehr ansprechender Holzzäune werden im Handel angeboten. Für die Begrünung stehen uns in großer Auswahl Klettergehölze zur Verfügung. Solche Zäune können in Verbindung mit einer Pergola und einzelnen Kübelpflanzen aus der Terrasse ein „grünes Wohnzimmer" machen.

Im Reihenhausgarten steht also das Wohnen, Leben, Spielen und Erholen im Vordergrund. Wer solche Kleinstflächen statt dessen mit allen nur denkbaren „Biotopen" bestückt, sollte wissen, daß damit der bedrohten Natur nicht nennenswert geholfen, dafür aber die Chance, ein kleines wohnungsnahes „Erholungsgebiet" zu schaffen, vertan wird. In Abstimmung mit den Nutzungswünschen können auch „Handtuchgärten" naturnah gestaltet werden, z. B. mit einzelnen Laubbäumen, heimischen Blütensträuchern, Klettergehölzen, Beet- und Wildstauden, Küchenkräutern und Sommerblumen. Mit kleineren Versteckmöglichkeiten, Nisthilfen oder einer Vogeltränke kann man auch in solchen Gärten etwas für die Tierwelt tun, ohne daß dadurch der Hauptzweck eines Gartens, vor allem Lebensraum für die Hausbewohner zu sein, in Frage gestellt wird.

◁ Gestaltungsbeispiel zweier Reihenhausgärten, die gemeinsam genutzt werden können. Dem Traum vom Naturgarten sind in diesen „Handtuchgärten" enge Grenzen gesetzt.

Kleine Vorgärten

Viele Bebauungspläne sehen sie als Abstandsflächen zwischen Haus und Straße vor, als Außenwohnraum sind sie meist nicht zu nutzen. Müssen Vorgärten deshalb immer mit dem gleichen monotonen Abstands- und Repräsentationsgrün bepflanzt oder als Parkplatz mißbraucht werden? Eine abwechslungsreiche, naturnahe Gestaltung auch kleiner Vorgärten könnte dem Haus ein unverwechselbares „Gesicht" geben und dazu beitragen, daß sich auch Straßenräume in Dorf und Stadt durch einen naturfreundlichen, lebendigen Charakter auszeichnen.

Warum also nicht anstelle der Zwergkoniferen und Bodendecker Blütenstauden und Sommerblumen in den Vorgarten bringen? Oder aus dem Vorgarten einen kleinen Duft- und Kräutergarten machen? Die Blütenvielfalt bunter Blumenbeete ist nicht nur ein Gewinn für das ästhetische Erscheinungsbild des Vorgartens, auch eine Vielzahl von blütenbesuchenden Insekten und anderen Kleintieren profitieren davon. Solche Blumenbeete können, sofern sonnige Standorte vorhanden sind, nach dem Vorbild alter Bauerngärten hinter einem schützenden Holzlattenzaun angelegt werden. Auch vom Gehweg aus wird so ein Blick in den Blütengarten ermöglicht. Im Interesse der Offenheit sollte man bei kleinen Vorgärten aber besser auf abgrenzende Mauern oder Hecken verzichten (für freiwachsende Hecken fehlt es ohnehin meist an Platz). Je nach vorhandener Fläche kann der „Blütengarten" durch einzelne Laubsträucher oder ein Gebüsch von Laubsträuchern ergänzt werden. Besonders reizvoll wird das Bild, wenn Teile des Gebäudes durch Pflanzung von Klettergehölzen einbezogen werden (s. Abb. Seite 238).

Vorgärten bzw. Teile davon können auch ohne abgrenzende Zäune zum Gehweg hin offen bleiben. In einem solchen Fall bietet sich eine Gestaltung mit Bäumen, hohen und niedrigen Sträuchern, robusten Blütenstauden und Wildstauden sowie Wiesenstreifen an. Fast in jedem Vorgarten ließe sich mindestens ein kleinkroniger Laubbaum als „Hausbaum" pflanzen, z. B. eine Eberesche oder ein Obstbaum. Solche Pflanzungen sind besonders dort von Wert, wo im Straßenbegleitgrün Bäume fehlen. Einzelbäume lassen sich mit etwas Geschick durch schattenverträgliche Sträucher und Stauden so unterpflanzen, daß sich eine homogene Pflanzengemeinschaft entwickeln kann (s. Seite 101). Auch das lästige Fallaub kann dann unter den Gehölzen als Streuschicht liegenbleiben, während es von Gehwegen und Plätzen selbstverständlich zu entfernen ist. Bei Pflanzungen an stark be-

▷ Blumenbeete machen aus der Abstandsgrünfläche einen Vorgarten, der wieder beliebter Aufenthaltsort und Treffpunkt sein kann.

▽ Im kleinen Reihenhausgarten sorgen begrünte Holzzäune für Schutz und Geborgenheit.

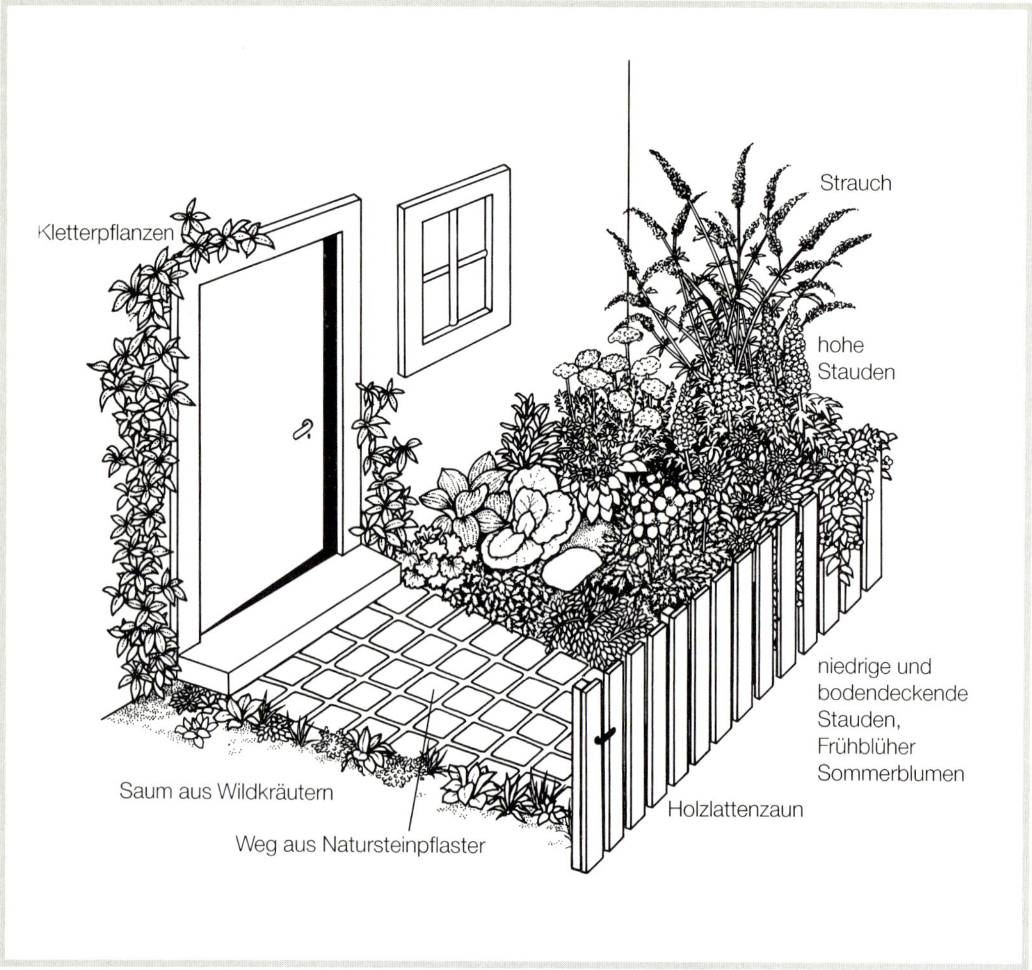

Gestaltung eines kleinen Vorgartens von etwa 12 m^2 Größe als Blumengarten. Die Blüten von Stauden, Sommerblumen, Ziersträuchern und Kletterpflanzen beleben das Straßenbild und geben dem Haus ein freundliches Gesicht!

fahrenen Straßen muß allerdings bedacht werden, daß nicht alle Gehölzarten mit einer hohen Schadstoffbelastung der Luft fertig werden. Wählen Sie in diesem Fall Arten aus, die als besonders „industriefest" gelten (s. Tab. Seite 87).

Auch der oft vorhandene schmale Streifen Erde zwischen einem Zaun und dem Gehweg – immer noch ein beliebtes Objekt für Ordnungsfanatiker – ließe sich einbeziehen. Es genügt, in diesem Bereich nichts zu tun, und schon siedeln sich Ruderalpflanzen wie Mohn oder Kamille an, gefolgt von Wildstauden wie Schöllkraut, Wegmalve, Natternkopf oder Rainfarn.

Immer noch werden im Interesse der Autos große Teile der Vorgärten befestigt und versiegelt. Stellflächen sind ohne Zweifel notwendig, können aber mit Naturstein- oder Rasenpflaster naturnah befestigt werden. Für die Zufahrt zur Garage genügt es, jeweils die Fahrspuren zu pflastern – auf den übrigen Flächen können sich auf Schotterrasen sogar niedrigwachsende Wildkräuter ansiedeln.

Eine kleine befestigte Fläche sollte es auch in der Nähe der Haustür geben, z. B. um eine Abstellmöglichkeit für Fahrräder zu schaffen. Hier könnte im Schatten des Hausbaumes auch eine Sitzbank aufgestellt werden, sicher ein beliebter Aufenthaltsort an warmen Sommerabenden. Überall, wo es vor den Häusern noch solche Plätze zum Verweilen in lebendiger Umgebung gibt, werden sie meist intensiv genutzt: zum Beobachten des Lebens an der Straße, sofern nicht extremer Autoverkehr solches Leben unmöglich macht, für Gespräche mit Nachbarn oder als Treffpunkt für Kinder. Die Wirkung als „Abstandsfläche" geht verloren, der Vorgarten eröffnet vielfältige Kommunikationsmöglichkeiten, übernimmt neben der ökologischen auch eine soziale Funktion!

Gartenhöfe in der Stadt

Für die Mehrzahl unserer Stadtbewohner bleibt der Traum vom Garten am Haus Utopie. Sie wohnen als Mieter in mehrgeschossigen Wohnblöcken der Innenstädte. Sofern Grünflächen vorhanden sind, wurden diese meist mit dem üblichen Abstandsgrün bepflanzt, anstatt sie den Mietern zur Verfügung zu stellen. Vielerorts gibt es zwar inzwischen Ansätze für eine Umgestaltung zu „Mietergärten", doch oft scheitern solche Initiativen am Widerstand von Hausbesitzern und Wohnungsbaugesellschaften. Das gilt auch für die

Bäume im Vorgarten

„Befragt über sein Verhältnis zur Natur sagte Herr K: „Ich würde gerne mitunter aus dem Hause tretend ein paar Bäume sehen. Besonders da sie durch ihr der Tages- und Jahreszeit entsprechendes Andersaussehen einen so besonderen Grad von Realität erreichen. Auch verwirrt es uns in den Städten mit der Zeit immer nur Gebrauchsgegenstände zu sehen, Häuser und Bahnen, die unbewohnt leer, unbenutzt sinnlos wären. Unsere eigentümliche Gesellschaftsordnung läßt uns ja auch die Menschen zu solchen Gebrauchsgegenständen zählen, und da haben Bäume wenigstens für mich, der ich kein Schreiner bin, etwas beruhigend Selbständiges, von mir Absehendes und ich hoffe sogar, sie haben selbst für die Schreiner einiges an sich, was nicht verwertet werden kann."
(Berthold Brecht)

Innenhofbegrünung schafft auch am Wohnblock „Naturoasen". „Gärtnern mit der Natur" ist auch auf kleinster Fläche möglich!

oft verbauten, als Parkflächen oder Abstellplatz für Müllcontainer genutzten Innenhöfe von Blockbauten. Solche „Hinterhöfe", in denen oftmals sogar Kinderspiele unterdrückt werden, lassen sich zu Grünoasen und „Erholungsinseln" für die Hausbewohner umgestalten. Hofbegrünung kann im dicht bebauten Stadtkern das Gründefizit ausgleichen helfen und Räume schaffen für Freizeitaktivitäten, Spiel, Sport, Geselligkeit und Kommunikation, Freiräume in unmittelbarer Wohnungsnähe, auf die besonders Kinder und ältere Menschen angewiesen sind.

In vielen Städten werden solche Umgestaltungsvorhaben inzwischen von der Kommune finanziell gefördert: Informationsschriften und Beratungsangebote helfen Hausbewohnern, ihre Wünsche und Ideen vorzubringen und umzusetzen. Die Initiative muß dabei aber von den Bewohnern ausgehen, die sich als Hausgemeinschaft zusammenschließen sollten, um dann gemeinsam Wünsche zu entwickeln, an den Hausbesitzer heranzutragen und gemeinsam mit ihm umzusetzen. Durch die Gemeinschaftsarbeit können soziale Beziehungen aufgebaut und gute Voraussetzungen für eine einvernehmliche Nutzung des Gartenhofes geschaffen werden. Ziel einer Umgestaltung ist es, vor allem einen Aufenthaltsort und Treffpunkt für die Bewohner zu schaffen. Befestigte Flächen mit Sitzbereichen, Spielgeräten oder Feuerstellen gehören also dazu. Auch ein Kompostplatz zur Verwendung von organischen Abfällen darf nicht fehlen.

Eine Bepflanzung muß sich natürlich an der meist geringen Flächengröße und ungünstigen Standortbedingungen (mit oft durch Bautätigkeit gestörten Böden) orientieren. Robuste, widerstandsfähige Pioniergehölze erhalten bei problematischen Böden deshalb den Vorzug, z. B. Birke (*Betula*), Berg- und Spitzahorn (*Acer pseudoplatanus, A. platanoides*), Eberesche, Mehlbeere, Feldahorn, Hasel, Brombeere oder Holunder. Zumindest ein größerer Baum als Schattenspender und „grüne Lunge" sollte vorhanden sein. Bei guten Böden kann es auch ein Obstbaum sein, der auf besondere Weise das Erleben der Jahreszeiten ermöglicht. Die meist vorhandenen Abgrenzungsmauern können mit Klettergehölzen wie Efeu, Wildem Wein oder Geißblatt begrünt werden. Im Bereich der oftmals vorhandenen Schattenplätze kann man Frühblüher wie Schneeglöckchen oder Winterling und Schattenstauden wie Geißbart, Akelei, Frauenmantel oder Gundelrebe pflanzen. Vielleicht bleibt auch noch Platz für einige Beete, auf denen Kräuter, Gemüse oder Sommerblumen gezogen werden können.

Wünschenswert ist die gemeinsame Umgestaltung aller Innenhöfe eines Wohnblocks, doch die dafür erforderliche Kooperation verschiedener Hausbesitzer kommt nicht immer zustande. Am leichtesten lassen sich Innenhofumgestaltungen grundstücksbezogen durchführen. Die Umgestaltung zu einer Gemeinschaftsgrünfläche ist nicht unbedingt wünschenswert. Hausbewohner entwickeln dazu erfahrungsgemäß keine so intensive Beziehung, wie sie bei Maßnahmen möglich wird, die von der jeweiligen Hausgemeinschaft durchgeführt werden. Solche Einzelprojekte können dann durch Mauerdurchbrüche miteinander verbunden werden, ohne daß die durch Geborgenheit geprägte Atmosphäre der einzelnen Gartenhöfe verloren gehen muß.

Kleingärten naturnah

Einige hunderttausend Hobbygärtner bewirtschaften ein kleines gepachtetes Stück Land innerhalb einer Kleingartenanlage. Auch Nicht-Grundstücksbesitzer haben hier Möglichkeiten zu Freizeitgestaltung, Naturbegegnung und gärtnerischer Tätigkeit. Das sehr enge Miteinander zwingt aber besonders zu gegenseitiger Rücksichtnahme. Wer heute versucht, seinen Kleingarten naturnah anzulegen und zu pflegen, muß immer noch mit Schwierigkeiten rechnen. Pachtverträge und Gartenordnungen der Vereine, aber auch die noch weit verbreiteten Vorurteile über das ökologische Gärtnern können zu Konflikten mit Vereinsvorständen oder Nachbarn führen.

Noch in der Nachkriegszeit dienten Kleingärten als „Armengärten" vorrangig der Nahrungsmittelproduktion. Doch das Bild hat sich gewandelt. Freizeitgärten sind entstanden, in denen Blumen, Rasen und Laube das Bild bestimmen. Die Pflege der Parzellen wird überwiegend noch mit besonderer Sorgfalt betrieben; der Einsatz von Pflanzenschutzmitteln ist in den meisten Anlagen noch zulässig, auch wenn die vom Verein angeordnete und durchgeführte „Gemeinschaftsspritzung" inzwischen fast überall der Vergangenheit angehört. Auf der einen Seite also Ordnung und Sauberkeit, auf der anderen Seite aber auch die überall anzutreffenden ökologisch bedeutsamen Obstbäume und Blumenbeete, Hecken und Komposthaufen. Was in den meisten Hausgärten dem Modetrend zum Opfer gefallen ist, wurde in Kleingärten oftmals erhalten und gepflegt und macht viele ältere Kleingartenanlagen zu wertvollen Lebensräumen. Auch der Trend zum naturnahen Garten hat vor den Kleingärten nicht halt gemacht: Gartenteiche, Nistkästen, Hügelbeete oder Gründüngungspflanzen sieht man in den Anlagen immer häufiger. Bundes- und Landesverbände sowie Fachberatung der Kleingärtner haben sich zum Teil sehr engagiert der ökologischen Sache angenommen. Naturnahe Gartengestaltung und biologisches Gärtnern nehmen bei ihrer Fortbildungs- und Öffentlichkeitsarbeit inzwischen einen breiten Raum ein.

Sicher fassen immer noch viele Kleingärtner Forderungen nach „mehr Natur" als Eingriff in ihre persönliche Entscheidungsfreiheit auf. Sicher gibt es auch noch viele „Gartenordnungen", nach denen die Entscheidungsfreiheit der Naturgärtner stark eingeengt ist. Erst kürzlich wurde z. B. einem Frankfurter Kleingärtner der Pachtvertrag gekündigt, weil er auf seiner Parzelle einen Wildgarten angelegt hatte und seine Nachbarn dieses nicht hinnehmen wollten. Es kam zum

Mehr Natur in Kleingartenanlagen!

Die Möglichkeiten zur naturnahen Gestaltung einer Kleingartenparzelle sind sicher begrenzt, aber außerhalb der Gärten steht oft viel Freiraum für „mehr Natur" zur Verfügung. Durchschnittlich 30 % einer Kleingartenanlage sind „öffentliches Grün", das vom Verein gepflegt und für praktische Naturschutzmaßnahmen genutzt werden kann. Breite Wildhecken können z. B. die Anlage umgeben, Rasenflächen in Wiesen umgewandelt werden. Auch die Anlage von Trocken- und Feuchtbiotopen ist in vielen Anlagen möglich (s. Abb. Seite 247). Die Funktion einer Kleingartenanlage als Lebensraum und Überlebenshilfe für die heimische Tier- und Pflanzenwelt wird zunehmend von Kleingartenvereinen und Kommunen erkannt und bei der Gestaltung und Pflege berücksichtigt.

Rechtsstreit, der mit einer Bestätigung der Kündigung endete. Gemessen an den Maßstäben von Bundeskleingartengesetz und Vereinssatzung sei die Kündigung zu Recht erfolgt; aufgrund erheblicher „Bewirtschaftungsmängel" und „Pflegerückstände" sei eine sinnvolle „kleingärtnerische Nutzung" nicht gewährleistet gewesen, so das Gericht.

Pachtvertrag und Gartenordnung: Sonderrecht für Kleingärtner?

Wer eine Kleingartenparzelle pachten möchte, sollte sich vorher immer über die vertraglichen Bedingungen informieren. Zur Regelung des gemeinschaftlichen Miteinanders in der Anlage gibt es ein Netz aus Gesetzen, Verordnungen und Pachtvertrag, in das der Pächter eingebunden ist. In Kleingartenanlagen gilt daher auch ein eigenes Nachbarrecht. Schon das Bundeskleingartengesetz legt grundsätzlich fest, wer sich mit Recht als Kleingärtner bezeichnen darf. Er muß immer eine Parzelle in einer Gemeinschaftsanlage (mit mehreren Einzelgärten) pachten und darf sie ausschließlich nichterwerbsmäßig gärtnerisch nutzen. Pächter sind also zur „kleingärtnerischen Nutzung" verpflichtet, womit insbesondere der Anbau von Gartenbauprodukten für den Eigenbedarf sowie die Erholung gemeint sind. In der Regel wird der Pachtvertrag mit einem Kleingartenverein abgeschlossen, der wiederum mit dem Eigentümer (meist die Stadt oder Gemeinde) einen Zwischenpachtvertrag abgeschlossen hat. Kleingärten sollen nach dem Gesetz eine Größe von 400 m^2 nicht überschreiten. Für Lauben, die nicht für Wohnzwecke genutzt werden dürfen, wird eine maximale Größe von 24 m^2 einschließlich Freisitz angegeben.

Auf Grundlage des Gesetzes haben Vereine, meist im Zusammenwirken mit dem Eigentümer, Pachtverträge für ihre Anlagen beschlossen, sowie Gartenordnungen, die bei Abschluß des Vertrages anerkannt werden müssen. Gartenordnungen weichen von Verein zu Verein oft stark voneinander ab. Immer sind aber konkrete nachbarrechtliche Bestimmungen enthalten, die bei Mißachtung eine Kündigung zur Folge haben können. Eine Pflanzung größerer Laubbäume wird oft ganz untersagt oder auf einen „Schattenspender" eingeschränkt. Höhere, freiwachsende Hecken sind meist unerwünscht, da die Anlagen im Interesse der Besucher einen offenen Charakter behalten sollen. Oft wird auch für die Gesamtnutzung der Parzelle eine Aufteilung in Nutzbereiche vorgeschrieben (z. B. mindestens 1/3 der Fläche für Anbau von Obst, Gemüse, Kräuter und Blumen).

Kleingärtnerische Nutzung

Die „kleingärtnerische Nutzung" wird meist dahingehend interpretiert, daß zumindest auf einem Teil der Fläche Obst und Gemüse gezogen werden muß. Die Duldung von Wildwuchs kann möglicherweise vom Verein als „Bewirtschaftungsmangel" betrachtet werden und zur Kündigung führen. Viele Gartenverordnungen sind inzwischen aber erfreulicherweise durch Bestimmungen ergänzt worden, die dem Kleingärtner mehr Rücksichtnahne gegenüber Mitwelt und Natur abverlangen. Dies gilt vor allem für den Umgang mit Pestizi-

Beispielhafte „Gartenordnung" (Auszug aus der Kleingartenordnung für Hannover)

Naturnahe Gartenbewirtschaftung

Der Pächter ist verpflichtet, den Garten sauber und alle Gartenpflanzen und Bäume gesund zu erhalten. Es dürfen nur aufeinander abgestimmte und miteinander verträgliche, umweltfreundliche Verfahren im Sinne eines ökologischen Pflanzenschutzes angewandt werden.

Der Gartenboden ist durch Kompost und andere organische und humose Dünger sowie durch Gründüngung, Mulchen usw. gesund zu erhalten. Umweltverträgliche Mineralstoffe (z.B. Algenkalk, Steinmehl, Bentonitmehle usw.) haben den Vorrang vor synthetischen Mineraldüngern.

Chemische Mittel zur Unkrautvernichtung (Herbizide) dürfen im Kleingarten und in Kleingartenanlagen nicht angewandt werden.

Der Schutz der Vögel, Igel und anderer Nutztiere hat den Vorrang vor chemischem Pflanzenschutz.

Nistgelegenheiten sowie Futter- und Wasserplätze gehören in einen umweltfreundlichen Garten; Feuchtbiotope sind erwünscht.

Die Schutzordnung für Bienen ist zu beachten.

Nur wenn größere Schäden zu erwarten sind, dürfen chemische Pflanzenschutzmittel angewandt werden, die

a) nicht bienengefährlich sind,
b) für Warmblütler nicht oder nur gering giftig sind,
c) in keine Giftabteilung eingestuft sind,
d) gezielt auf den Schädling wirken und dessen natürliche Feinde schonen,
e) schnell abgebaut werden.

Bei allen Pflanzenschutzmaßnahmen muß auf die Kulturen der Nachbarn Rücksicht genommen werden.

Wer Pflanzenschutzmittel verwendet oder durch andere anwenden läßt, haftet für alle hieraus entstehenden Schäden.

Feuchtbiotop in einer Kleingartenanlage. Freiflächen in den Anlagen können durch Umgestaltung zu Natur-Oasen entwickelt werden (s. Seite 243).

den, deren Einsatz im Kleingartenbereich in vielen Orten (meist auf Initiative der Kommune) eingeschränkt oder sogar, wie in Freiburg, ganz verboten wurde.

Beispielhaft zeigt die hier auszugsweise abgedruckte Kleingartenordnung aus Hannover, daß die „Schrebergärten" durchaus auch Freiraum für naturgemäße Gartengestaltung und Anbaumethoden sein können. Wünschenswert wäre es, wenn solche Formulierungen überall in die „Gartenordnung" aufgenommen und die dahinterstehende Einstellung Schule machen würde. Wenn Vereinsvorstände für das Funktionieren der Gemeinschaft immer wieder auf die Notwendigkeit gegenseitiger Rücksichtnahme hinweisen, so muß dies auch auf die Verwendung von Pestiziden ausgedehnt werden. Ein naturnaher Garten kann nicht funktionieren, wenn in der unmittelbaren Nachbarschaft das biologische Leben durch Gifteinsatz beeinträchtigt wird.

Beispielhafte Gestaltung einer Parzelle

Sicher sind auf einer Fläche von 300 bis 400 m² die Möglichkeiten, für heimische Natur etwas zu tun, sehr begrenzt. Für Lebensräume wie Blumenwiesen, Wildhecken oder größere Feuchtbiotope ist meist kein Platz. Aber auch auf kleinster Fläche kann durch Verzicht auf Umweltgifte, Verwendung heimischer Pflanzen, Schaffung von Unterschlupf- und Nistgelegenheiten viel für die Natur getan werden, das zeigt unser Gestaltungsbeispiel.

Selbst für einen kleinen Teich und eine „wilde Ecke" ist, sofern die Gartenordnung es zuläßt, im Kleingarten Platz. Sind Beschränkungen notwendig oder unvermeidlich, sollte man von Seiten des Vereins aber immer Teiche von mindestens 8 bis 10 m² zulassen, da unter dieser Größe eine naturgemäße Gestaltung und Entwicklung des Gewässers nicht möglich ist. Im übrigen sind dem Vorschlag alle gesetzlichen Bestimmungen und die üblichen Pachtverträge zugrunde gelegt worden. Wer auf ähnliche Weise seine Parzelle gestaltet, dürfte also in der Regel keine Schwierigkeiten mit Nachbarn und Vorstand bekommen.

Naturgärten und Recht

„Wenn Nachbarn sich nicht ganz grün sind, kann das auch am Grün liegen – an dem im Garten nämlich." (Aus einem Bericht der Frankfurter Rundschau.)

Auf dem Weg zum Naturgarten muß man immer noch damit rechnen, daß Nachbarn diese Entwicklung eher mißtrauisch verfolgen. Die Furcht vor negativen Reaktionen der Nachbarn ist unter Hobbygärtnern sehr weit verbreitet, kann im Einzelfall sogar dazu führen, daß auf eine naturnahe Umgestaltung oder Tolerierung von mehr Wildwuchs verzichtet wird. Jeder Gartenbesitzer möchte selbstverständlich mit seinen Nachbarn in Frieden zusammenleben. Doch muß Rücksichtnahme im Interesse des Nachbarschaftsfriedens wirklich zur Verdrängung heimischer Natur führen? Wie stark ist die Rechtsposition des Naturgärtners?

Besonders häufig wird der „Unkrautwuchs" an der Grundstücksgrenze oder das Fallaub von Bäumen noch als Störung der „Ordnung" empfunden. Im Einzelfall kann es sogar dazu kommen, daß ein Nachbar mit juristischen Mitteln gegen den angeblichen „Störer" vorgeht. Solche Probleme verlieren zwar aufgrund der wachsenden Naturgartenbewegung und einer zunehmend positiven öffentlichen Meinung an Bedeutung, Grundkenntnise über nachbarrechtliche Vorschriften und aktuelle Rechtsprechung sind aber nicht nur bei einem möglichen Rechtsstreit von Vorteil. Vielleicht kann eine sol-

▷ Gestaltungsbeispiel eines Klein- bzw. Schrebergartens (Größe 400 m²): Naturnahe Gestaltung und kleingärtnerische Nutzung lassen sich durchaus miteinander vereinbaren!

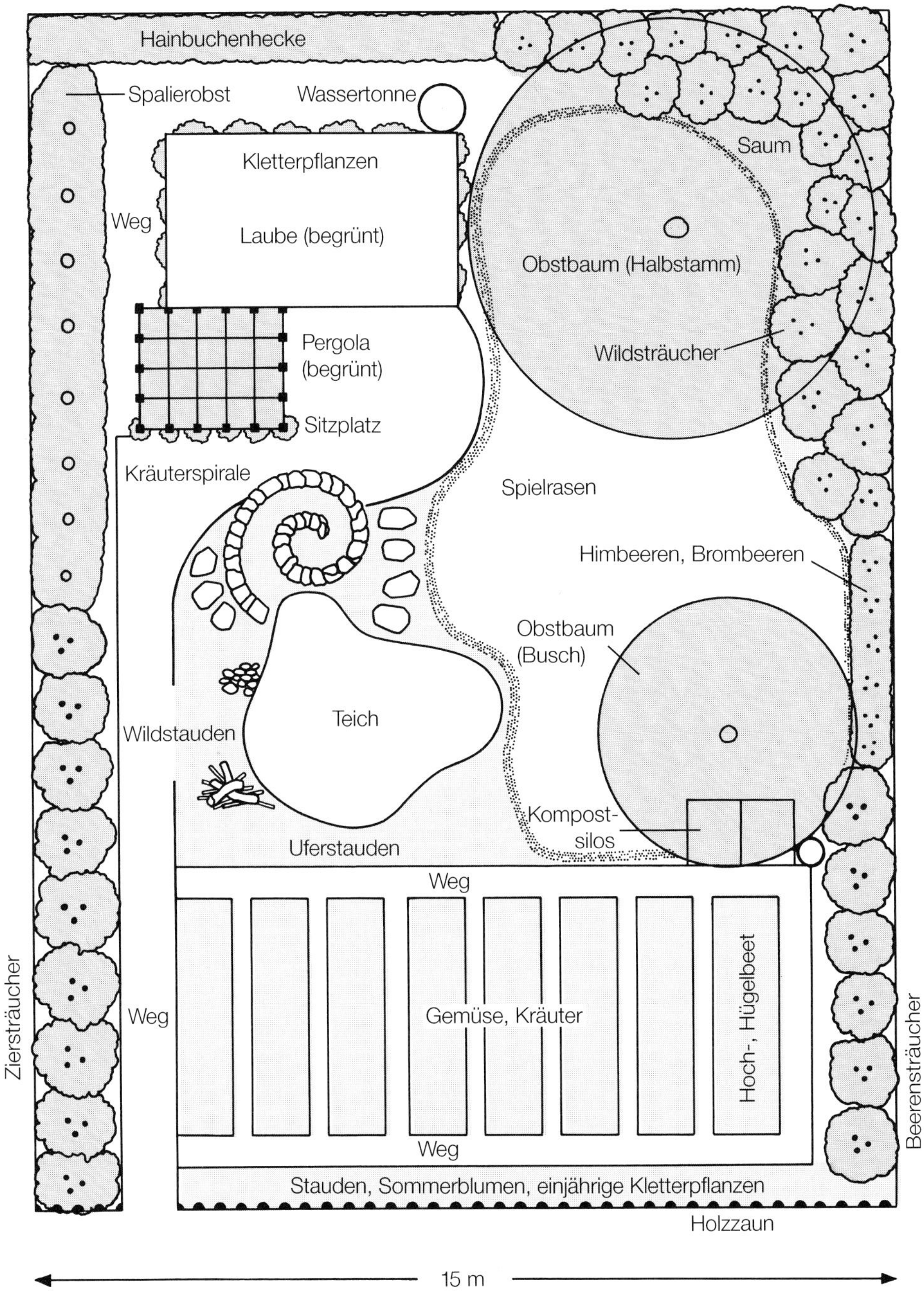
Hainbuchenhecke
Spalierobst
Wassertonne
Kletterpflanzen
Laube (begrünt)
Weg
Saum
Obstbaum (Halbstamm)
Pergola
(begrünt)
Wildsträucher
Sitzplatz
Kräuterspirale
Spielrasen
Himbeeren, Brombeeren
Obstbaum
(Busch)
Teich
Wildstauden
Kompost-
silos
Uferstauden
Weg
Ziersträucher
Weg
Gemüse, Kräuter
Hoch-, Hügelbeet
Beerensträucher
Weg
Stauden, Sommerblumen, einjährige Kletterpflanzen
Holzzaun
15 m

che Informationsgrundlage auch dazu beitragen, daß der eine oder andere Rechtsstreit schon im Ansatz vermieden wird.

Naturfreundlich arbeitende Gärtner haben sowohl die öffentliche Meinung, als auch das Recht auf ihrer Seite, können also mit Hilfe vieler guter Argumente einem mißtrauischen Nachbarn gegenübertreten. Bevor es zum Streit kommt, sollte immer erst das klärende Gespräch gesucht werden. Durch rechtzeitige Information über die eigenen Vorhaben und Intentionen sowie Überzeugungsarbeit können Negativreaktionen möglicherweise schon im Keim erstickt werden. Wenn gegenseitige Rücksichtnahme, Gesprächsbereitschaft, Offenheit und Toleranz das Nachbarschaftsverhältnis bestimmen, dürfte auch bei gegensätzlichen Auffassungen von Gartenkultur ein friedliches Nebeneinander möglich sein.

Grundsätze des Nachbarschaftsrechts

Sofern der Hobbygärtner auch Eigentümer seines Grundstückes ist, kann er dieses grundsätzlich nach seinen Wünschen und Interessen nutzen. Überall dort aber, wo Menschen auf engem Raum zusammenleben, gibt es eine rechtliche Verpflichtung zu gegenseitiger Rücksichtnahme. Im Detail werden die nachbarschaftlichen Rechtsbeziehungen durch das Bürgerliche Gesetzbuch (BGB, §§ 909-924 und 1004) sowie das jeweilige Nachbarrecht der Bundesländer geregelt. Danach darf man die ortsüblichen Nutzungsmöglichkeiten eines Nachbargrundstücks „nicht oder nur unwesentlich beeinträchtigen“. Wird bei einer Beeinträchtigung die Grenze der „Zumutbarkeit“ überschritten, kann der Nachbar möglicherweise erfolgreich auf Unterlassung oder Beseitigung der Ursache klagen oder einen „angemessenen Ausgleich in Geld“ verlangen. Mit zahlreichen Urteilen hat die Rechtsprechung in den letzten Jahren versucht, diese eher allgemein gehaltenen Grundsätze des BGB zu konkretisieren. Dabei hat sich erfreulicherweise eine durchaus positive Einschätzung naturnaher Gärten durchgesetzt, wie der nachfolgende Überblick über einige wichtige Problembereiche zeigt.

Die Grundstücksgrenze

Gegensätzliche Nutzungsinteressen können im Grenzbereich der Grundstücke besonders hart aufeinandertreffen. Deshalb hat der Gesetzgeber im Sinne der „Gegenseitigen Rücksichtnahme“ für diesen Bereich besondere Bestimmungen erlassen, die ein jeder Gartenbesitzer kennen sollte. Mit

Großes Schöllkraut an der Gartengrenze: Für den einen eine wertvolle Bereicherung des Gartens, für den anderen eher ein Ärgernis.

Ausnahme von Hamburg und Bremen gelten dazu in allen Bundesländern eigene Nachbarrechtsgesetze, in denen es vor allem um die bei Pflanzmaßnahmen einzuhaltenden Grenzabstände geht. Die konkreten Bestimmungen weichen von Bundesland zu Bundesland geringfügig voneinander ab; vor einer Pflanzmaßnahme sollte man sich deshalb bei der zuständigen Behörde (Gartenamt, Ordnungsamt o. ä.) oder einer Umweltberatung über die jeweils gültigen Grenzabstände informieren. Betroffen von den Einschränkungen sind nur Gehölze, wobei je nach Wuchsstärke meist Abstände zwischen 0,5 m und 4 m zur Grundstücksgrenze eingehalten werden müssen. Im übrigen kann rechtlich gesehen ein Grundstück mit beliebig vielen Bäumen und Sträuchern bepflanzt werden.

Sind bei der Pflanzung von Gehölzen die Grenzabstände nicht eingehalten worden, kann der Nachbar die Beseitigung der Anpflanzung verlangen. In alle Nachbarrechtsgesetze wurden allerdings Fristen aufgenommen, nach deren Ablauf Beseitigungsansprüche verjährt sind bzw. ausgeschlossen werden (Ausschlußfrist in NRW z. B. 6 Jahre). Selbstverständlich kann im beiderseitigen Einvernehmen von Grenzabständen abgewichen werden. Gerade bei den häufig nur sehr schmalen Reihenhausgrundstücken in der Stadt ist eine sinnvolle Gestaltung bei exakter Einhaltung der Grenzabstände oft kaum möglich. In solchen Fällen ist es deshalb wünschenswert, mit dem Nachbarn eine gemeinsame Bepflanzung der Grundstücksgrenze, z. B. mit einer Hecke, zu vereinbaren.

Laubfall in den Nachbargarten

Laubbäume sind nicht besonders beliebt, der Trend zur Pflanzung pflegeleichter Nadelbäume macht das deutlich. Doch alle Bemühungen ordnungsliebender Zeitgenossen können durch Laubbäume in Nachbars Garten zunichte gemacht werden. Denn die Natur kümmert sich herzlich wenig um Eigentumsverhältnisse. Wenn im Herbst das Laub von den Bäumen fällt, wird es auch dorthin verfrachtet, wo es unerwünscht ist. Doch kann ein verärgerter Nachbar deshalb den Baumbesitzer zur Beseitigung dieser „Immissionsquelle“ zwingen? Ist dieser etwa verpflichtet, seinem Nachbarn für eventuell notwendige Reinigungsmaßnahmen eine Entschädigung zu zahlen? Schon sehr häufig wurde in der Vergangenheit durch solche Forderungen ein Rechtsstreit ausgelöst.

So verlangte 1984 ein Ulmer Gaststättenbesitzer von der Stadt eine Entschädigung von 10 000 DM, weil er in jedem Herbst große Laubmengen von seinem Grundstück entfernen mußte, das von städtischen Bäumen stammte. Das Landgericht wies die Klage ab. Begründung: Die Blätter seien weder am Baum festzukleben, noch durch Netze vom Boden fernzuhalten. Müßte die Stadt derartige Entschädigungen auf Kosten der Steuerzahler leisten, bliebe als Alternative nur der Kahlschlag oder die Aufstellung von Plastikbäumen.

Mit ähnlichen Begründungen haben in den letzten Jahren viele Gerichte Klagen zum Thema „Fallaub“ abgewiesen. Die Rechtsprechung hat sich in dieser Frage eindeutig „pro Baum“ entwickelt und ist dabei auch ökologischen Argumenten gefolgt. Das Landgericht Stuttgart wies z. B. in einem Urteil darauf hin, daß in einer Zeit zunehmenden Umweltbe-

Baumschutz durch Baumschutzsatzung

Sind Bäume aufgrund einer kommunalen Baumschutzsatzung geschützt, hat dieser Rechtsschutz aufgrund aktueller Urteile Vorrang vor dem Nachbarrecht. So kann der Nachbar zwar aufgrund vieler Nachbarrechtsgesetze die Beseitigung überhängender Äste oder über die Gartengrenze hinauswachsender Wurzeln verlangen. Ist der betreffende Baum aber durch eine Baumschutzsatzung geschützt, würde es dabei zu einer „unzulässigen Beschädigung" kommen. Der Nachbar hat in diesem Fall weder einen Anspruch auf Beseitigung der Äste und Wurzeln, noch darf er sie selbst durchführen (nach Urteilen des LG Aschaffenburg vom 7. 8. 1986 – AZ S 155/86 – und LG Dortmund vom 9. 4. 1986 – AZ 1S 599/86).

wußtseins dem vernünftigen Durchschnittsmenschen in verstärktem Maße daran gelegen sein müsse, daß die für die Sauerstoffversorgung einer Großstadt so lebenswichtigen und schützenswerten Bäume erhalten bleiben. Deshalb müsse der Benutzer eines betroffenen Grundstücks den Arbeitsaufwand für die Entfernung des von herüberhängenden Zweigen und Ästen herabfallenden Laubes hinnehmen.

Auch die Landgerichte Saarbrücken (AZ: 11 S 363/86) und Aachen (AZ: 10 0 619/86) wiesen in aktuellen Grundsatzurteilen einen Entschädigungsanspruch ab, betonten dabei besonders die Bedeutung der Bäume für Naturhaushalt und Stadtökologie.

Einen Rechtsstreit um seine Laubbäume braucht der Naturgärtner also nicht zu befürchten, sofern er bei seiner Pflanzung das Nachbarrecht beachtet hat.

Ärger durch „Unkraut"-Samenflug?

Wer Brennessel, Löwenzahn oder andere Wildkräuter auf seinem Grundstück duldet, muß mit negativen Reaktionen in der Nachbarschaft rechnen. In dieser Frage lassen sich viele Hobbygärtner auch durch ökologische Argumente nicht überzeugen. Viel schwerer wiegt für sie die Gefahr einer „Verunkrautung" ihres sorgfältig gepflegten Gartens durch Samenflug; ein Vorurteil, das sich sehr hartnäckig in den Köpfen vieler Menschen festgesetzt hat.

Vergessen wird bei solchen Auseinandersetzungen oft, daß sich in jedem Boden über lange Zeiträume ein Samenvorrat standorttypischer Wildkräuter angesammelt hat. Manche Arten können in größeren Tiefen viele Jahrzehnte oder sogar Jahrhunderte überdauern. Jede Bodenbewegung (Umgraben, Aushub) fördert zahllose keimfähige Samen an die Oberfläche. Nur so ist es zu erklären, daß jeder „nackte" Boden sehr schnell von Wildkräutern „erobert" wird. Ohne den Samenvorrat des Bodens würde sich der Bodenaushub von Baustellen nie so schnell eingrünen, wie man es immer wieder beobachten kann.

Samenvorräte im Boden werden selbstverständlich durch natürliche Samenverbreitung laufend ergänzt. Samen mit guter Flugfähigkeit (z. B. von Löwenzahn) werden über große Entfernungen verbreitet und kommen selbst dann in den Garten, wenn in der Nachbarschaft alle Wildpflanzen ausgerottet werden. Bei vielen anderen Arten spielt der Samenflug für die Verbreitung nur eine untergeordnete Rolle, z. B. auch bei den gefürchteten „Problemkräutern" Große Brennessel (*Urtica dioica*) und Ackerdistel (*Cirsium arvense*). Diese vermehren sich vorwiegend vegetativ (über das Wurzelwerk) auf geeigneten Standorten. Samen der Großen Brennessel können sich nur über sehr kurze Entfernungen ausbreiten, da Flugorgane fehlen. Bei der Ackerdistel verbleibt der größte Teil der Samen in den Blütenköpfen. Die wenigen vom Wind fortgetragenen Samen können aufgrund spezifischer Ansprüche und sehr geringer Keimfähigkeit kaum zu einer „Bedrohung" für den „unkrautfrei" gehaltenen Nachbargarten werden.

Wer auf seinem Grundstück Probleme mit Wildkrautwuchs hat, kann seinen Nachbarn dafür also nicht verantwortlich machen. Möglicherweise hat er selbst durch unsachgemäße Bepflanzung und Pflege eine Massenentwicklung begünstigt. Schon durch naturgemäße Bodenbearbeitung und Pflege (Mulchen, Laubschicht) kann einer „Verunkrautung" vorgebeugt werden (s. Seite 32). Jedenfalls kann der geringfügige Zuflug von Wildkrautsamen niemals eine „wesentliche Beeinträchtigung" der Grundstücksnutzung herbeiführen.

Diesen Standpunkt vertreten inzwischen auch bundesdeutsche Gerichte. Wildkrautsamen können juristisch zwar immer noch als „schadbringende Immissionen" (!) angesehen werden, Samenflug gilt aber als „ortsüblich". Sofern es durch Samenflug nachweisbar zu einer Beeinträchtigung der Gartennutzung kommt, ist diese hinzunehmen, da sie auf Naturkräfte zurückgeht (§ 906 und 1 004 BGB). Die grundsätzliche Verpflichtung zu nachbarschaftlicher Rücksichtnahme hat aber im Einzelfall Gerichte schon dazu veranlaßt, einen Anspruch auf Eindämmung von Wildwuchs anzuerkennen. Dabei handelte es sich aber immer nur um Extremfälle, z. B.

um völlig verwilderte Gartengrundstücke, auf denen sich Problemunkräuter besonders massiv ausgebreitet hatten.

Im Normalfall werden heute jedoch Klagen auf Beseitigung von Wildkrautwuchs abgewiesen. Zur „ortsüblichen" Gartennutzung gehören inzwischen auch eine Duldung von Wildkräutern oder die Anlage von Wildblumenwiesen und Wildblumenbeeten. Alte Verordnungen, nach denen Gartenbesitzer zur Unkrautbekämpfung gezwungen werden konnten, sind als nicht mehr zeitgemäß von den Städten und Gemeinden aufgehoben worden. Ein Sonderfall sind noch die Kleingartenanlagen, aber auch hier zeichnet sich ein Sinneswandel für mehr Toleranz gegenüber Wildkräutern ab (s. Seite 242).

Wer also Wildkräuter in seinem Garten duldet, hat grundsätzlich das Recht auf seiner Seite. Und er kann mit einer ganzen Reihe von Argumenten versuchen, die Vorurteile in der Nachbarschaft abzubauen. Ist trotzdem Ärger zu befürchten, sollte man Wildkrautbeete nicht unmittelbar am Gartenzaun anlegen. Statt dessen kann durch Anlage einer dichten Hecke für eine optische Abschirmung des Naturgartens gesorgt und sicher manchem Ärger vorgebeugt werden, zumal der Nachbar damit auch wirkungsvoll vor „Immissionen" geschützt wird, die seine Gartenordnung bedrohen könnten!

Gartenteich – eine „Immissionsquelle"?

Mit vom Nachbargrundstück ausgehenden Lärm-Immissionen haben sich Gerichte recht häufig zu beschäftigen. Meist geht es dabei um Geräusche von Rasenmähern, Fahrzeugen oder Radios. In einigen Fällen hat in der Vergangenheit aber auch schon das Konzert der an einem Gartenteich ansässigen Frösche den Nachbarn dazu veranlaßt, eine Beseitigung der „Lärmquelle" zu fordern. Wer die Lebensweise von Amphibien kennt, weiß, daß dabei immerhin beträchtliche Geräuschpegel erreicht werden können und daß sich die Tiere auch durch ordnungsrechtliche Verfügungen nicht dazu veranlassen lassen, ihre Tätigkeit auf bestimmte Tageszeiten zu beschränken.

Nach dem BGB also eine klare Sache, denn es handelt sich um eine „wesentliche Beeinträchtigung", die in vielen Regionen aufgrund des starken Rückgangs dieser bedrohten Tiere auch nicht mehr als „ortsüblich" bewertet werden kann; denn Amphibien sind aufgrund vieler Eingriffe örtlich oder regional schon ausgestorben. Haben die Amphibien also auch vor deutschen Gerichten keine Chance?

Verschiedene Gerichte haben einer solchen, immerhin lange Zeit gültigen Rechtsposition inzwischen in Grundsatzurteilen widersprochen. Sicher hat der Widerspruch zur öffentlichen Meinung, nach der alle Möglichkeiten genutzt werden sollten, bedrohten Tieren zu helfen – also Feuchtbiotope zu erhalten und neue anzulegen – darauf einen wesentlichen Einfluß gehabt. Als wohl entscheidend aber konnte der offensichtliche Widerspruch zum Naturschutzrecht ins Feld geführt werden, das Grundstücksbesitzern die Duldung des nachbarschaftlichen Amphibienteiches auferlegt. Denn Frösche dürfen als „besonders geschützte Tierart" laut Bundesartenschutzverordnung weder getötet, gestört, belästigt noch aus ihrem Lebensraum entnommen werden.

Das 1984 über die Presse bekannt gewordene, vom Oberlandesgericht Schleswig wieder aufgehobene Urteil des Amtsgerichtes Itzehoe, das einen Teichbesitzer zur Beseitigung der „Lärmquelle" verurteilte, hätte nach dem Naturschutzrecht also selbst dann nicht ausgeführt werden dürfen, wenn es rechtskräftig geworden wäre! Zum Glück ist dieser leidige Rechtsstreit jetzt aufgrund mehrerer Grundsatzurteile im Sinne von Fröschen und Naturfreunden geklärt – Teichbesitzer können also aufatmen. Urteile übrigens, die grundsätzlich von einem Vorrecht des Artenschutzrechts vor dem Nachbarrecht ausgehen. Aufgrund dieses Rechtsgrundsatzes muß also auch eine von „Unkräutern" an der Grundstücksgrenze ausgehende „Immission" (Samenflug) vom Nachbarn geduldet werden, wenn es sich um geschützte Pflanzen handelt.

Kompost an der Gartengrenze

Noch so mancher Gartenfreund sieht den Komposthaufen nicht als wertvolle Rohstoffverwertungsstelle, sondern als Abfallhaufen an, der sein ästhetisches Empfinden beeinträchtigt. Oft hört man Klagen über eine angebliche Geruchsbelästigung oder über eine Zunahme von „Ungeziefer", wenn der Nachbar in der Nähe der Grundstücksgrenze einen Kompost betreibt. Die Vielzahl der Pro-Kompost-Argumente sollte in einem solchen Fall eigentlich zu einer einvernehmlichen Klärung des Streites führen. Kommt es trotzdem zu einem Rechtsstreit, hat der Biogärtner, sofern er seinen Kompost sachgemäß angelegt hat, die Rechtsprechung auf seiner Seite. Denn nach den auf Grundlage des Bundesabfallgesetzes von den Bundesländern erlassenen Verordnungen über die Beseitigung organischer Abfälle auf Privatgrundstücken ist Kompostierung ausdrücklich erlaubt und erwünscht, sofern keine unzumutbaren Geruchsbelästigungen auftreten. Da dies bei einem ordnungsgemäß angelegten Kompost nicht zu erwarten ist, kann ein Naturgärtner seinen Kompost also auch an der Grenze zum Nachbarn aufschichten. Selbst die mögliche geringfügige Geruchsbelästigung ist laut Urteil des Landgerichtes Regensburg vom 27.03.1984 hinzunehmen, genauso „wie umgekehrt die Beklagte Belästigungen durch die Abgase aus den Autos, die in der nahen Garage untergebracht sind, hinnehmen muß“.

Dieses Urteil darf natürlich nicht als Freibrief verstanden werden, weder für das rücksichtslose Betreiben von Verbrennungsmotoren auf dem Grundstück, noch für die Aufschichtung übelriechender Müllkippen, die mit Kompostierung nichts zu tun haben.

Pestizideinsatz im Nachbargarten

Alle Bemühungen zur Förderung der heimischen Tierwelt, alle Pflanzmaßnahmen oder Nisthilfen können sich als sinnlos erweisen, wenn der Nachbar mit Insektiziden gegen vermeintliche „Schädlinge“ vorgeht. Singvögel, Igel und andere Gartentiere halten sich nicht an Gartengrenzen, suchen immer auch in den Nachbargärten nach Nahrung und können dabei möglicherweise den Tod finden.

Der Einsatz von Pflanzenbehandlungsmitteln auf dem Nachbargrundstück kann also die Nutzung eines naturnahen Gartens wesentlich beeinträchtigen. Naturkräfte kommen nicht als Verursacher in Frage, die möglichen Schäden für den biologisch wirtschaftenden Hobbygärtner liegen auf der Hand und dürften eigentlich nicht zumutbar sein. Kann er also einen Rechtsanspruch auf Unterlassung umweltgefährdender Gifteinsätze geltend machen? Nach der derzeitigen Rechtslage leider nicht, denn immer noch ist in der Bundesrepublik Deutschland ein Pflanzenschutzgesetz in Kraft, das Pestizideinsätze im Haus- und Kleingarten für zulässig erklärt, allerdings seit 1986 nur noch auf gärtnerisch genutzten Flächen, also nicht auf Wegen und Plätzen, auf denen lange Zeit der Herbizideinsatz gegen Wildkräuter üblich war.

Ob sich an dieser Rechtspraxis künftig etwas ändert, wird in starkem Maße vom Handeln des „durchschnittlichen Gartenbenutzers“ abhängen, dessen Empfinden bei vielen nachbarrechtlichen Urteilen eine entscheidende Rolle spielte. In vielen Bereichen hat sich die Rechtslage inzwischen an das gewachsene Umweltbewußtsein angepaßt. Auch Pestizideinsätze werden zunehmend kritisch gesehen und immer mehr Hobbygärtner verzichten bewußt auf solche Einsätze.

Natur plündern für den Naturgarten?

◁ Pflanzen der Feuchtwiesen wie die Sumpfdotterblumen sind selten geworden und stehen vielfach schon auf den Roten Listen. Wer sich hier für seinen Garten bedient, trägt zur weiteren Gefährdung dieser Arten bei und verstößt gegen Naturschutzgesetze! Naturgärtner beschaffen sich Pflanzen in Gärtnereien und Baumschulen.

Durch Anlage naturnaher Lebensbereiche wird es möglich, auch die eine oder andere bedrohte heimische Wildpflanze im Garten anzusiedeln. Zur Selbstansiedlung kommt es allerdings nur in den wenigsten Fällen, also muß gepflanzt werden. Doch die Beschaffung der Pflanzen kann zu einem Problem werden, denn im üblichen Sortiment eines Gartencenters sind die meisten Wildpflanzen nicht enthalten. Möglicherweise kennt der „Naturfreund" aber noch in der Umgebung seines Grundstückes den einen oder anderen Standort, an dem die gewünschten Arten vorkommen. Selbst seltene und bedrohte Pflanzen können in der freien Landschaft manchmal noch in großer Zahl an einem Ort angetroffen werden. Verleitet durch solche „Angebote" sowie aus Unkenntnis über Naturschutzprobleme und Artenschutzrecht greifen Gartenbesitzer immer wieder zum Spaten, um „Ableger" von Wildpflanzen aus der Natur zu entnehmen. Nur die wenigsten von ihnen haben dabei ein schlechtes Gewissen, wollen sie doch aus ihrem Garten eine Überlebensinsel für bedrohte Arten machen, also das Motto „Naturschutz beginnt im Garten" in die Praxis umsetzen.

Leider wird manchmal sogar in Veröffentlichungen zur Plünderung der Natur geraten. „Für den Weiher holte ich mir aus den Tümpeln und Altwässern der Umgebung ein paar Rohrkolben und Binsen, Schwanenblume, Krebsschere, Froschlöffel, Teichrose ..." hieß es z. B. in einem Bericht einer bekannten Naturzeitschrift. Und in einem klassischen Naturgartenbuch wird u. a. darauf hingewiesen, „daß die in der Natur entnommenen Pflanzen von einem Standort stammen, der genau demjenigen unseres Gewässers entspricht".

Gehen wir einmal davon aus, diese Anregungen würden Schule machen. Also würden 13 Mio. Gartenbesitzer in unserem Land mit dem Spaten bewaffnet in die Umgebung ausrücken und aus der freien Landschaft die Pflanzen holen, die sie für ihren „Naturgarten" brauchen. Da im „Naturgarten" ja auch das Ziel verfolgt wird, bedrohten Arten einen Lebensraum zu geben, werden davon besonders die seltenen Lebensräume und Pflanzen betroffen sein. Es dürfte nicht lange dauern, und um die letzten Reste naturnaher Lebensräume wäre es geschehen!

Pflanzenentnahme und Naturschutzrecht

Empfehlungen, Pflanzen aus der Natur zu entnehmen, widersprechen im übrigen dem geltenden Naturschutzrecht. Zahllose Pflanzen- und Tierarten, nicht nur die gefährdeten Arten der „Roten Listen", sind nach der Bundesartenschutzverordnung sogar unter besonderen Schutz gestellt. Bekannte Pflanzen der Naturgärten wie Schwertlilien, Schlüsselblumen, Fingerhut, Schneeglöckchen und Christrose gehören z. B. dazu, und auch die oben genannte Teichrose. Im Bundesnaturschutzgesetz heißt es dazu in § 20f.: „Es ist verboten, wildlebende Pflanzen der besonders geschützten Arten oder ihre Teile oder Entwicklungsformen abzuschneiden, abzupflücken, aus- oder abzureißen, auszugraben, zu beschädigen oder zu vernichten."

Natürlich sind wir bei der Anlage naturnaher Gärten besonders auf heimische Wildpflanzen angewiesen. Baumschulen und Staudengärtnereien bieten inzwischen ein großes Sortiment auch heimischer Pflanzen an. Viele Spezialbetriebe beschäftigen sich mit der Anzucht von Wildpflanzen. Zahlreiche Arten können auch mit dem im Fachhandel angebotenen Saatgut selbst herangezogen werden. Eventuell können auch Nachbar oder Freund mit Ablegern aushelfen. Alle in diesem Buch angegebenen und empfohlenen Pflanzen können jedenfalls auf die eine oder andere Art beschafft werden, ohne daß dafür naturnahe Lebensräume in der Landschaft geplündert werden müssen.

Nur im Einzelfall können Pflanzenentnahmen ausnahmsweise vertretbar, vielleicht sogar sinnvoll sein, z. B. wenn im Zuge einer nicht mehr zu verhindernden Straßenbaumaßnahme ein Biotop zerstört wird oder eine Brachfläche in der Stadt bebaut werden soll. Aber auch in solchen Fällen darf nie ohne Abstimmung mit der Naturschutzbehörde gehandelt werden, wenn es um bedrohte und geschützte Arten geht. Und bei der Entnahme von häufigen Pflanzenarten muß selbstverständlich immer das Einverständnis des Grundstückseigentümers eingeholt werden.

Tiere im Garten ansiedeln?

Was für geschützte Pflanzen gilt, gilt selbstverständlich auch für Tiere. Nicht nur aufgrund ihrer Seltenheit oder Gefährdung sind viele Pflanzen- und Tierarten in die Bundesartenschutzverordnung aufgenommen worden. Zahlreiche Arten sind schon aufgrund ihrer Bedeutung für den Naturhaushalt, aus naturgeschichtlichen oder landeskundlichen Gründen geschützt. Alle Amphibienarten gehören zum Beispiel dazu. Für sie und andere Arten gilt § 20f. Abs. 1. des Bundesnaturschutzgesetzes, nach dem es verboten ist, „wildlebenden Tieren der besonders geschützten Arten nachzustellen, sie zu fangen, zu verletzen, zu töten oder ihre Entwicklungsformen, Nist-, Brut-, Wohn- oder Zufluchtsstätten der Natur zu entnehmen, zu beschädigen oder zu zerstören".

Die Rechtslage ist also eindeutig. Künstliche Ansiedlung von Amphibien im Gartenteich ist ohnehin nicht sinnvoll. Meist finden die Tiere in den Gärten keine ausreichende Nahrungsgrundlage. Aufgrund ihrer Lebensweise und Ansprüche wandern sie zudem oft wieder in Richtung des angestammten Laichgewässers oder eines Sommerlebensraumes ab und werden so zusätzlich gefährdet. Finden Amphibienarten in einem Gartenteich und seiner Umgebung geeignete Lebensbedingungen, besteht jedoch Hoffnung auf Selbstansiedlung. Schaffen Sie also soweit möglich dafür die Voraussetzungen – aber verzichten Sie unbedingt auf Besatzmaßnahmen!

Verstöße gegen die Bestimmungen von Naturschutzgesetz und Artenschutzverordnung sind übrigens keine Kavaliersdelikte. Sie können als Ordnungswidrigkeit mit hohen Geldbußen geahndet werden. Zu hoffen bleibt aber, daß sich unabhängig von dieser vielleicht abschreckenden Wirkung der Gesetze unter Hobbygärtnern eine naturbewußte Einstellung durchsetzt, die dazu führt, daß Natur nicht als Selbstbedienungsladen mißbraucht wird!

Gärten für Kinder

„Der junge Mensch braucht seinesgleichen – nämlich Tiere, überhaupt Elementares, Wasser Dreck, Gebüsche, Spielraum. Man kann ihn auch ohne das alles aufwachsen lassen, mit Teppichen, Stofftieren oder auf asphaltierten Straßen und Höfen. Er überlebt es, doch man soll sich dann nicht wundern, wenn er später bestimmte soziale Grundleistungen nie mehr erlernt ..."
(Alexander Mitscherlich)

Welcher Erwachsene berücksichtigt derzeit bei der Anlage eines Gartens die Wünsche seiner Kinder? Wer erinnert sich dabei noch an die Spiel- und Erlebnismöglichkeiten seiner eigenen Kindheit? Wo finden Kinder heute in den „Koniferengärten" noch die Bäume, in die wir als Kinder klettern konnten? Inwieweit können die sorgsam gehegten und gepflegten, mit wertvollen und empfindlichen „Exoten" bestückten Gärten überhaupt als Spielraum von Kindern genutzt werden? Welche Kinder spielen zwischen abweisenden Nadelgehölzen oder in langweiligen Rasengärten Verstecken? Wo finden sie hier die wilden, geschützten Winkel und Nischen, die sie für ihre Indianerspiele brauchen? Wo finden Kinder in Gärten, aus denen heimische Natur verdrängt wurde, das „Elementare" (Mitscherlich), das sie für ihre Entwicklung brauchen? Inwieweit werden ihnen noch die Naturerlebnismöglichkeiten geboten, ohne die eine wirkungsvolle Erziehung zu umwelt- und naturbewußtem Verhalten zum Scheitern verurteilt sein muß?

Eine langweilige, monotone Umwelt lähmt eigenständiges Entdecken und erforschendes Handeln, fördert das Konsumverhalten, verhindert somit eine sozial und ökologisch positive kindliche Entwicklung. Je vielfältiger aber der Lebensraum unserer Kinder gestaltet ist, desto mehr Möglichkeiten für selbstbestimmtes spielerisches Handeln und tägliche Abenteuer werden eröffnet, um so mehr wird also ein Garten zum Lern- und Experimentierfeld. Dabei muß es sich nicht unbedingt um große Flächen handeln, selbst kleinste Bereiche werden von Kindern entsprechend genutzt. Es kommt nur darauf an, daß wir unseren Kindern eine spielerische

Eroberung ihrer Lebenswelt überhaupt ermöglichen. Spielerisches Lernen und Erfahren erfordert eine schöpferische Auseinandersetzung mit der eigenen Mitwelt, erfordert Verhaltens-, Handlungs- und Entscheidungsspielraum. Im Wohnumfeld muß es also Spielräume geben, in denen sich Kinder frei von Zwängen und Verboten betätigen können.

Kinderfreundliche Gartengestaltung

Bei der Gartengestaltung kann es also nicht darum gehen, möglichst viele kostspielig möblierte Spielecken im Garten einzurichten. Statt dessen sollte ein Garten für Kinder als echter Freiraum genutzt werden können, d. h. es muß auch möglich sein, zumindest kleine Bereiche des Gartens zu verändern! Wir Erwachsene verwirklichen ja oftmals einen langgehegten Kindheitstraum, wenn wir bei Hausbau und Gartenanlage endlich frei über ein Stück Land verfügen und dieses entsprechend unseren Wünschen gestalten können. Gärten haben immer auch eine Funktion als eine Art „Bauspielplatz“ für Erwachsene. Dabei sollten Kinder nicht als Außenstehende oder sogar Störer abgedrängt, sondern einbezogen werden.

In diesem Sinne kann sich auch mancher Naturgarten als eher kinderfeindlich erweisen. Ein Garten ist z. B. kaum noch von Kindern als Freiraum zu nutzen, wenn die gesamte Gartenfläche durch eine möglichst große Zahl künstlich angelegter Biotope verplant wird, eventuell sogar empfindliche Bereiche vor dem Betreten durch Verbote oder Absperrungen geschützt werden. Zum kinderfreundlichen Garten gehört sicher auch eine möglichst große Vielfalt an Lebensräumen und heimischen Pflanzen, die das Beobachten von Tieren ermöglichen. Eine entsprechende Gestaltung darf aber den Lebensraum der Kinder nicht einengen. Neben Lebensräumen wie Teich oder Hecke, die zum Beobachten und Experimentieren anregen, muß es auch Flächen geben, auf denen Kinder ihren Bewegungsdrang ausleben können oder bauen und gestalten dürfen.

Kinderfreundlich gestaltete Gärten sind zugleich immer auch erwachsenenfreundlich. Von den folgenden Anregungen zur konkreten Gestaltung von Gärten sollten Sie deshalb auch dann Gebrauch machen, wenn zu Ihrem eigenen Haushalt keine Kinder mehr gehören. In diesem Fall sollten wir nicht vergessen, daß fast jeder Garten hin und wieder von Kindern anläßlich eines Besuches genutzt wird. Außerdem sind spielerische Aktivitäten ja nicht auf das Kindesalter beschränkt (wie man es zum Beispiel im Sommer an einem

Nordseestrand beobachten kann, wo Familienväter mit Begeisterung ihre Burgen bauen). Machen wir also aus unseren Gärten ein Stück „Abenteuerspielplatz“, im Sinne der Worte von Friedrich Schiller: „Der Mensch spielt nur, wo er in voller Bedeutung des Wortes Mensch ist, und er ist nur da ganz Mensch, wo er spielt“!

Spielflächen, Spielrasen, Wiese

Wer Bewegungsdrang und Spielleidenschaft ausleben will, braucht dafür Flächen, welche die damit verbundene Dauerbeanspruchung vertragen. Für Spiele wie Federball oder Boccia, zum Herumtollen oder Bolzen, aber auch als Liegefläche ist der Rasen immer noch der am besten geeignete Untergrund. Wie in diesem Buch dargestellt (s. Seite 112) muß es sich dabei nicht um einen intensiv gepflegten „englischen Rasen“ handeln, wie vielleicht ein Sportverein ihn benötigen mag, Gänseblümchen, Löwenzahn oder Ehrenpreis im Rasen dürften bei Spielen kaum stören. Die Größe des Rasens sollte sich aber auch am wirklichen Spielbedarf orientieren. Haben Sie ein größeres Grundstück zur Verfügung, kann der Rasen gut zur Hecke hin in eine Wiese übergehen. Wiesen sind für den kindlichen Lebensraum eine ausgesprochen wertvolle Bereicherung: Vom Verstecken im hohen Gras über das Beobachten blütenbesuchender Insekten bis hin zur „Verarbeitung“ von Wiesenblumen für vielerlei Naturspielzeuge (s. Seite 276) kann die Blumenwiese für zahlreiche Aktivitäten genutzt werden.

Wer allerdings nur über ein kleineres Reihenhausgrundstück oder einen Schrebergarten verfügt, wird im Interesse der Bewegungsspiele besser auf eine Wiese verzichten. Hier haben Kinder trotzdem die Möglichkeit, Wiesenblumen kennenzulernen: Auch auf kleinster Fläche lassen sich diese im Staudenbeet, einem Wildblumenbeet oder auch auf einem Kinderbeet ansiedeln.

Sandhügel statt Sandkasten?

An Baustellen kann man beobachten, mit welcher Begeisterung Kinder einen Erdhügel als Spielraum nutzen, z. B. zum Klettern, Bauen, Gestalten oder Bepflanzen. Mancher Hügel wurde schon in eine Traumlandschaft oder eine Phantasie-Burg umgewandelt. Die Bewegung von Sand, Kies oder Erde, das spielerische Bauen mit Steinen oder anderen Materialien gehört zu den Lieblingsbeschäftigungen unserer Kinder, fordert sie in besonderem Maße zu kreativen und eigenständigen Aktivitäten heraus, gibt ihnen die Möglichkeit, sich ihre eigene kleine Welt zu schaffen.

In den meisten Gärten gibt es zwar einen Sandkasten, aber die Möglichkeiten für spielerisches Bauen sind hier natürlich begrenzt. Stattdessen sollte Kindern besser ein Sandhügel angeboten werden, der in größeren Gärten durchaus auch größere Ausmaße haben kann, z. B. 6 bis 8 m breit und 2 m hoch, wie im beispielhaft dargestellten Garten auf Seite 230. Wird der Hügel von Kindern einmal nicht mehr genutzt, läßt er sich ohne großen Aufwand zum Trockenlebensraum umgestalten. Teile des Hügels können natürlich auch schon von den Kindern (unterstützt durch Beratung und Hilfe der Erwachsenen) mit Natursteinen als Steingarten angelegt werden, der dann von ihnen bepflanzt und betreut wird. Mit besonderer Begeisterung sind Kinder bei der Sache, wenn sie aus Steinen eine Trockenmauer mit eingebauter Höhle für Eidechsen, Erdkröten oder andere Tiere bauen dürfen.

Erlebnisbereich Wasser

Wasserflächen gleich welcher Größe sind immer ein Anziehungspunkt für Kinder aller Altersstufen. Das Spielen an Gewässern oder mit Wasser bietet einzigartige Erlebnis-, Beobachtungs- und Lernmöglichkeiten. Kinder sollten immer die Möglichkeit haben, bei Spielen auf dem „Bauspielplatz" Sandhügel, aber auch im Sandkasten, Wasser einzubeziehen. „Landschaftsgestaltung" mit Hilfe von Wasser, auch das von manchen Eltern nicht so gern gesehene „Matschen" macht Spaß und ist lehrreich, denn Kinder lernen ein zentrales Lebenselement unserer Mitwelt kennen. An einem Hügel kann z. B. die Wirkung fließenden Wassers auf Boden und „Landschaft" auf kleinster Fläche nachvollzogen werden.

Wo es der Platz zuläßt, sollte in einem kinderfreundlichen Garten ein Gartenteich nicht fehlen. Schon bei der Anlage eines solchen Gewässers können Kinder einbezogen werden – die Bepflanzung und Flutung eines selbst ausgehobenen Teiches ist ein Riesenerlebnis. Die Mitwirkung beim Bau erhöht die Motivation für eine spätere Beschäftigung mit dem Leben im Teich; sie ist auch wesentliche Grundlage für einen naturschonenden Umgang mit diesem doch recht empfindlichen Lebensraum. Um Enttäuschungen zu vermeiden, ist eine möglichst kindgerechte Gestaltung anzustreben. Besonders wichtig sind flache Uferbereiche (z. B eine breite Flachwasser- und Sumpfzone), damit bei Spielen, Beobachtungen und Untersuchungen am Teich ein versehentliches Abrutschen in tieferes Wasser vermieden wird. Für die Entwicklung der Ufervegetation ist auch eine „Besucherlenkung" un-

Gartenteiche bieten einzigartige Spiel- und Erlebnismöglichkeiten für Kinder!

umgänglich, z. B. durch einen Beobachtungsplatz an der Südseite (Trittplatten, Kiesufer). Wenn wir Kinder schon frühzeitig mit dem Leben im und am Wasser vertraut machen, immer wieder gezielt zum Beobachten und Entdecken anregen, werden wir erleben, daß sie sehr wohl mit dem Lebensraum Teich behutsam und schonend umgehen. Sicher behutsamer als viele Erwachsene, die durch Eingriffe in der Vergangenheit viele tausend Kleingewässer zerstört haben.

Hecken zum Verstecken

Je mehr dichte Gebüsche und Hecken, geschützte Winkel und Ecken vorhanden sind, desto interessanter ist ein Grundstück für Kinder. Eine abwechslungsreiche Bepflanzung mit Gehölzen (vor allem mit Laubgehölzen!) ist Voraussetzung für eine Vielzahl kindlicher Aktivitäten wie Indianer- und Versteckspiel, Bau von Höhlen und Hütten, aber auch für Beobachtungen und Erkundungen. Größere Grundstücke können nicht nur durch breite Hecken abgegrenzt, sondern auch durch Einzelgehölze oder Gruppen gegliedert werden. Dabei entwickeln sich lauschige Bereiche, die man Kindern für eigenständige Spielaktionen überlassen sollte. Bereiche, in denen sie sich auch unbeobachtet betätigen können.

Kletterbäume

Das Klettern in Bäumen ist ein wichtiger, unverzichtbarer Bestandteil kindlicher Erfahrung. Wer es seinen Kindern verbietet, ist vermutlich selbst als Kind nie auf einen Baum geklettert. Ängstlichen Eltern sei gesagt, daß Kinder sich meist sehr sicher auf Bäumen bewegen, sehr schnell lernen, das Risiko abzuschätzen und dabei wichtige Lebenserfahrungen machen. Sind ältere Laubbäume auf dem Grundstück vorhanden, sollten sie also unbedingt erhalten werden. Nicht nur als Kletterbaum und kindlicher Beobachtungsplatz sind Bäume geeignet, auch Schaukeln, Hängematten, Kletterseile oder Strickleitern lassen sich an ihnen befestigen.

Wer Kletterbäume neu pflanzen will, braucht natürlich einige Geduld, denn in der Regel werden erst die Kinder seiner Kinder den neu gepflanzten Baum erklettern können. In neu angelegten Gärten kann es also sinnvoll sein, den Kindern eigene Klettergerüste anzubieten. Der Bau einer Pergola läßt sich zum Beispiel gut mit Klettermöglichkeiten, aber auch anderen Spielgeräten (Schaukel, Seil, Leiter u. a.) kombinieren.

Problem Giftpflanzen

Zahlreiche Pflanzen eines naturnahen Gartens gelten als Giftpflanzen; viele attraktive blüten- und beerentragende heimische Sträucher gehören dazu, z. B. Pfaffenhütchen, Stechpalme, Schneeball oder Seidelbast. Aufgrund von kommunalen Verordnungen ist ihre Anpflanzung in der Nähe von Spielplätzen und Kindergärten oft sogar verboten. Muß man aus diesen Gründen auch im Garten auf giftige Gehölze verzichten? Wird die Gefährdung unserer Kinder durch ungenießbare oder giftige Pflanzenteile nicht überbewertet? Tag-

Wichtige Giftpflanzen (Übersicht)

1. Besonders giftige Pflanzen, die für Kleinkinder möglichst nicht erreichbar sein sollten: Eisenhut, Herbstzeitlose, Wunderbaum (*Ricinus*), Tollkirsche (*Atropa bella-donna*). Bei Aufnahme schon geringer Mengen giftiger Pflanzenteile besteht bei Kleinkindern Lebensgefahr.

2. Giftige Pflanzen, die schwerwiegende Vergiftungen auslösen können: Goldregen, Lebensbaum (*Thuja*), Rhododendron, Sadebaum (*Juniperus sabina*), Wolfsmilch (*Euphorbia*), Eibe, Seidelbast. Bei Goldregen können bei einer möglichen Gefährdung nach der Blüte die Samenstände abgeschnitten werden.

3. Giftige Pflanzen, die nur bei Aufnahme größerer Mengen roher Früchte Vergiftungserscheinungen hervorrufen: Wicke, Eiche, Feuerdorn (*Pyracantha*), Hartriegel, Heckenkirschen, Liguster, Mahonie, Schneeballarten, Schneebeere (*Symphoricarpos*), Traubenholunder, Zwergmispel (*Cotoneaster*), Faulbaum.

4. Giftige Pflanzen, deren Pflanzenteile so bitter schmecken, daß sie meist sofort wieder ausgespuckt werden (den Giftzentralen sind deshalb – trotz hoher Giftigkeit dieser Arten – keine schweren Vergiftungsfälle bekannt geworden): Fingerhut, Pfaffenhütchen, Maiglöckchen, Oleander (*Nerium oleander*).

täglich sterben z. B. Kinder im Straßenverkehr! Wird deshalb der Gebrauch von Autos verboten? Auch wenn dieser Vergleich umstritten sein mag, so ist festzuhalten, daß Kinder durch Giftpflanzen bisher nur in seltenen Einzelfällen gefährdet wurden. Die Gefährdung durch Giftpflanzen wird also überbewertet: Bei den sehr attraktiv aussehenden giftigen Beeren heimischer Sträucher kommt es meist erst nach Genuß größerer Mengen zu Gesundheitsschäden wie Magen- und Darmverstimmung, Übelkeit und Erbrechen. Da die Früchte aber überwiegend alles andere als wohlschmeckend sind, werden solche gesundheitsschädlichen Mengen kaum freiwillig aufgenommen. Nur wenige giftige Beeren, wie z. B. die Tollkirsche, gelten als schmackhaft.

Außerdem kann der kindliche Kontakt mit giftigen Pflanzen, die überall in der Natur verbreitet sind, gar nicht verhindert werden. Besser ist es also, auf Aufklärung zu setzen, Kinder immer wieder auf ungenießbare, aber auch auf eßbare Früchte und andere Pflanzenteile aufmerksam zu machen, zum Respekt vor unbekannten Früchten zu erziehen. Das Mitmachen bei Ernte und Verwertung von Wildfrüchten macht Kindern immer viel Spaß und ist lehrreich. Bei der Gestaltung eines naturnahen Gartens können wir also auf beerentragende Sträucher nicht verzichten, wobei je nach Standort und Zweck der Pflanzung auch giftige Gehölzarten berücksichtigt werden (s. Tab. Seite 266).

Natur erleben, Spielen, Gärtnern

Naturnahe Gärten ermöglichen Kindern die Begegnung mit Pflanzen und Tieren in ihrem Lebensraum. So können sie in fast jedem Garten blütenbesuchende Insekten wie Hummeln, Schwebfliegen und Bienen bei der Arbeit beobachten. Die kindliche Neugierde wird im Jahresverlauf durch eine Vielzahl von Blütenpflanzen geweckt. Neue Blüten und kleine Tiere werden von Kindern sogar oft schneller wahrgenommen als von Erwachsenen. Ist das Interesse einmal geweckt, wollen Kinder immer auch mehr über die beobachteten Lebewesen erfahren. Eltern müssen also mit der Frage „Was ist denn das?“ und weiteren Fragen rechnen. Nur wenige Eltern werden dann immer sofort eine befriedigende Antwort parat haben. Nur in den seltensten Fällen können sie sich auf umfangreiche Artenkenntnisse stützen. Keinesfalls dürfen Erwachsene aber den Fragen von Kindern ausweichen, wenn der in jungen Jahren noch ausgeprägt vorhandene kindliche Wissensdurst und Lerneifer nicht zerstört werden sollen.

Nutzen Sie also jede Gelegenheit, zusammen mit ihren Kindern zu lernen! Greifen Sie die kindliche Neugierde auf, machen Sie Kinder gezielt auf Beobachtungsmöglichkeiten aufmerksam. Geben Sie Kindern einfache Bestimmungsbücher in die Hand, mit denen sie eigenständig auf Entdekkungs- und Forschungsreise gehen können. Auf die hier empfohlenen Bücher (s. Seite 284) können selbstverständlich auch Erwachsene zurückgreifen.

Eigenständige Untersuchungsarbeit, eventuell in Verbindung mit einem Quiz oder einer Natur-Rallye, macht Kindern meist viel Spaß. Besonders stolz sind sie, wenn sie unwissenden Erwachsenen zeigen und erklären können, was sie herausgefunden haben. Selbstständige Forschungs- und Beobachtungstätigkeit in der Natur, gezielt gefördert durch die Eltern, ermöglicht Lernerfolge, von denen Pädagogen in der Schule oft nur träumen können. Es sei denn, ihnen steht ein naturnahes Schulgelände zur Verfügung.

Kinder können und sollen dabei vor allem lernen, alle Tiere und Pflanzen als Teil der Natur bzw. des „Ökosystems Garten“ gleichermaßen zu akzeptieren. Für Kinder gibt es bei ihren ersten Natur-Erkundungen zunächst kein „Unkraut“ oder keine „Schädlinge“. Sie beobachten Marienkäfer ebenso fasziniert wie die Raupen des Kohlweißlings, pflanzen Löwenzahn oder Gänseblümchen ebenso gerne auf ihre ersten Beete wie Sonnenblumen oder Ringelblumen. Wenn Kinder Verständnis für Naturzusammenhänge gewinnen und umweltbewußtes Handeln lernen sollen, dürfen Erwachsene die ihnen anerzogenen Abneigungen und Vorurteile gegen bestimmte Lebewesen nicht an ihre Kinder weitergeben. Solches geschieht oft schon unbewußt, z. B. durch eine unbedachte Verwendung von abwertenden Begriffen wie „Unkraut“ oder „Ungeziefer“. Vermeiden Sie also solche Bezeichnungen, erzählen Sie Kindern statt dessen etwas über Wert und Bedeutung unbeliebter Pflanzen. Achten Sie auch bei Kauf von Kinderbüchern darauf, daß diese Grundsätze beachtet werden. In einem sehr bekannten Buch über „Gärten für Kinder“ fand ich zum Beispiel eine Aufteilung von Gartentieren in „Nützlinge“ und „Schädlinge“ und zum „Schädling“ Blattlaus den Ratschlag: „Wenn Du Blattläuse im Garten findest, hole einen Erwachsenen zu Hilfe, denn die Tiere müssen mit Chemikalien besprüht werden!“ Auch in manch anderem Buch finden sich noch solche oder ähnliche Hinweise. Im Anhang sind deshalb ein paar besonders empfehlenswerte Bücher für Kinder zusammengestellt

▷ Wenn geerntet wird, sind Kinder mit Begeisterung dabei!

▽ Schon kleine Holzkisten oder kleine Beete genügen, damit Kinder erste gärtnerische Erfahrungen machen und Pflanzenwachstum von der Aussaat bis zur Ernte erleben können.

(s. Seite 283), mit denen eine positive Einstellung zu Natur und Umwelt gefördert werden kann.

Bücher sind dabei nur eine wichtige Hilfe. Noch wichtiger ist es, das kindliche Interesse durch Einbeziehen in praktische Aktivitäten aufzugreifen. Die Gartenarbeit der Erwachsenen motiviert Kinder immer auch zum Mitmachen und Nachahmen. Auch wenn das Pflanzen, Aussäen und Gestalten durch Mitwirkung der Kinder möglicherweise zusätzliche Zeit beansprucht und Kindern solche Arbeiten nicht immer optimal gelingen, sollten wir sie, wo möglich, immer mitmachen lassen.

Kinderbeete

Stellen Sie Ihren Kindern zusätzlich ein eigenes kleines Stück Land als „Kinderbeet" zur Verfügung und lassen Sie ihnen hier die Freiheit, erste eigene Erfahrungen beim Gärtnern zu sammeln. Am Beispiel einiger beliebter Gartenpflanzen wie Sonnenblumen, Radies, Kürbis oder Feuerbohnen, können Kinder das Wachstum im Jahresverlauf auf besonders eindrucksvolle Weise beobachten und erleben, verbunden mit dem besonderen Erfolgserlebnis der Ernte. Kinder sollten aber grundsätzlich selbst bestimmen können, welche Pflanzen sie heranziehen möchten. Lassen Sie Kinder also wählen, und akzeptieren Sie deren Entscheidung, auch wenn sie sich für die Pflanzung eines Baumes entscheiden (besonders gerne werden Eicheln und Kastanien gesammelt und gepflanzt) oder Wildkräuter bevorzugen, die in unmittelbarer Nähe des „Erwachsenengartens" als unerwünscht ausgezogen werden.

Praktische Arbeit mit Kindern muß sich aber nicht auf das eigentliche Gärtnern oder die gemeinsame Anlage von Lebensbereichen beschränken. Für das Naturerleben mit Kindern im Garten gibt es eine Vielzahl weiterer Möglichkeiten, bei denen das Forschen und Beobachten mit kreativer Tätigkeit verbunden werden kann. Dazu im folgenden einige Beispiele.

Wohnungsbau für kleine Tiere

Häuserbau gehört zu den Lieblingsspielen vieler Kinder. Dürfen Kinder für Tiere im Garten Wohnungen bauen, sind sie meist mit Begeisterung bei der Sache. Mit besonderem Interesse erforschen Kinder dann die Lebensweise der Tiere, denen sie geholfen haben. Sie wissen jetzt, wo sie die betreffenden Tiere im Garten antreffen, können sie im Laufe des Jahres ganz gezielt beobachten, wollen dann meist auch mehr über ihr Leben erfahren. Das Bauen und Basteln von

Nisthilfen ist also eine Möglichkeit, Interesse für bestimmte Tiere zu wecken, zu ihnen einen besonderen emotionalen Bezug herzustellen.

Die folgenden beispielhaften Nisthilfen können je nach Alter von Kindern eigenständig bzw. mit Unterstützung durch Erwachsene hergestellt werden:

– Bau von Unterschlupfmöglichkeiten für Ohrwürmer aus Blumentöpfen (s. Seite 203): Schon Kinder im Kindergartenalter können solche Ohrwurmtöpfe unter Anleitung zusammenbasteln. Besonderen Spaß macht es ihnen, wenn sie die Töpfe anschließend bunt bemalen dürfen (selbstverständlich mit umweltfreundlichen Naturfarben). Jeder Besucher des Gartens kann dann an der Bemalung und Beschriftung („Hotel Ohrwurm") erkennen, wer hier wohnt.

– Basteln einfacher Nisthilfen für einzeln lebende Bienen und Wespen (s. Seite 207). Das Sammeln und Bündeln von hohlen Pflanzenstengeln dürfte Kindern kaum Probleme bereiten, während das Anbohren von Hartholzstücken mit einem Handbohrer nur unter Schwierigkeiten ausgeführt werden kann. Hier sollte ein Erwachsener vielleicht mit einer Bohrmaschine helfen. Nach Aufhängen der Nisthilfen an Gebäuden oder an Bäumen können Kinder hier die Tiere aus nächster Nähe beobachten und so die Scheu vor den zu Unrecht verfolgten Insekten verlieren.

– Aufschichten von Steinen zu einem Lesesteinhaufen, eventuell Ausbau zu einer kleinen Höhle als Unterschlupf für Eidechsen, Kröten, Wiesel oder Spitzmaus.

– Bau von Nisthilfen für Höhlenbrüter und Nischenbrüter unter den Singvögeln. Anbringen einfacher Nisthilfen aus Reisig oder Fichtenzweigen an Bäumen und Sträuchern (s. Seite 211).

– Bau eines Vielzweckhauses für Tiere: Eine stabile Holzkonstruktion, etwa 2 × 2 m breit und hoch, bildet die Grundlage für eine solche „Öko-Arche", die seitlich mit Maschendraht vor unerwünschten Besuchern geschützt und mit Ästen, Reisig, Laub und Stroh gefüllt wird. Im Inneren des durch eine Abdeckung vor Niederschlägen geschützten Hauses finden Igel, Zaunkönig, Laufkäfer oder Spitzmaus einen geeigneten Unterschlupf. An der besonnten Südseite kann aus geflochtenem Reisig und Lehm eine Lehmwand eingebaut werden, die von Solitärbienen und -wespen gerne zum Nestbau genutzt wird. Zusätzlich lassen sich auch noch die verschiedenen Nisthilfen für Insekten anbringen.

Hilfen für Igel

Igel gehören bei Kindern und Erwachsenen zu den besonders bekannten und beliebten Wildtieren. Mit Begeisterung sind Kinder bei der Sache, wenn es darum geht, hilflosen Igeln im Winter zu helfen. Die lange Zeit unkritisch propagierte Überwinterung im Haus ist aber ausgesprochen problematisch. Eine solche Betreuung und Versorgung einzelner hilfloser Tiere erfordert ein hohes Maß an Fachkenntnissen und Einsatz, kann erfolgreich meist nur von entsprechend ausgerüsteten Igelstationen durchgeführt werden. Selbst bei sachgerechter Pflege ist die Überlebensrate wieder ausgesetzter Igel gering.

Viele Tierökologen raten aus diesen Gründen inzwischen davon ab, untergewichtige Igel im Herbst in das Haus aufzunehmen. Selbst Igel mit einem Gewicht um 500 g haben An-

◁ Das Basteln einfacher Nisthilfen (hier Ohrwurmtöpfe) macht Kindern meist viel Spaß.

fang November noch eine gute Überlebenschance. Lediglich Jungigel, deren Körpergewicht deutlich unter 500 g liegt, können in dieser Zeit den Fachleuten einer Igelpflegestation übergeben werden.

Erwachsene wie Kinder müssen lernen, daß es sich beim Igel um ein Wildtier handelt, dem wir erfolgreich nur durch Schutz seines Lebensraumes und Vermeidung von Gefährdungen helfen können.

Im Haus- oder Schrebergarten gibt es dazu eine ganze Reihe von Möglichkeiten:

– Verzicht auf Gifteinsätze, denn bei Nahrungsknappheit nehmen Igel auch vergiftete Nahrung zu sich, z. B. mit „Schneckenkorn" vergiftete Schnecken.

– Anlage von Gebüschen und Hecken als Unterschlupf und Überwinterungsplatz.

– Liegenlassen des Herbstlaubes unter Bäumen und Sträuchern, denn in dieser Streuschicht leben zahllose Kleinlebewesen, die Igeln als Nahrung dienen.

– Schaffung von Durchlässen in Zäunen und Mauern, denn Igel sind sehr mobile Tiere und zeigen ein ausgeprägtes Wanderverhalten.

▽ Ein beliebtes Tier bei allen Kindern ist der Igel. Durch Aufschichtung von Totholz- und Reisighaufen können Kinder etwas für Igel tun (s. Seite 275).

Mit Kindern „tümpeln"

Teiche eignen sich als überschaubare und attraktive Lebensräume besonders gut für ein exemplarisches Erleben von Tieren und Pflanzen in ihrer Umwelt. Eigenständiges Entdekken des verborgenen, unbekannten Lebens unter Wasser ist mit besonders nachhaltigen Naturerlebnissen verbunden. Es genügt, die folgenden einfachen Hilfsmittel bereitzustellen, damit Kinder selbständig Wasserlebewesen fangen, beobachten und bestimmen können:

– Als „Fangnetz" eignet sich ein Küchensieb besonders gut, dessen Griff mit einem Besenstiel verlängert wird.
– In kleineren Glasgefäßen (Marmeladengläser, Gurkengläser) werden gefangene Tiere vorübergehend eingesetzt und beobachtet.
– Eine flache, weißgefärbte Schale oder ein Teller dient als „Unterlage" für das genauere Bestimmen der Tiere.
– Für das Aufnehmen und Umsetzen der Tiere aus dem Netz in die Gefäße oder Schalen verwendet man am besten einen weichen Pinsel.
– Lupen erleichtern die Bestimmungsarbeit.

Mit dem Fangnetz werden zunächst Unterwasserbereiche abgesucht, die von Tieren als Versteck und Unterschlupf bevorzugt genutzt werden (Wasserpflanzen, Schlamm- und Sandschicht der Sohle, Steine). Gefangene Tiere können dann vorsichtig herausgenommen und bestimmt werden. Schon das Erkennen und Finden der kleinen und kleinsten Lebewesen im Sieb erfordert intensives Beobachten; für die Bestimmungsversuche ist es deshalb von Vorteil, wenn eine Lupe verwendet werden kann. Die Tiere werden dann mit den Bildern in Bestimmungsbüchern oder Bestimmungshilfen (s. Seite 284) verglichen, namentlich benannt und even-

Wenn Kinder etwas für Igel tun wollen, können sie z. B. aus Laub, Reisig und Steinen einen Überwinterungsplatz anlegen. Das notwendige Material findet sich in jedem Garten. Unterstützt von Erwachsenen führen schon Kinder ab 6 bis 8 Jahren die wesentlichen Arbeiten selbst durch. Auch der Ausbau zu einer „Luxusunterkunft" mit einem vor Witterungseinflüssen geschützten Nest im Inneren aus großen Natursteinen oder einer Holzkiste (s. Abb. Seite 275) ist recht einfach, macht viel Spaß und wird von Igeln im Garten gerne als Unterschlupf angenommen. Das Nest im Innern wird am besten durch Folienabdeckung vor Nässe geschützt. Wichtig ist, daß der Igel über einen kleinen Gang eine Zugangsmöglichkeit erhält und daß für das Winterquartier ein geschützter Standort, möglichst in einer Hecke oder in einem Gebüsch ausgewählt wird.

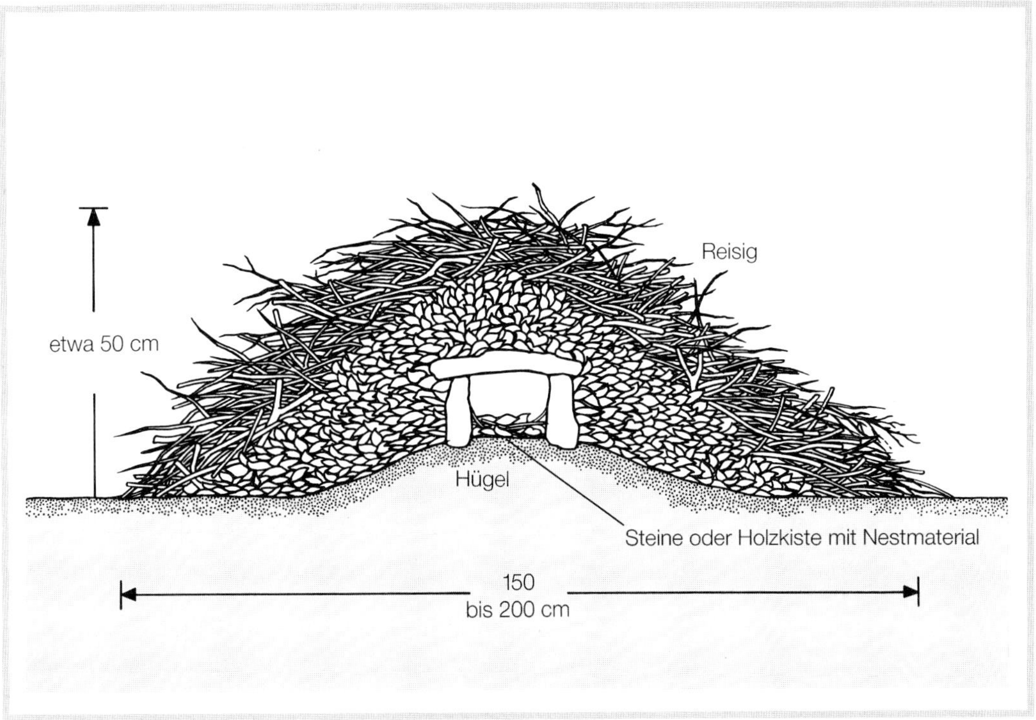

„Luxusüberwinterungsquartier“ für Igel im Querschnitt.

tuell in einem Beobachtungstagebuch notiert. Kinder ab 8 bis 10 Jahren sind im allgemeinen in der Lage, Teiche auf diese Weise eigenständig zu erforschen, sie brauchen dazu oft nur einen Anstoß und während der Aktion hin und wieder die Unterstützung der Erwachsenen.

Die erfolgreiche Bestimmung aller gefundenen Arten von Wasserlebewesen soll dabei nicht unbedingt Ziel sein. Libellen lassen sich z. B. mit Hilfe der Abbildungen leicht nach Klein- und Großlibellen unterscheiden, doch eine weitere Differenzierung in Arten ist selbst von fachkundigen Erwachsenen nicht immer zu leisten. Eine grobe Benennung der Tiere genügt aber, damit Kindern ein Einblick in die ungeheure Vielfalt des Lebens im Teich ermöglicht wird und sie sich mit der Lebensweise wichtiger Tiere und Pflanzen beschäftigen können.

Übrigens: „Tümpeln“ ist nicht nur eine Sache für Kinder. Wer als Erwachsener einen Teich anlegt, sollte sich selbstverständlich auch mit der Entwicklung des Lebens im Teich beschäftigen. Einblicke in die Lebensvielfalt im Wasser wird auch bei vielen Erwachsenen Erstaunen und Verwunderung auslösen, ist eine wichtige Grundlage für ein besseres Verständnis von Naturzusammenhängen.

Spiele in und mit Natur

In einer Zeit, in der die Freizeit unserer Kinder zunehmend durch Fernsehen und Video bestimmt wird, sie sich mit einer großen Zahl technisch perfekter Spielgeräte beschäftigen können, gewinnt das Spielen in der Natur und mit der Natur zunehmend an Bedeutung. Die folgenden Beispiele machen auf die vielfältigen Möglichkeiten aufmerksam, die ein Naturgarten für Naturspiele bietet.

● **Naturspielzeug** Im Naturgarten kommen Kinder mit einer Vielzahl von Naturmaterialien in Kontakt wie Blüten, Blätter, Früchte, Samen, Holz, die geradezu dazu auffordern, mit ihnen zu spielen bzw. zu basteln. Die Blüten von Gänseblümchen lassen sich z. B. zu Kränzen verarbeiten, aus den Löwenzahnstengeln entstehen Wasserleitungen, aus Mohnkapseln Puppen oder aus Nüssen und Rinde Schiffe, die auf dem Teich zu Wasser gelassen werden.

● **Naturdomino** Sammeln gehört zu den Lieblingsbeschäftigungen vieler Kinder, und wenn mit gesammeltem Material dann noch gespielt werden kann, wird es noch interessanter. Für das Naturdomino werden Blätter von Bäumen und Sträuchern zunächst trocken gepreßt und dann auf kleine Pappkärtchen (DIN A 7) aufgeklebt. Auf weitere Karten schreibt man dann jeweils oben und unten zwei Namen der gesammelten Gehölze. Im Spiel muß dann versucht werden, jeweils abwechselnd eine Blattkarte und die richtige Namenskarte aneinander zu legen. Analog kann das Spiel auch mit Blüten von Gartenpflanzen gespielt werden.

● **„Was riecht denn da?“** An der Kräuterspirale oder einem Kräuterbeet versuchen Kinder mit verbundenen Augen, was für alle Beteiligten immer mit viel Spaß verbunden ist, anhand des Geruches Kräuter zu benennen. Vorher müssen die Kinder natürlich Gelegenheit gehabt haben, die wichtigsten bzw. leicht zu erriechenden Kräuter kennenzulernen. Auf ähnliche Weise können auch Tastspiele gespielt werden.

Solche Spiele können für die kindliche Entwicklung von großer Bedeutung sein. Je intensiver schon von Kind an der Einsatz aller Sinne wie Tasten, Fühlen und Riechen geübt wird und sich damit das Wahrnehmungsvermögen entwickeln kann, desto reicher können sich Vorstellungsvermögen, Phantasie, Ausdrucksfähigkeit und Bewußtsein entwickeln. In diesem Sinne sollten auch wir Erwachsene zusammen mit unseren Kindern den Garten für spielerische Erlebnisreisen in die Natur nutzen!

Anhang

Informationsmöglichkeiten, Kontakte

Arbeitskreis VHS-Biogarten Düsseldorf, Volkshochschule Düsseldorf, Postfach 1120, 4000 Düsseldorf

Auswertungs- und Informationsdienst für Ernährung, Landwirtschaft und Forsten (AID), Postfach 200153, 5300 Bonn 2 (Broschüren, u. a. „Blumenwiese“, „Unser Schulgarten“, „Pflanzenschutz im Garten“ u. a.)

Bund deutscher Baumschulen (BdB), Bismarckstr. 49, 2080 Pinneberg (Kontakte zu anerkannten Markenbaumschulen)

Bund deutscher Landschaftsarchitekten (BDLA), Colmantstr. 32, 5300 Bonn 1, Tel. 0228/655488

Bundesverband Deutscher Gartenfreunde (BDG), Siegfried-Leopold-Str. 6, 5300 Bonn 3, Tel. 0228/461830 (Kontakte zu Landesverbänden der Kleingärtner und Kleingartenvereinen)

Bundesverband Garten-, Landschafts- und Sportplatzbau (BGL), Plittersdorfer Str. 93, 5300 Bonn 93 (Kontakte zu Garten- und Landschaftsbaubetrieben)

Bund für Umwelt und Naturschutz Deutschlands (BUND), Bundesgeschäftsstelle, Im Rheingarten 7, 5300 Bonn, Tel. 0228/462084

Deutsche Gartenbau-Gesellschaft (DGG), Ubierstr. 30, 5300 Bonn 2, Tel. 0228/362057

Deutscher Bund für Vogelschutz (DBV), Am Hofgarten 4, 5300 Bonn 1, Tel. 0228/221411

DBV-Versandservice, Postfach 1367, 7014 Kornwestheim (Nistkästen u. a.)

Deutscher Naturschutzring (DNR), Kalkuhlstr. 24, 5300 Bonn 3, Tel. 0228/441505

Naturschutzzentrum NRW, Leibnizstr. 10, 4350 Recklinghausen (Informationsblätter „Naturgarten“ , u. a. Bauanleitungen Nistkästen)

Schweizerischer Bund für Naturschutz, Postfach 73, CH 4020 Basel (Informationsmaterial, Kontakte)

Umweltbundesamt, Bismarckplatz 1, 1000 Berlin 33 (Informationsmaterial, u. a. „Kompostfibel“)

Umweltministerien der Länder

Umweltstiftung WWF Deutschland, Sophienstr. 44, 6000 Frankfurt 90

WWF-Projekt Umwelterziehung, Ökologiestation Bremen, Am Güthpohl 9, 2820 Bremen 70
Umwelt- und Grünflächenämter der Städte, Landschafts- und Naturschutzbehörden der Kreise und kreisfreien Städte
Umwelt und Naturschutzzentren (Anschriften über Naturschutzverbände)
Verbraucherzentralen der Länder, örtliche Verbraucherberatungsstellen
Zentralverband Gartenbau (ZVG), Godesberger Allee 142-148, 5300 Bonn 2, Tel. 0228/376878

Bezugsquellen

Die für Naturgärten nötigen Pflanzen, Sämereien und Materialien können in der Regel über örtliche Gärtnereien, Baumschulen und Fachhandlungen bezogen werden. Deshalb sind an dieser Stelle nur einige Bezugsmöglichkeiten für „Problembereiche“ der Beschaffung aufgelistet. Überwiegend können recht umfangreiche Kataloge angefordert werden.

Wildpflanzensaatgut

Blauetikett Bornträger GmbH, 6521 Offstein
Wolfhart Lau, Lindenweg 17, 7881 Großherrischwand
Natur und Garten, Postfach 2, 4401 Saerbeck
L.C. Nungesser KG, Postfach 110846, 6100 Darmstadt
Carl Sperling & Co., Postfach 2640, 2120 Lüneburg
Conrad Appel, Abt. Wildpfl., Bismarckstr. 59, 6100 Darmstadt

Blumenwiesensamen (Mischungen)

Blauetikett Bornträger (s. oben)
Wolfhart Lau (s. oben)
Naturwuchs, August-Bebel-Str. 16-18, 4800 Bielefeld 1

Wildstauden

Blauetikett Bornträger (s. oben)
Staudenkulturen Hagemann, Walsroder Str. 324, 3012 Langenhagen 6
Staudengärtnerei Gräfin v. Zeppelin, 7811 Sulzberg-Laufen
Odenwälder Pflanzenkulturen, Kayser & Seibert, Postfach 28, 6101 Rossdorf 1
Oldehoff, Sieglmühle 2, 8395 Hauzenberg/Krinning

Wildgehölze

ARJOBAS, Biologische Wildgehölzezucht, Piesing 17, A-4682 Geboltskirchen
Biologisch-dynamische Baumschule Brenninger, Hofstarring 57, 8251 Steinkirchen
Baumschule Fischer, Lettbergerstr. 95, 1000 Berlin 47
Hohenloher Baumschulen, Pfledelbacherstr. 55, 7110 Öhringen
Kneussle Baumschule KG, 5427 Penzerheide/Bad Ems
Naturwuchs, August-Bebel-Str. 16-18, 4800 Bielefeld 1
Renz Nachfolger, GmbH & Co. KG, 6364 Florstadt 5
Baumschule Rohwer, 2351 Gnutz über Neumünster/Holstein
Karl Schlegel KG Baumschulen, Göffingerstr. 40, 7940 Riedlingen

Alte Obstsorten

Angendohr Baum- und Rosenschule, 4054 Nettetal
Baumschule Conrad Appel, Brandschneise 1, 6100 Darmstadt
Brenninger Baumschulen, Hofstaaring 57, 8251 Steinkirchen
Baumschule Cordes, Lütlanden 4, 2000 Wedel (Holst.)
Klaus Ganter, BdB-Markenbaumschule, 7831 Wyhl
Baumschule Heer, Bonner Straße 26–32, 5309 Meckenheim
Baumschule Hesse, Postfach 240, 2950 Weener 1
Rinn, Baumschule KG, Heuchelheimer Str. 129, 6300 Gießen

Regenwurmzuchten

Eisenia GmbH & Co., Kapellenstr. 25, 6200 Wiesbaden
Finsterwalder Hof (Regohum), 8214 Hittenkirchen
Rolf Kockskämper, Bredeneyer Str. 107, 4300 Essen
WUZ Vertriebsgesellschaft, Heßel KG, Vogesenstr. 17, 7831 Sexau

Pflanzenpflegemittel

Bio-Agrar-Zentrum GmbH, Biensteingasse 9, A-3250 Vieselburg
Ernst-Otto Cohrs, Postfach 1165, 2130 Rotenburg /Wümme
W. Neudorff GmbH KG, Postfach 1209, 3254 Emmerthal 1

Bodenuntersuchungen

Verband Deutscher Landwirtschaftlicher Untersuchungs- und Forschungsanstalten (VDLUFA), Bismarckstr. 41 A, 6100 Darmstadt (Kontakt zu LUFA's der Bundesländer)
Labor für Bodenuntersuchungen, Dr. Fritz Balzer, Oberer Ellenberg 5, 3551 Amönau
Bremer Umwelt-Institut für Analyse und Bewertung von Schadstoffen, Wielandstr. 25, 2800 Bremen
Eidgenössische Forschungsanstalt, Schloß, CH-8820 Wädenswil
Labor für Bodenmikrobiologie, Dr. Grün-Wollny, Burggarten 9, 3554 Kirchvers
Institut für mikrobiologische Bodenuntersuchungen, Dr. Volker Rusch, Am Hintersand, 6348 Herborn
Mikrobiologisches und chemisches Labor Dr. W. Wenzel, Maygasse 8, A-8010 Graz

Literatur

ALBERTSHAUSER, E.M.: Neue Grünflächen für die Stadt. Callwey, München 1985.
ALTHAUS, CH.: Grüne Wände – aus der Traum? Deutsche Baumschule, 4, 152-155, 1987.
ANDRITZKY, M., SPITZER, K.: Grün in der Stadt. Rowohlt, Reinbeck 1981.
BAETZNER, A.: Natursteinarbeiten im Garten- und Landschaftsbau. Ulmer, Stuttgart 1983, 5. Aufl.
BARTH, W.-E.: Praktischer Umwelt- und Naturschutz. Parey, Hamburg und Berlin 1987.
BEISEL, D.: Diesseits von Eden. Naturgärten: Geschichte, Praxis, Theorie. natur 5, 22-27, 1982.
BODE, D.M. u. a.: Alptraum Auto. Raben, München 1986.
BÖLSCHE, J.: Natur ohne Schutz. Rowohlt, Reinbeck 1982.
BLAB, J. u. a.: Rote Liste der gefährdeten Tier- und Pflanzenarten in der Bundesrepublik Deutschland. Kilda, Greven 1984.
BRIEMLE, H.: Naturnahe Gärten. BLV, München 1985.
BROCKPÄHLER, R.: Bauerngärten in Westfalen. Coppenrath, Münster 1985.
BRUNS, A., BRUNS, H., SCHMIDT, G.: Freude am Leben im Biogarten. Kösel, München 1985.
BUFF, W., v. d. DUNK, K.: Giftpflanzen in Natur und Garten. Paul Parey, Hamburg 1988.
BUND (Hrsg.): Treffpunkt BUND-Ökostation. BUND-Information Nr. 41, Freiburg 1986.
BUND NATURSCHUTZ IN BAYERN (Hrsg.): Ökologischer Garten. Fischer, Frankfurt a.M. 1981.
CORNELL, J. B.: Mit Kindern die Natur erleben. Ahorn, Oberbrunn 1986.
DAHL, J.: Nachrichten aus dem Garten. Klett-Cotta, Stuttgart 1985.
DAHL, J.: Wildpflanzen im Garten. Gräfe und Unzer, München 1985.

DIETZEN, W., OBERMEIER, E.: Igelschutz – aber richtig. Wildbiol. Gesellsch. München e.V., Oberammergau 1987.
DITTRICH, W.: Bäuerliche Gärten. Ulmer, Stuttgart 1984.
FRESE, H.: Pappeln, Brennesseln und Paragraphen. Bäume und Wildkräuter aus nachbarrechtlicher Sicht. LÖLF-Mitteilungen 7(3), 22, 31-37, 1982.
FRITSCHE, H.: Gärtnern mit Kindern. BLV, München 1987.
FÖRDERGESELLSCHAFT „GRÜN IST LEBEN“ (Hrsg.): BdB- Handbücher „Laubhölzer“, „Stauden“, „Wildstauden“, „Obstgehölze“, „Wildgehölze“. Selbstverlag, Pinneberg o.J.
FRANCK, G.: Gesunder Garten durch Mischkultur. Südwest, München 1980.
FRANZ, J. M., KRIEG, A.: Biologische Schädlingsbekämpfung. Parey, Hamburg 1982, 3. Aufl.
GABRIEL, I.: Biologisch und giftfrei gärtnern. Buch und Zeit Verlagsgesellschaft, Köln 1983.
GABRIEL, I.:Neuanlage eines Biogartens. Falken, Niedernhausen 1984.
GABRIEL, I.: Erfolgreich gärtnern durch naturgemäßen Anbau. Falken, Niedernhausen 1987.
GÖBEL, P.: Alles über Gartenböden. Franckh'sche Verlagshandlung, Stuttgart 1984.
GRAEBER, T., BETZ-SCHIEL, W.: Der Vorgarten. Ulmer, Stuttgart 1986.
GRUB, H.: Grün zwischen Häusern. Callwey, München 1984.
GUTTMANN, R.: Hausbegrünung. Franckh'sche Verlagshandlung, Stuttgart 1985.
GUTTMANN, R.: Grün zwischen Steinen. Franck'sche Verlagshandlung, Stuttgart 1988.
HABERER, M.: Kletterpflanzen. Falken, Niedernhausen 1984.
HANSEN, R., STAHL, F.: Bäume und Sträucher im Garten. Ulmer, Stuttgart 1980, 2. Aufl.
HANSEN, R., STAHL, F.: Die Stauden. Ulmer, Stuttgart 1987, 3. Aufl.
HAVLIK, R., SCHULZE, E.: Ökostation. Rudolf Müller, Köln 1987.
HELMING, W.: Anlage von Hecken. Merkblätter zum Biotop- und Artenschutz Nr. 60, LÖLF, Recklinghausen 1984.
HENSELER, K.: Der Pflanzendoktor für den Hausgarten. BLV, München 1986.
HEROLD, F.: Bewohnergärten statt Abstandsgrün. Garten + Landschaft 18(12), 26-29, 1986.
JAEKEL, E.: Gärten nach der Natur. Ulmer, Stuttgart 1982.
JEDICKE, E.: Blumenwiese oder Rasen? Franckh'sche Verlagshandlung, Stuttgart 1986.
JOREK, N.: Leben im Naturgarten. Falken, Niedernhausen 1982.
JUNG, I.: Heilkräuter im Ökogarten. ECON Taschenbuch-Verlag, Düsseldorf 1986.
KALAUS-ZIMMERMANN, H.: Gärtnern am Hochbeet. Südwest, München 1986.
KAUB, R.: Der liebe Nachbar. BLV, München 1986.
KEIPERT, K.: Alte Apfel- und Birnensorten. Landwirtschaftskammer Rheinland, Bonn 1987.
KEIPERT, K.: Renaissance des Hochstammes? Gartenpraxis 13, (6), 38-43, 1987.
KIENAST, D.: Vom Gestaltungsdiktat zum Naturdiktat – oder: Gärten gegen Menschen? Landschaft + Stadt 13, (3), 120-128, 1981.
KIERMEIER, P.: Artenliste Wildgehölze. Fördergesellschaft „Grün ist Leben“, Pinneberg 1986.

KLEMP, H.: Mehr Natur in Dorf und Stadt. Selbstverlag, Kiel 1983.
KLOTZ, B.: Das Öko-Gartenbuch. Rowohlt, Reinbeck 1987.
KOHSTALL, H.: Laubgehölze für den Garten. Parey, Berlin und Hamburg 1985.
KOLB. W., SCHWARZ, T.: Hecken für jeden Garten. BLV, München 1986.
KREUTER, M.-L.: Der naturgemäße Kräutergarten. BLV, München 1983.
KREUTER, M.-L.: Biologischer Pflanzenschutz. BLV, München 1984.
LEIPACHER, B.: Unser Garten – naturnah gestaltet. Franckh'sche Verlagshandlung, Stuttgart 1983.
LE ROY, L.G.: Natur ausschalten – Natur einschalten. Klett-Cotta, Stuttgart 1983, 2. Aufl.
LINDNER, U.: Unser Hausgarten biologisch. Ulmer, Stuttgart 1987.
LINDNER, U.: Unser Kräutergärtlein. Landwirtschaftskammer Rheinland, Bonn 1983.
LINDNER, U.: Ergebnisse eines 9jährigen Vergleichsversuchs zwischen alternativem und konventionellem Gemüsebau. Landwirtschaftskammer Rheinland, Lehr- und Versuchsanstalt für Gartenbau, Köln 1987.
LOHMANN, M.: Asyl für Verfolgte. natur 5, 28-34, 1982.
LOHMANN, M.: Naturinseln in Stadt und Dorf. BLV, München 1986.
LUST, V.: Biologischer Obst- und Gemüsebau. Ulmer, Stuttgart 1987.
MEINHARDT, U.: Alles über Regenwürmer. Franckh'sche Verlagshandlung, Stuttgart 1986.
MEYER, H.: Vom Grundstück zum Wohngarten. Ulmer, Stuttgart 1977, 4. Aufl.
MEYER-ABICH, K.M.: Wege zum Frieden mit der Natur. dtv, München 1984.
MINISTER FÜR UMWELT, RAUMORDNUNG UND LANDWIRTSCHAFT NORDRHEIN-WESTFALEN: Schadstoffarmes Gemüse und Obst aus Haus- und Kleingärten. Anbau- und Verzehrempfehlungen. Düsseldorf 1987.
MOLLISON, B., HOLMGREN D.: Permakultur. Pala, Schaafheim 1978.
MOTT, N.: Anlage und Pflege einer Blumenwiese im Hausgarten. Merkbl. Biotop- und Artenschutz Nr. 57, LÖLF, Recklinghausen 1984.
NATURSCHUTZZENTRUM NRW, ARBEITSKREIS VHS BIOGARTEN DÜSSELDORF: Biogarten – Ökogarten – Naturgarten: Was heißt das? 23 Merkblätter, Recklinghausen – Düsseldorf 1987.
NIEMEYER-LÜLLWITZ, A.: Gärtnern mit der Natur. Tips zum Umweltschutz im Garten. Minister für Umwelt, Raumordnung und Landwirtschaft Nordrhein-Westfalen, Düsseldorf 1986.
NIEMEYER-LÜLLWITZ, A.: Naturnahe Gärten in der Stadt. Eine Idee auf neuen Wegen. LÖLF-Mitteilungen, 3, 10-14, 1986.
NIEMEYER-LÜLLWITZ, A.: Kleingärten – Chance für den Naturschutz. LÖLF-Mitteilungen, 3, 17-19, 1986.
NIEMEYER-LÜLLWITZ, A.: Naturschutz im kleinen Garten. Der Kleingarten 7, 169-172, 1988
NIEMEYER-LÜLLWITZ, A.: Mit Hornissen leben. Merkbl. Naturschutzzentrum NRW, Recklinghausen 1988.
OBERHOLZER, A., LÄSSER, L.: Ein Naturgarten für Kinder. Gartenpraxis, 1, 39-41, 1988.
OHLWEIN, K.: Lebendiges Grün auf Wand und Dach. Bauverlag, Wiesbaden 1985.
OPPEL, H.: Mischkultur im Nutzgarten. Falken, Niedernhausen 1983.
OUDSHOORN, W.: Farne für Haus und Garten. Ulmer, Stuttgart 1986.
PÜTZ, J.: Wohnen und Leben mit Pflanzen. vgs- Verlagsgesellschaft, Köln 1987.

Ranftl, H.: Schutz und Förderung von Rauch- und Mehlschwalbe. Merkbl. 5, Landesbund für Vogelschutz in Bayern e.V., Hilpoltstein o.J.
Redemann, G., Gerhardt, A., Niemeyer-Lüllwitz, A.: Neue Möglichkeiten des ökologischen Lernens. LÖLF-Mitteilungen, 3, 10-17, 1987.
Schmid, O., Henggeler, S.: Biologischer Pflanzenschutz im Garten. Ulmer, Stuttgart 1974.
Schmidt, R.: Mehr Spielraum für Spielräume. Garten + Landschaft 19, (7), 41-44, 1987.
Schulze, M.: Kompost und Regenwurmzucht. Otto Maier, Ravensburg 1986.
Schuster, G.: Bio-Kost: Und sie lohnt sich doch. natur 9, 86-93, 1986.
Schwarz, U.: Der Naturgarten. Krüger, Frankfurt a.M. 1980.
Seyffert, W.: Sommerblumen. VEB Deutscher Landwirtschaftsverlag, Berlin (DDR) 1987, 4. Aufl.
Seymour, J., Girardet, H.: Fern vom Garten Eden. Krüger, Frankfurt a.M. 1985.
Stamm, E.: Erfolgreiches Gärtnern auf Hochbeeten. Parey, Hamburg und Berlin 1986.
Stehr, R.: Der biologische Schrebergarten. Heyne, München 1986.
Stevens, J.: Wilde Gärten. Christian Verlag, München 1987.
Stevens, D.: Kleine Gärten und Innenhöfe. Mosaik, München 1986.
Stevenson, V.: Der schöne wilde Garten. Mosaik, München 1985.
Stout, R.: Mulch – Gärten ohne Arbeit. pala, Schaafheim 1971.
Stiftung Naturschutz Berlin: Die Öko-Laube. Biologisch gärtnern und ökologisch bauen im Kleingarten. Berlin 1985.
Thielcke, G. u. a.: Rettet die Frösche. Pro Natur, Stuttgart 1983.
Wallfahrt, I.: Torf gehört ins Moor – es gibt Alternativen. Informationsblatt des BUND Nordrhein-Westfalen, Ratingen o. J.
Weinzierl, H.: Passiert ist gar nichts. Kösel, München 1985.
Weiß, J., Niemeyer-Lüllwitz, A.: Igel sind Wildtiere und keine Hausbewohner. Merkbl., Naturschutzzentrum NRW, Recklinghausen 1986.
Wilke, H.: Der Naturteich im Garten. Gräfe und Unzer, München 1983.
Wohlschlager, J.: Rasen und Blumenwiese. Ulmer, Stuttgart 1984.
Würmli, M.: Natur-Experimente in Haus und Garten. Südwest Verlag, München 1986.
Voitl, H., Guggenberger, E., Willi, J.: Das große Buch vom biologischen Land- und Gartenbau. ORAC, Wien 1980.
Von Hagen, E.: Hummeln: bestimmen, ansiedeln, vermehren, schützen. Neumann-Neudamm, Melsungen 1986.
Zech, J.: Vogelhäuschen, Nistkästen, Vogeltränken. Falken, Niedernhausen 1984.
Zimmerli, E.: Freilandlabor Natur. Schweiz. Zentrum für Umwelterziehung (SZU) und WWF, Zürich 1980.

Zeitschriften

Landschaft + Stadt
Deutsche Baumschule
natur
Natur und Umwelt
Naturschutz heute
Kraut & Rüben
BioGarten
Grünstift
gartenpraxis
Der Kleingarten
Tips zur Saison
umwelt lernen
öko päd
LÖLF-Mitteilungen

Tips zum Weiterlesen

Naturschutz	Ringler, A.: Gefährdete Landschaft. BLV, München 1987 Blab, J. u. a.: Aktion Schmetterling. Ravensburger Buchverlag Otto Maier, Ravensburg 1987.
Deutsche Gärten	Wieland, D. u. a.: Grün kaputt. Raben, München 1983.
Lebensraum Garten	Chinery, M.: Naturschutz beginnt im Garten. Otto Maier, Ravensburg 1986. Lohmann, M.: Das Naturgartenbuch. BLV, München 1988.
Wildsträucher	Witt, R.: Wildsträucher in Natur und Garten. Franckh'sche Verlagshandlung, Stuttgart 1985.
Stauden	BdB-Handbücher „Stauden“ und „Wildstauden“, Fördergesellschaft „Grün ist Leben“, Bismarkstraße 49, 2080 Pinneberg.
Blumenwiese	Wolf, G.: Die Blumenwiese. AID, Postfach 200153, 5300 Bonn 2, 1987.
	Zucchi H.; Wiese. Ravensburger Buchverlag Otto Maier, Ravensburg 1988.
Gartenteich	Jorek, N.: Beispielhafte Gartenteiche. Pro Bio, Melle 1985.
Hausbegrünung	Mehl, U., Werk, K.: Häuser in lebendigem Grün. Falken, Niedernhausen 1987
Gründächer	Ohlwein, K.: Dächer selbst begrünt. Eigenverlag, Kassel 1988, Bezug: K. Ohlwein, Breitscheidstr. 15, 3500 Kassel (6,– DM).
Handwerkliche Arbeiten (Wegebau, Mauern, Zäune, Pergolen)	Windschleif, F., Hildebrandt, H.: Werken im Garten. Südwest, München 1983.
Biologischer Nutzgarten	Kreuter, M.L.: Der Biogarten. BLV, München 1988, 10. Aufl. Steinbach, G.: Der biologische Obstgarten. Heyne, München 1983. Bayerischer Landesverband für Gartenbau und Landespflege: Altbewährte Apfel- und Birnensorten. Selbstverlag, Herzog-Heinrich- Str. 21, 8000 München 2.
Küchenkräuter	Bocksch, M., Bott, I., Zucchi, H.: Das Öko-Kräuterbuch. Krüger, Frankfurt 1983.
Gartenhöfe	Drum, M.: Grüne Höfe. Bayer. Staatsministerium für Landesentwicklung und Umweltfragen, Rosenkavalierplatz 2, 8000 München 81.
Schulgärten	Winkel, G.: Das Schulgarten-Handbuch. Friedrich, Velber, Seelze 1985.
Bauerngärten	Widmayr, Ch.: Alte Bauerngärten neu entdeckt. BLV, München 1984.
Vorgärten	BUND: Städtische Vorgärten naturnah gestaltet. BUND, Rheingarten 7, 5300 Bonn.
Kleingärten	Stehr R.: Der biologische Schrebergarten. Heyne, München 1986.

Natur erleben mit Kindern

Knirsch, R. R.: Unsere Umwelt entdecken. Spiele und Experimente für Eltern und Kinder. Krüger, Frankfurt 1988.

Hoenisch, N., Niggemeyer, E.: Heute streicheln wir den Baum. Kinder machen Naturerfahrungen mit Pflanzen, Tieren und mit dem eigenen Körper. Otto Maier, Ravensburg 1986.

Spielen im Naturgarten

Bruns, S. und H.: Die fröhliche Spielwiese. Kösel, München 1986.

Stöcklin-Meier, S.: Natur-Spielzeug. Otto Maier, Ravensburg 1985.

Bestimmungsbücher

Aichele, D.: Was blüht denn da? Franckh'sche Verlagshandlung, Stuttgart 1983.

Engelhardt, W.: Was lebt in Tümpel, Bach und Weiher? Franckh'sche Verlagshandlung, Stuttgart 1985.

Jugendbücher

Wootton, A.: Wir entdecken und bestimmen das Leben am Wasser. Otto Maier, Ravensburg.

Lohmann, M.: Wir tun etwas für mehr Natur im Garten. Schneider, Reihe „Aktion Ameise", München 1986.

Weitere empfehlenswerte Titel der Reihe „Aktion Ameise" u. a.: „Wir tun was für Insekten" v. J. Reichholf, „Wir tun was für Igel" v. J. Esser und „Wir tun was für mehr Natur in Dorf und Stadt" von K. Richarz.

Kinderbücher

Schmidt, W., Adrian, Ch.: Was lebt in unserem Garten. Otto Maier, Ravensburg 1983.

Chinery, M.: Sieh dich um im Garten. Loewe, Bindlach 1985.

Geipel, H.: Lebendige Hecke. Schneider, München 1988. (Empfehlenswerte Reihe mit weiteren Titeln, u. a. „ Lebendiger Teich")

Lucht, I.: Die Baum-Uhr. Ellermann, München 1985. (Reihe mit weiteren Titeln, u. a. „Die Wiesen-Uhr", „Die Garten-Uhr").

de Haen, W., Moisl, F.: Wir entdecken Tiere in Garten und Feld. Otto-Maier, Ravensburg 1987.

Fotos aus öffentlichen Naturgärten

Die folgenden Bilder wurden in öffentlichen Gärten und Anlagen aufgenommen, Gärten, in denen sich Hobbygärtner an praktischen Beispielen über naturnahe Gartengestaltung und Pflege informieren können.

Bauerngärten im Westfälischen Freilichtmuseum in Detmold: Abb. S. 21, 181.

Kleingartenanlage „Arbeit und Freude" Oer-Erkenschwick, Ahsener Straße: Abb. Seite 152, 245.

Ökologischer Museumsgarten am Museum „Natur und Umwelt", Osnabrück: Abb. Seite 56, 57, 132.

Kleingärten im Stadtgarten Johowstraße, Gladbeck: Abb. Seite 169, 173.

VHS-Biogarten der Volkshochschule Herten: Abb. Seite 60.

VHS-Biogarten Düsseldorf, Südpark, BUGA 1987: Abb. Seite 45, 53, 117, 137, 205, 208, 265, 269.

Register

Unterstrichene Seitenzahlen verweisen auf Schwerpunkte.